普通高等教育会展经济与管理专业“十三五”应用型规划教材

上海对外经贸大学一流本科建设引领计划/上海对外经贸大学课程思政教育教学改革建设项目

会展场馆运营与管理

EVENT VENUE OPERATION AND MANAGEMENT

主编　丁烨

中国旅游出版社

普通高等教育会展经济与管理专业“十三五”应用型规划教材编审委员会

总　序

组织编写这套丛书，是我很久以来的一个愿望。2005 年，受当时的工作单位上海师范大学旅游学院资助，我有幸到美国乔治·华盛顿大学（GWU）访学半年，时间虽短，但信息摄入量极大，更重要的是让我开阔了视野，这对我后来的研究兴趣及在会展教育领域的思考和探索产生了深远的影响。从那时起，我开始用“活动”的框架来观察和理解会展业，并逐渐将活动思维应用到会展教育教学改革中。

在 GWU 访学期间，在 Larry Yu 教授的帮助下，我选修了会议与展览会管理（Conferences & Expositions）、体育赛事营销（Sporting Events Marketing）和特殊活动与媒体管理（Special Events and Media Management）等课程，并有机会旁听了国际旅游研究院推出的活动管理证书（EMC）的 3 门培训课程：活动营销（Event Marketing）、展览会管理（Trade Show Management）和婚礼工作坊（Wedding Workshop）。

EMC 是面向业内人士的继续教育项目，为获得该证书，学员必须修完 4 门必修课和 3 门选修课，参加时长 100 小时的实践，并按要求提交一份完整的报告。4 门必修课分别为“活动协调”（Event Coordination）、“活动营销”（Event Marketing）、“活动风险管理”（Risk Management）和“最佳实践”（Best Practices），每门课是 1.2 个继续教育学分（CEU）；选修课主要有“会议”（Meetings & Conferences）、“展览会管理”（Trade Show Management）、“体育赛事管理”（Sport Management）、“餐饮服务”（Catering）、“婚礼工作坊”（Wedding Workshop）、“融资与赞助”（Fundraising & Sponsorship）、“活动礼仪”（Event Protocol）、“活动娱乐”（Event Entertainment）及“绿色会议与活动”（Green Meetings & Events）等课程，每次开设的选修课不同，两天的课 1.2 个 CEU，学员要获得 3.6 个选修课学分。这一体系为我们设计本套丛书的书目提供了很好的参照。

本套丛书是国内第一套按活动管理思维来打造的会展专业教材。其基本设计思路是将整套教材分为 3 个部分：第一部分是活动管理的基础知识，主要书目包括《活动产业概论》《活动管理知识体系（EMBOK）》《节事活动赞助》《活动风险管理》及《活动研究方法》。细心的读者可能已经发现，丛书中第一本是《活动产业概论》，我们这样做的目的是让广大读者理解不同学者对会展和活动的不同解释，这也是“会展学”（Eventoloy）或“活动研究”（Event Studies）处于前科学阶段的一种表现；第二部分是不同类型活动的策划与组织原理及实务，涉及会议、展览会、奖励旅游、体育赛事、公司活动、婚礼、宴会等领域；第三部分是支持各类活动管理的相关内容，涵盖场馆经营与管理、活动场景设计与布置、活动礼仪等。

策划这套丛书并组织教育界的精英力量来编写，还源于我们对会展和活动产业发展的观察。2006 年 4 月，原国际展览管理协会（International Association for Exhibition Management，IAEM）在其官方杂志 E2 上刊载了一篇文章——《展览会+活动=展览业的未来》（*Exhibitions + Events=Designing the Future*），同年 12 月，该协会正式更名为“国际展览与活动管理协会”（International Association for Exhibition and Events，IAEE）。IAEM 在新的战略规划中将活动（Events）明确列入组织使命中，标志着美国展览业将展览会与营销活动进一步融合。为了展望展览业发展的未来，IAEE 董事会专门成立了一个“未来趋势特别小组”（Future Trends Task Force）。该特别小组 2014 年的报告名为《2014 年白皮书：影响展览和活动产业发展的未来趋势》（*2014 White Paper—Future Trends Impacting the Exhibitions and Events Industry*），明确将 Exhibitions and Events Industry 相提并论，这就好比目前我们在很多场合提“会展与活动产业”一样。

2017 年 4 月，美国会展和活动行业的权威机构“会议产业委员会”（Convention Industry Council）正式更名为“活动产业委员会”（Event Industry Council）。Event 作为一个包容性更强的基础词汇，能够把会议、展览会、公司活动、奖励旅游及婚庆等不同领域的力量聚集在一起，这有助于提升整个会展业和活动产业的地位和影响力。

在我国，中国会展经济研究会（CCES）也于 2013 年将英文名称的缩写改为 CCEES，其中，第二个 E 就是活动（Event）。

综合分析会展学科、会展教育教学及会展产业发展的趋势，我们觉得非常有必要用活动管理的思维和框架来策划和编写一套专业书籍。借此机会，我还希望与读者朋友们就几个基本问题做些沟通。

一、是会展，还是活动？

关于会展的定义和专业术语问题，早在 12 年前，Ladkin（2005）就明确提出，尽管 MICE 业（注：为体现原文，此处没有翻译）的发展和重要性已经得到公众的广泛认同，但在大多数数据中，并没有包含奖励旅游和展览，因而其结果必将误导和掩盖该产业的真正价值。因此，一开始，在 MICE 业中出现不同的定义并不会令人感到奇怪，只要每一个定义能够清晰阐述所表达的信息即可，定义上的不同并不会引起误解。其实，更重要的是要认识到由于定义的不同而有可能会带来数据可比性方面的问题。

我非常同意 Ladkin 的观点，但个人觉得在概念上还界定得不够清晰。其实，和中文中对“会展”的解释一样，即使同样对于“MICE”，国外业界也有不同的看法。一种观点认为，MICE 分别代表 Meeting，Incentive，Convention 和 Exhibition，也有人认为，最后的“E”是 Events。

针对概念不一的问题，比较好的做法是清晰界定研究对象的边界。例如，2015 年，联合国世界旅游组织（UNWTO）和欧洲旅游委员会（ETC）联合发布了一份名为《会议和奖励旅游组织者的决策过程》（*The Decision-making Process of Meetings, Congresses, Conventions and Incentives Organizers*）的报告。与美国会展业委员会（CIC，注：现已更名为 EIC）的观点基本相同，该报告明确提出完整的会展业（MCCI/Meetings Industry）由 4 部分组成：协会会议和大会，公司活动，奖励旅游和展览（图 1）。UNWTO 和 ETC 同时提到，Meetings Industry 有时候被称为 MICE Sector，即 meetings，incentives，conferences and exhibitions，本报告只讨论前三个组成部分。

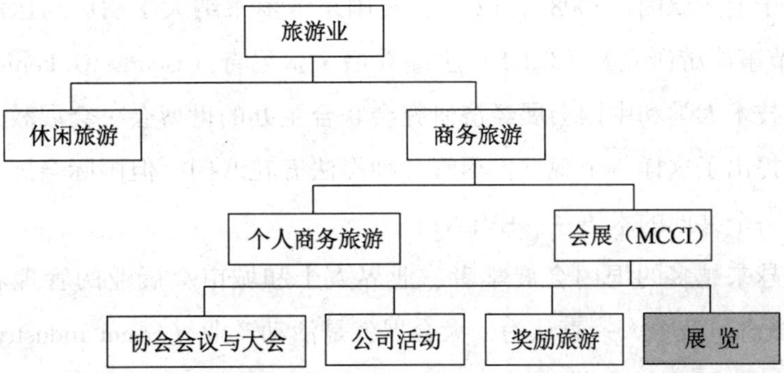

图 1　旅游产业框架下会展业（Meetings Industry）的组成

我曾经在一篇小文章——《一种理解会展基本概念的脉络：活动—节事活动—商务活动—会展》中提出，为了更好地理解会展的相关基本概念，从大到小，我们是否可以遵循一种脉络：活动—特殊活动—商务活动—会展？这里的“会展”是指商业性的会议和展览会，属于狭义的“会展”。

在上述几个概念中，“活动”的含义最广。但需要注意的是，人们一般所提的“活动”是指那些经过精心策划、目标明确的特殊活动（Special/Planned Events）。按照不同的标准，可以将活动划分为不同的类型。在各种划分方式中，我们要特别注意以活动内容为标准的划分。早在 20 年前，国际著名节事活动和节事旅游学者 Getz（1997）根据活动内容的不同，把经过事先策划的活动（Planned Events）分为以下 8 种基本类型：

（1）文化庆典，包括节日、狂欢节、宗教事件、大型展演、历史纪念活动等。

（2）艺术娱乐活动，主要包括音乐会、文艺展览、授奖仪式和其他表演。

（3）会展及商贸活动，如会议、展览会/展销会、博览会、广告促销、募捐/筹资活动等。

（4）体育赛事，主要包括职业比赛、业余竞赛和商业性体育活动。

（5）教育与科学活动，包括研讨班、专题学术会议、学术讨论会等。

（6）休闲活动，包括演唱会、游戏和趣味体育、娱乐活动。

（7）政治/政府活动，包括就职典礼、授职/授勋仪式、贵宾 VIP 观礼、群众集会。

（8）私人活动（个人庆典，如周年纪念、家庭假日、宗教礼拜等；社交活动，如私人舞会、家庭聚会、同学/亲友联欢会等）。

Wagen（2004）也有类似划分，他将活动分为体育、娱乐、文化和艺术，市场营销和促销、会展、节日庆典、家庭活动以及筹资活动等类型。由此可见，会展与商贸活动只是其中的一种。

或正是出于上述原因，2008 年 12 月，美国东卡罗莱纳大学酒店与旅游管理学院教授、《会展与节事旅游研究》（JCET）主编乔治·费尼奇（George G. Fenich）博士在出席由上海应用技术大学和中国会展经济研究会联合主办的世博会·会展教育与研究国际研讨会时明确提出了这样一个观点：尽管各种提法五花八门，但国际会展学术界和业界都倾向于使用一个共同的术语——EVENT。

近几年，越来越多的国内会展学者、业界人士和城市会展业的管理者都开始认同“大会展”的概念。我个人一直认为，大会展就是活动产业（Event Industry）。但一个比较大的问题是“会展业”的提法在国内已经约定俗成，在一定程度上限制了人们对会展的认识。会展业的产业地位和就业形象要提高，需要放大其平台作用和社会价值。近年来，很多会展业界人士在大谈“互联网+”，其实，“会展+”或“活动+”也是一种思维方式。

另外，我们还要特别关注一种现象——在大会展业内，各领域之间的融合越来越明显。以展览会为例，相对公司活动而言，贸易展览会（Trade Show）显得更加成熟，不仅得到很多专业协会和企业的支持，而且已经形成了不少代表性的理论和研究报告。然而，近几年，展览会和公司活动之间的关系正在发生微妙的变化。《贸易展览会与活动营销：规划、促销与利润》（Trade Show & Event Marketing: Plan, Promote & Profit）一书的作者鲁斯·史蒂芬（Ruth P. Stevens）认为，不仅展览会和其他买家—卖家活动（Buyer-seller Events）之间的差异越来越难以区分，而且各种形式多样的活动在功能和内容上彼此交叉，这使得对活动的分类也更加困难。

二、从活动管理知识体系到会展经济与管理知识体系

2009 年，美国会展业委员会（CIC）和加拿大旅游业人力资源委员会（CTHRC）、国际会议专家联盟（MPI）合作，完成了会展管理和运营岗位分析（Job Analysis），然后结合 CTHRC 的《国际会展管理能力标准》（Event Management International Competency Standard），MPI 的《会展和商务活动从业人员能力标准》（Meetings and Business Events Competency Standard，简称 MBECS）以及 CIC 的《注册会展专家能力标准》（CMP Blueprint）等三个标准，于 2012 年发布了“注册会展专家国际标准”（CMP International Standards，简称 CMP-IS），具体描述了会展从业人员需要具备的 106 项专业技能。

2014 年 4 月，《CIC 工作手册（第九版）》（CIC Manual 9th Edition）一书出版。该书是 CMP 考试的推荐用书，主要依据 CMP-IS 来编写。

1. 两个有影响的活动管理知识模块框架

CMP-IS 由 10 个知识模块（Domains）、30 项技能（Skills）和 106 项子技能（Sub Skills）构成。其中，10 个知识模块如下：

①战略规划（Strategic Planning）　16%

②项目管理（Project Management）　15%

③风险管理（Risk Management）　8%

④财务管理（Financial Management）　10%

⑤人力资源（Human Resources）　3%

⑥利益相关者管理（Stakeholder Management）　8%

⑦会展/活动策划（Meeting or Event Design）　16%

⑧场地管理（Site Management）　12%

⑨市场营销（Marketing）　11%

⑩职业化（Professionalism）　1%

注：上述每个模块后的百分比为 CMP 考试中该模块所占的分值比例。

其实，最值得深读和掌握的是在每一类子技能（Sub-skill）下对应的知识与能力。例如，在知识模块 A（战略规划）下有 3 项主要技能，即会展和活动的战略计划管理；制订会展和活动的可持续发展计划；制定会展和活动的长期商业计划，其中，技能 1 是“会展和活动的战略计划管理”（Manage Strategic Plan for Meeting or Event）。技能 1 又由 5 项子技能组成，子技能 1 是“制定会展和活动的使命、目标和目的”（Develop Mission Statement，Goals and Objectives of Meeting or Event）。

MPI认为，在会议和商务活动领域，随着知识的积累和能力的提高，一个会展从业人员将在角色和责任上逐渐取得进步。为此，MBECS将会议和活动专家的责任分为三种依次递进的工作角色，即协调（Coordinate）、管理（Manage）和指挥（Direct）。MBECS描述了会展行业中所有相关专业人员应具备的能力，而不仅仅是某一个单一的岗位。它把一个会议和活动专家应该具备的知识、技巧和能力（KSAs）分成12个知识模块（Domains/Blocks），共计33项技巧（Skills）和140项子技巧（Sub-skills），如表1所示。

表1 MBECS知识和技能对照检查表

知识模块/Domain	技巧/Skill	子技巧/Sub-skills	是否包含这项内容	处于什么水平？	
				知识水平	技巧水平
A. 战略规划/Strategic Planning	1. 会议或活动的战略规划管理	1.1 明确使命、目标和目的 1.2 可行性分析 1.3 分析实施要求 1.4 制定财务概要 1.5 监控战略规划			
	2. 制订可持续发展计划	2.1 执行可持续发展管理计划 2.2 展示环境责任			
	3. 测量价值	3.1 制订评估计划 3.2 测量投资回报率（ROI） 3.3 评估/审计 3.4 评估风险管理计划的有效性			
B. 项目管理/Project Management	4. 制订会议/活动项目计划	4.1 制订项目计划 4.2 制定质量标准、政策和流程 4.3 开发活动主题 4.4 制订采购计划 4.5 建立里程碑和关键路径 4.6 制订综合沟通计划 4.7 制定评估/审计程序			
	5. 管理会议/活动项目	5.1 管理关键路径 5.2 合同管理 5.3 管理会议/活动的运行			
C. 风险管理/Risk Management	6. 制订和执行风险管理计划	6.1 识别风险 6.2 风险分析 6.3 制订风险管理与实施计划 6.4 制订和实施应急计划 6.5 安全安排			

续表

知识模块/Domain	技巧/Skill	子技巧/Sub-skills	是否包含这项内容	处于什么水平？	
				知识水平	技巧水平
D. 财务管理/Financial Management	7. 财务资源开发	7.1 管理赞助过程 7.2 管理捐赠过程 7.3 管理项目融资过程 7.4 管理注册登记过程			
	8. 预算管理	8.1 制定预算 8.2 建立定价体系 8.3 制定财务控制程序 8.4 管理现金流 8.5 监测预算绩效 8.6 修改预算			
	9. 管理货币交易	9.1 建立现金交易程序 9.2 监控现金交易程序			
E. 行政管理/Administration	10. 执行行政管理任务	10.1 协调办公室管理 10.2 管理信息系统 10.3 撰写报告			
F. 人力资源管理/Human Resources	11. 人力资源规划管理	11.1 确定人力资源需求 11.2 建立人力资源政策和程序 11.3 制订培训计划 11.4 监控人力资源计划			
	12. 获得员工和志愿者	12.1 制定选择标准 12.2 招募新员工和志愿者 12.3 面试应聘者 12.4 选择最合适的候选人并提供具体岗位			
	13. 培训员工和志愿者	13.1 提供方向 13.2 提供培训			
	14. 管理员工关系	14.1 监督员工和志愿者 14.2 激励员工和志愿者 14.3 管理团队 14.4 评估人员 14.5 工作终止和辞职			
G. 利益相关者管理/Stakeholder Management	15. 管理利益相关者关系	15.1 识别利益相关者 15.2 评估利益相关者 15.3 利益相关者分类 15.4 管理利益相关者的行为 15.5 管理与利益相关者的关系			

续表

知识模块/Domain	技巧/Skill	子技巧/Sub-skills	是否包含这项内容	处于什么水平？	
				知识水平	技巧水平
H. 会议或活动设计/Meeting or Event Design	16. 活动设计	16.1 确定活动的构成要素 16.2 选择活动内容和举办形式 16.3 对活动要素的结构和顺序进行安排			
	17. 演讲嘉宾和表演者管理	17.1 确定活动对演讲嘉宾和表演者的要求 17.2 制定选择标准 17.3 选择候选人 17.4 订立合同并做好期望沟通			
	18. 协调餐饮服务	18.1 确定餐饮服务要求 18.2 选择菜单 18.3 计划服务风格 18.4 选择餐饮供应商 18.5 酒水服务管理			
	19. 环境设计	19.1 明确功能要求 19.2 选择装饰物与家具 19.3 协调会议或活动的标识系统			
	20. 技术管理	20.1 确定舞台和技术设备的要求 20.2 舞台和技术设备的获得 20.3 安装舞台和技术设备 20.4 监督技术设备管理			
	21. 制订观众/与会者流动管理计划	21.1 开发门禁/准入系统 21.2 选择人流管理技术 21.3 协调住宿和交通安排 21.4 礼仪要求管理			
I. 场地管理/Site Management	22. 选择场地	22.1 确定场地的规格 22.2 场地检查			
	23. 设计场地布置	23.1 设计现场布置			
	24. 会议/活动现场管理	24.1 制订搭建与拆除物流计划 24.2 现场布置 24.3 会议/活动期间的现场监控 24.4 现场拆除			
	25. 现场沟通管理	25.1 建立沟通框架 25.2 确定和获取所需的沟通设备及资源 25.3 制定具体的沟通程序和协议			

续表

知识模块/Domain	技巧/Skill	子技巧/Sub-skills	是否包含这项内容	处于什么水平？	
				知识水平	技巧水平
J. 市场营销/Marketing	26. 管理营销计划	26.1 进行情景分析 26.2 确定目标市场细分 26.3 制定会议或活动的品牌策略 26.4 选择分销渠道 26.5 制定整合营销策略 26.6 实施营销计划			
	27. 管理营销资料	27.1 确定活动所需的营销资料 27.2 营销资料的内容设计 27.3 制作营销资料 27.4 分发营销资料			
	28. 产品管理	28.1 确定产品设计及规格 28.2 确定价格 28.3 控制品牌的完整性 28.4 产品生产 28.5 产品发布 28.6 对接旅游接待			
	29. 会议或活动促销	29.1 制订广告计划 29.2 举行交叉促销活动 29.3 举行竞赛 29.4 协调各种促销活动			
	30. 公共关系管理	30.1 制定公共关系策略 30.2 有助于宣传计划 30.3 发展媒体关系 30.4 有助于宣传计划的实施 30.5 管理危机和争议			
	31. 销售活动管理	31.1 制订销售计划和目标 31.2 开展销售活动 30.3 确定销售平台			
K. 职业化 Professionalism	32. 表现出职业化的行为	32.1 展示专业形象 32.2 表现出领导力 32.3 行为道德 32.4 与团队成员协同工作 32.5 在一个多样化的环境中工作 32.6 时间管理 32.7 压力管理 32.8 决策管理 32.9 解决问题 32.10 紧跟会议/活动行业的变化 32.11 促进持续改进 32.12 参加职业发展活动			

续表

知识模块/Domain	技巧/Skill	子技巧/Sub-skills	是否包含这项内容	处于什么水平？	
				知识水平	技巧水平
L. 沟通 Communication	33. 开展沟通	33.1 口头沟通 33.2 书面沟通 33.3 运用沟通工具 33.4 进行有效的演示 33.5 计划和组织会议 33.6 建立业务关系			

资料来源：MPI. Meeting and Business Event Competency Standards（MBECS）Curriculum Guide，V1.0，September 26，2012.

与 CMP-IS 相比，MBECS 多了两个知识模块，即行政管理（Administration）和沟通（Communication）。其中，行政管理包括：10.1 协调办公室管理；10.2 管理信息系统；10.3 撰写报告。沟通包括：33.1 口头沟通；33.2 书面沟通；33.3 运用沟通工具；33.4 进行有效的演示；33.5 计划和组织会议；33.6 建立业务关系。

2. 从 EMBOK 到会展经济与管理知识体系

CMP-IS、MBECS 等并没有描述各知识模块之间的关系，所以有必要再了解一下知识管理体系（EMBOK）。根据 International EMBOK Executive（2008）的观点，提出和发展 EMBOK 旨在为活动管理中所运用的知识和过程提供一个基本框架（To create a framework of the knowledge and processes used in event management），以作为满足不同文化、政府部门、教育项目和企业组织定制化需求的基础。

1999 年，William O'Toole 首次比较系统地提出了"活动管理知识体系"（EMBOK）；2000 年，Julia R. Silvers 开始与 O'Toole 合作，扩充 EMBOK 的概念，并于 2003 年提出了"活动管理核心能力框架"；2004 年，International EMBOK Executive 成立；2005 年，EMBOK Model 被提出。2006 年，Silvers 等人提出了比较完整的活动管理知识体系（EMBOK）框架，如图 2 所示。

然而，EMBOK 侧重于项目管理，不能涵盖"会展经济与管理"的全部内涵（国内会展本科专业的名称为"会展经济与管理"）。根据相关学科的知识关联及会展经营管理的内在逻辑，"会展经济与管理"至少主要包括经济学和管理学基础知识、会展产业发展与管理基础知识、会展企业管理知识以及会展项目管理知识。另外，可以按照会展项目管理不同阶段所涉及的主要理论和知识点对 EMBOK 进行适当的修正（王春雷，2013）。鉴于此，我提出了一个新的框架（图 3），仅供大家参考。

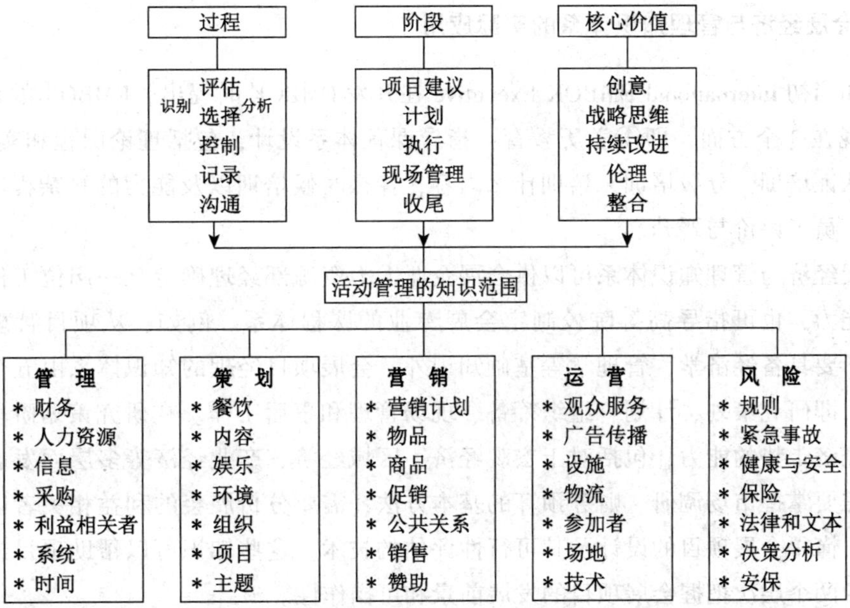

图 2 活动管理知识体系（EMBOK）的基本框架

资料来源：Silvers 等，2006

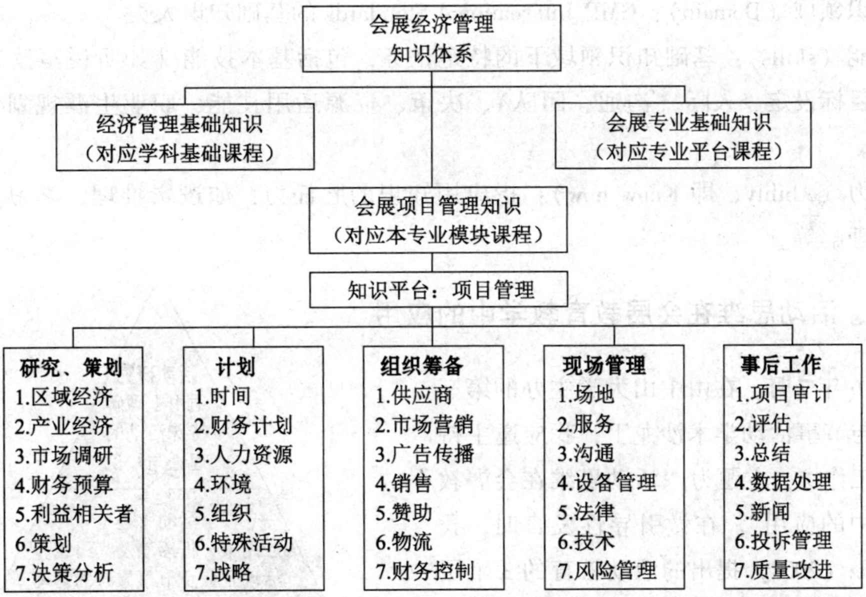

图 3 会展经济与管理知识体系

注：我们可以把这里的“会展经济与管理”理解为宽泛意义上而不仅是项目层面的活动管理。

3. 会展经济与管理知识体系的实际应用

正如当初 International EMBOK Executive 在开发 EMBOK 时提出，EMBOK 的具体应用主要体现在 3 个方面，即①学历教育：指导课程体系设计，包括理论课程和实践环节；②职业认证培训：分级培训，培训什么内容，什么时候培训以及能力的复杂程度；③企业招募、员工评价与晋升。

会展经济与管理知识体系可以供会展企业人力资源部经理确定某一岗位工作人员应具备的能力，也可指导高等院校制定会展专业的课程体系。例如，从项目管理的层面讲，除了要具备经济学、管理学等基础知识外，会展项目经理的知识体系由五个基本阶段组成，即研究策划、计划、组织筹备、现场管理和事后工作。在研究策划阶段，需要有洞察经济走势的能力，包括对于宏观经济、区域经济、产业经济等多层面发展趋势的研判；需要掌握市场调研、财务预算的基本方法；需要分析展会的利益相关者以整合资源；需要懂得会展项目的设计及其可行性评估的技术。这些知识可以帮助项目经理从战略和战术两个层次把握会展项目的发展前景和可操作性。

在日常工作中，各位读者朋友需要注意以下基本概念。

知识体系（Body of Knowledge）：为了在职业上获得成功，一个从业人员必须掌握的技能和能力的类型，包括专业知识、对学科的理解以及系统知识等。

知识领域（Domain）：CMP International Standards 的基础知识大类。

技能（skills）：基础知识领域下的特定任务，包括基本技能（如听说写读）、解决问题、目标设定、人际（沟通、团队）、决策、资源运用技能、职业生涯规划、组织、领导等。

能力（Ability，即 Know how）：指应用知识的胜任力，如逻辑推理、学习、思维、创造、理解等。

三、活动思维在会展教育教学中的应用

2016 年 7 月，在由中山大学主办的第三届会展与节事活动学术沙龙上，我应邀主持了一个工作坊，主题为“活动思维在会展教育教学中的应用”。在做引导性发言时，我基于 Getz（2007）提出的活动教育的 3 个层次（图 4），围绕活动思维在会展教育教学中的应用做了介绍，后来概括为“活动思维在会展教育教学中应用的 4 个层次”。

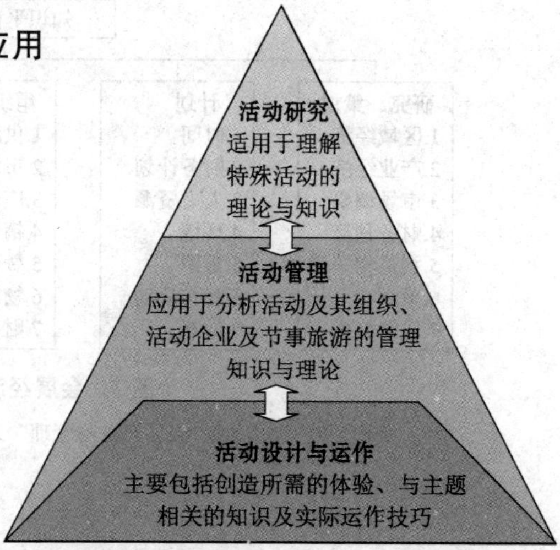

图 4　活动教育的三个层次（Getz，2007）

1. 第 1 个层次：以活动研究为总体框架，明确人才培养定位，推进会展学科建设

我个人认为，Getz 所提到的“Event Studies”（活动研究）与 Goldblatt 所提出的“Eventology”（活动学）本质相同，应该成为会展学科的名称（理解为“活动学”或“会展学”，这个话题不在此讨论）。换句话说，在不久的将来，今天的许多会展管理系或会展经济与管理系都有必要改为“会展学系”。2016 年 5 月，我所在的学校正式成立会展经济与管理系时，我给学院的建议是将英文翻译为 Department of Event Studies，如今回头来看，这一设想是符合学科及产业发展需求的。

2. 第 2 个层次：以 EMBOK 为指导，不断优化专业课程体系

尽管 EBMOK 尚不完善，但根据我自己过去十几年从事会展教育和研究的经验来判断，它的确是目前国内的会展经济与管理专业设计课程体系的最佳参照。当然，关于 EMBOK，最好综合参照不同的框架。

在具体执行中，还将遇到两大挑战：一是形成学界和业界公认的会展经济与管理知识体系（请注意，落脚点不能只是管理，同样的道理，从学科的层面，谈会展，也不能只是谈会展管理）；二是在知识体系的基础上，充分凸显各个院校的培养特色。

3. 第 3 个层次：以贯通 KSA 为目标，策划和执行一系列真实活动，促进知识与技能之间的缝合

KSA 是一个老话题，但对于会展教育似乎是一个新问题。关于如何贯通 K-S-A，我觉得最好的途径是让学生亲身策划和组织真实的综合性实践教学活动。然而，这种实践活动必须满足 3 个条件：

（1）真实性（甚至完全采取市场化运作的方式）。

（2）科学性（在全过程都要有良好的教学设计，不能为了实践而实践）。

（3）全员性（需要处理好全员参与和项目需要的问题）。

4. 第 4 个层次：引导学生以活动思维来思考日常生活，培养学生的专业思维和职业习惯

最后一个层次是让学生将专业思维、职业习惯和实践技能融入日常学习和生活中去，我甚至觉得，这是会展专业的最大魅力。只有将知识和技能内化为能力，才是学生可以携带的。作为会展专业教师的我们同样应该有这种意识，把对专业、行业的热爱与激情自然地融入自己的工作和生活中。诚然，活动即人生。

四、几个基本观点

在翻译 Fenich 教授的《会展产业导论（第 4 版）》一书时，我得以结合新的材料，对“会展”和“活动”的区别及联系做了进一步的思考。这是一个老话题，但国内会展学界似乎从来没有就此达成一致的共识。就我个人而言，目前比较倾向以下几点判断：

（1）专业名称为“会展经济与管理”，这是教育部批复的，自 2004 年以来就是如此。按照当前国内的教育管理体制，要改专业名称很难，但具体办学可以用活动管理（Event Management）的思维和做法（注：会展设计等专业除外）。

（2）参照 Getz 所提的活动教育（Event Education）的 3 个层次，在学科名称上，中文用“会展学”未尝不可（尽管我在一些文章中曾明确提出过“活动学”的概念），但在具体推进时还将面临一个挑战——可能仍然会有不少人特别是相关政府官员、教育主管部门的领导以及广大家长会认为“会展”就是会议和展览会。究竟是“会展学”还是“活动学”，需要更多的时间来解决，但英文都可以用 Eventology。与之相对应，未来，目前国内很多学校的会展管理系或会展经济与管理系都可以改为“会展学系”。

（3）不管是用会展还是活动，都需要尽快建立、健全学科知识体系。我曾经在起草会展经济与管理专业教学质量全国标准时和团队一起在 EMBOK 的基础上构建过一个会展经济与管理知识体系，但还不够完善。但当时有一个出发点是对的：会展经济与管理的知识体系远比 EMBOK 宽泛，因为即使是一个会展公司的项目经理，单纯掌握项目管理层面的知识是远远不够的。

（4）会展学是一门交叉学科，其发展需要充分依托和广泛吸收多学科特别是经济学、管理学和社会学的理论。

五、关于本套丛书的相关说明

按“活动”的框架来策划和组织编写这套会展经济与管理专业的教材，是一次积极的尝试。特别值得一提的是，在这套书中有几本是具有开创性的。例如，《活动管理知识体系（EMBOK）》《活动研究方法》和《活动场景设计与布置》在之前国内出版的会展专业教材中未曾出现过。中国旅游出版社支持这一出版设想，在某种意义上来讲是一种引领。当然，效果如何，还有待在全国各院校的会展教育教学实践中进行检验，并不断修正和完善。

同专业组织一次活动一样，这套丛书是动态的。可以预见，随着会展学科的发展，会有更多新的选题出现并被纳入丛书中。比如，新技术在会展和活动产业中的应用，以及智慧会展、绿色活动管理，等等。无独有偶，2016 年 6 月，Lee，Boshnakova 和 Goldblatt 合作出版了《21 世纪的会议与活动技术：更好的策划、营销与评估工具》（The 21st Century Meeting and Event Technologies：Powerful Tools for Better Planning，Marketing，and Evaluation）。

鉴于活动在人类社会生活中的重要作用，活动教育（甚至包括面向普通大众的教育）和研究拥有广阔前景。因为“各种庆祝活动好似灵丹妙药（Derrett，2004），具有黏合社区和促进社区复兴的功能，并有利于建立合作、友好、互惠互利、归属和友谊的感觉”（Arcodia 和 Whitford，2006）。加入全球活动研究者行列的魅力之一在于对不同领域充满激情并擅长运用最合适的方法来研究既定问题的同行们一直都有成果产生，并对未来研究提出了各种建议，正是这些成果在不断丰富活动研究的文库（Mair 和 Whitford，2013）。我想，这套丛书的所有编写人员就是这样的一个群体。

为此，我要感谢参与这套丛书编写工作的所有同人，以及中国旅游出版社的编辑老师。同时，敬请广大读者多提宝贵意见和建议，以使本丛书不断得到完善。

王春雷

2017 年 5 月 20 日

于法兰克福

前言

岁月如梭，《会展场馆运营与管理》一书自有编撰想法到落笔成文整整十载。笔者2006年进入上海对外经贸大学会展经济与管理系（中德）担任中方专业教师，于2008年与德方教师共同教授“会展场馆与目的地管理”课程。

开始接触德方教师Dr. Gaida（前德国汉诺威会议中心总经理，德方瑞文斯堡大学客座教授）教授这门课程授课内容时非常讶异，因为就当时中国会展业以展览会主导的形式而言，会展场馆主要指的是展览场馆。Dr. Gaida上海授课期间展示了大量的国外场馆图片，涵盖了各类会议中心、多功能厅、剧院甚至室外露天搭建的场馆。场馆运营教授内容包括场馆设备设施的配套以及大量的餐饮（F&B）接待，在当时都是令人耳目一新的。

随着时间的推移，中国会展业商业化、活动化的发展，会展场馆作为会展活动的空间载体，呈现出新的变化，据德国展览联盟（AUMA）统计资料显示，截至2017年，国际上室内展出面积超过10万平方米的展馆共计55个，中国有10个。一方面会展场馆的建造与设计充分考虑现代会展活动多元化需求，向多功能发展。场馆的规划与设计从原有的单一展览区域向集会议、展览、活动乃至商业综合体的方向发展。另一方面，会展活动内容及形式多样化，越来越多的非标准场馆被使用。市场显示，非标准场馆在会展活动开展中更受消费者的欢迎。

会展场馆运营与管理呈现职业化、专业化要求。虽然会展场馆类型多样，但都离不开行政管理、财务管理、人力资源管理、场馆预订、场馆营销和销售、票务管理、场馆营运管理、活动现场管理、辅助服务 / 收入以及安全与安保管理九大核心职能。本书依据这九大核心职能徐徐展开，为了增加可读性和实用性，书中采用了大量的国内外案例，展示了大量的场馆管理文件。

编写过程中，笔者多次调研和采访了上海新国际博览中心、上海陆家嘴物业管理有限公司会展事业部、慕尼黑展览（上海）有限公司、上海世博中心等机构的负责人。万分感谢上述单位的大力支持，毫无保留的资料分享，使得本书充分呈现会展场馆市场的现实情况。

非常感谢我的学生吴柔婧、李诗雨和马宛吟，她们为本书的资料搜集做了大量的前期准备工作，整合翻译了大量的国外文献与协会报告。

非常感谢中国旅游出版社段向民老师，正是段老师兢兢业业、高度负责的工作精神，使本书得以出版。

再次感谢德国合作方教师 Dr. Gaida，为我打开了一扇窗，让我对会展场馆产生了浓厚的兴趣，并深深地热爱这个建筑与管理相融合的领域。

最后也是最需要感谢的人，是我的同事及共同奋斗的战友——王春雷博士。王老师深耕会展教育与研究，不忘初心，用自己的热情与感染力鼓励更多的年轻人加入会展领域。此书的出版也是在王老师的不断鼓励和大力协助之下完成。

希望越来越多的老师与学生加入会展领域，一个充满乐趣和朝气蓬勃的产业！

由于编者水平有限，书中还存在不尽完善之处，敬请学界、业界同人和广大读者不吝指正，以使本书不断得到修正和优化。

丁烨

2018 年 10 月

目　录

第一章

会展场馆的定义、分类与功能

【学习目标】

1. 熟练掌握会展场馆的定义与分类
2. 熟练掌握会展场馆的核心功能
3. 了解会展场馆的起源和发展
4. 了解我国会展场馆的现状与发展

【章前引文】

“馆”在历史上被视为古希腊与古罗马的竞技场、体育场馆、剧院或中世纪的欧洲大教堂的现代映射。几百年前，人们聚集在中心地带，观看某种形式的运动比赛、生活娱乐、宗教仪式、政治仪式，或其他引人注目的活动。时间跨越了几个世纪，人们仍有聚集在一起的强烈欲望，并且这种愿望与诉求变得更为强烈，多种集会设施的要求变得更为多元化。城市为此建造场馆，满足公众的这一诉求。

大量的资金被用于建设会展场馆，包括展览中心、会议中心、会展中心、多功能活动场馆、演艺中心、剧院以及体育场，以满足社会群体对于各类活动集会所需的永久建筑物的需求。这些集会包括商业活动，政治活动，运动盛会，艺术展览，音乐、戏剧表演或教育培训等。

会展场馆是会展产业发展的基础，是各类会展活动开展的必要硬件设施。改革开放四十年，我国会展业发展伴随着中国经济的腾飞，取得了举世瞩目的成就。会展业被视为城市经济发展的引擎，各地掀起一轮又一轮的会展场馆建设热潮。然而，投资和建设会展场馆需要专业的规划，运营和管理各种类型的会展场馆需要特定的技能。

第一节　会展场馆的定义与分类

一、会展场馆的定义

会展场馆具有不同的功能与风格，因此可以从不同的角度进行定义。Mahoney（2015）从建筑设计目的的角度，将会展场馆定义为“那些被设计用来容纳为共同目的所聚集的人群的所有公共和私人的建筑物”。会展场馆可以是露天剧场、竞技场、礼堂、会议中心、博览中心、会展中心、市民中心、复合建筑群、展厅、演艺术中心、剧院、体育场和特殊活动场馆等。

国际场馆管理者协会（International Association of Venue Manager，IAVM），从活动举办的角度来定义会展场馆，即活动发生的场馆，特别是那些策划的活动（planned event）[①]，包括展览、会议、体育赛事、音乐会等。依照“策划的活动”举办的目的来定义，可以从两个层面更深刻地理解会展场馆：首先，会展场馆是从空间上定义的；其次，会展场馆是有计划举办各类活动场馆，这一点将会展场馆与自发性活动发生的场所区分开来。因此，会展场馆是指那些举办各类策划活动的场馆，建筑的形式是丰富多样的。前汉诺威会议中心总经理 Dr. Gaida（2007）通过图 1–1 很好地诠释了会展场馆与活动之间的关系。

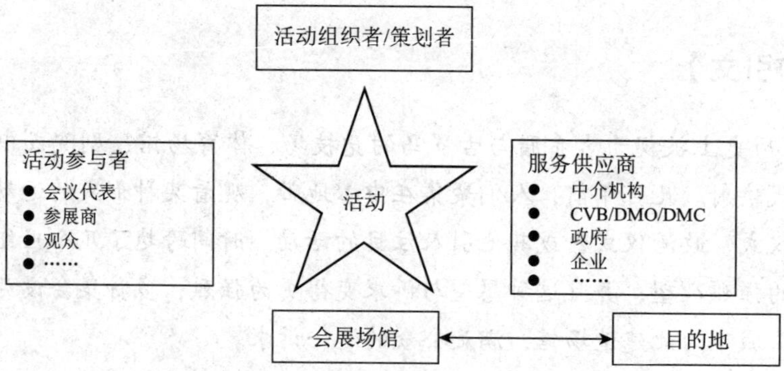

图 1–1　活动的利益相关方

资料来源：Gaida Hans–Juegen，scripts for IEMS

① 国际著名节事旅游与活动研究专家 Donald Getz 教授（2004）认为“planned event”是指那些临时发生的，并且有预期开始和结束时间的活动，且都是独一无二的，源于管理、过程、设置以及与人的融合（Planned events are temporary occurrences with a pre–determined beginning and end. Every such event is unique，stemming from the blend of management，program，setting and people.）。

二、会展场馆的分类

Donald Getz（1997）把经过事先策划的活动（planned events）分为以下 8 种基本类型：

1）文化庆典，包括节日、狂欢节、宗教活动、大型展演、历史纪念活动等。

2）艺术娱乐活动，主要包括音乐会、文艺展览、授奖仪式和其他表演。

3）会展及商贸活动，如会议、展览会 / 展销会、博览会、广告促销、募捐 / 筹资活动等。

4）体育赛事，主要包括职业比赛、业余竞赛和商业性体育活动等。

5）教育科学活动，包括研讨班、专题学术会议、学术讨论会等。

6）休闲活动，包括演唱会、游戏和趣味体育、娱乐活动等。

7）政治 / 政府活动，包括就职典礼、授职 / 授勋仪式、贵宾 VIP 观礼、群众集会等。

8）私人活动包括个人庆典，如周年纪念、家庭假日、宗教礼拜等；社交活动，如私人舞会、家庭聚会、同学 / 亲友联欢会等。

作为各类活动的空间载体的会展场馆，依据活动的分类会展场馆可以分为：

1. 会展中心

会展中心指那些拥有大面积展览区域的室内展馆，辅以不同规格的会议室。国际上，会展中心（convention and exhibition centers）也可指展览中心（exhibition centers）。典型活动包括各类会议、贸易类展览、消费类展览（例如，轮船、住宅、汽车）、宴会、招待以及重要的地区性活动。展厅通常是会展中心的大部分，可占 10 000 平方米或以上的连续平地面积，天花板高度达 8~10 米。

2. 演艺中心 / 文化中心

演艺中心（arena）也称文化中心，指在一片开放的建筑区域围绕有固定或可变动座席的室内场馆。这片建筑区域拥有不同活动所需的配置，有永久性舞台，但在需要时多数使用移动舞台。演艺文化中心所举办的典型活动包括篮球比赛、曲棍球比赛、其他运动赛事、音乐会、冰上表演、马戏表演等。演艺文化中心也能举办一些小规模的临时性会议或展览，但并不作为会议或展览的首选场馆。

3. 露天剧场

通常拥有永久性舞台的户外场馆。座席配置可包括固定的永久性座席或者草坪座席。典型活动：音乐会、舞台表演和社区活动。

4. 礼堂

礼堂是拥有一层平地，在一侧有舞台，在一侧或两层有戏院楼厅的多功能场馆。一些礼堂与剧院类似，拥有圆形地面。典型活动：小型音乐会、社区活动、宗教聚会、小型体育活动以及舞台表演。

5. 会议中心

主要是为小规模会议而设计，它们通常提供最先进的教育会议空间，并且提供住宿。

6. 音乐厅 / 剧院

音乐厅或剧院属于表演艺术场馆，一般在室内。通常在圆形地面上有若干类型的永久性舞台和永久性座席，或者可能有带有永久性 / 移动座席的中心或伸出式舞台（见图 1–2）。所举办的典型活动包括：音乐会、交响乐、戏剧、舞蹈、巡回百老汇秀、芭蕾、歌剧、舞台演出和其他艺术活动。这些场馆也能举办会议，但不是首选的会议场馆。

图 1–2　上海东方艺术中心

7. 体育场

体育场是指那些拥有露天的或有穹顶的大型场馆，体育场四周有固定座位或露天看台（见图 1–3）。所举办的典型活动包括足球赛、棒球赛、大型音乐会、大型演出以及市民活动。拥有能容纳满场足球比赛的、有穹顶的大型场馆被认为是体育场，尽管它的活动日程表可能包括展览、足球、家庭秀和其他竞技类型的活动。

图 1–3　国家体育场（鸟巢）

8. 特定活动场馆

特定活动场馆是指那些专用于某类活动的场馆，如赛车场（见图 1–4）、网球场、冰壶溜冰场、游泳馆、赛马场和赛狗场、摩托赛车跑道等室内或室外场馆。这些场馆，像大多数公共集会场馆一样被用于专用目的，只偶尔用于举办其他类别的活动。

图 1–4　上海 F1 赛车场

9. 非标准场馆

非标准场馆（unique venue）是指活动策划者为某场活动所挑选的异于常规的场馆，这些场馆可能是用于其他功能，但经过策划与装饰，可以用于特定的会展活动。非常规按室内和室外可以分成两类（见表 1–1）：

表 1–1　非标准场馆

室内非标准场馆	室外非标准场馆
大学 / 学院礼堂	广场、街道
标志性建筑物	公园 / 花园
博物馆 / 艺术馆	大桥
教堂 / 庙宇等宗教场馆	沙滩
城堡	湖畔
啤酒厂	乡村
仓库	跑道
购物中心	临时帐篷
工业厂房	……
火车站	
飞机场	
船舶（邮轮）	

资料来源：Gaida H（2014）. Script of Management of Venues and Event Destinations，Hannover.

城市 / 社区投资大量的经费用于会展场馆建设之中，可见场馆在整个城市运行过程中扮演着极为重要的角色。如何去管理会展场馆、会展场馆能否举办活动、会展场馆的财务状况以及当地居民对这个场馆的整体知觉，都是极其重要的。

第二节　会展场馆的功能

如何成功管理和运营会展场馆取决于各类因素，包括场馆的所有权、建造目的、运营使命以及场馆的类型。尽管如此，所有的场馆管理者面临着一些共同的任务。

一、会展场馆的使命宣言

会展场馆虽类别众多，但都会通过一项我们称之为“使命宣言”的论述（见表 1–2），明确本场馆的经营目标。通过这份使命宣言，促使业主、管理层和员工将精力集中在中心目标上。一旦使命宣言确定之后，场馆的经营目标将更为明确，在日常的场馆管理与运营过程中，为场馆日程安排、预订优先权、承租人监督、财务预算以及发展等问题提供参考依据。

表 1–2　会展场馆使命宣言示例

哥伦比亚城市会展中心——哥伦比亚，南卡罗来纳州，美国 哥伦比亚城市会展中心致力于为会议、贸易展览、运动会、娱乐活动和其他特殊活动场景提供卓越的运营管理、营销和设备维护。场馆的设计结合了历史和现代的建筑结构，作为公共和私人活动的首选场馆，本场馆的主要目标是促进哥伦比亚地区的经济增长。
福克斯剧院——亚特兰大，佐治亚州，美国 我们致力于保护和共享福克斯剧院。
香港会议展览中心——香港，中国 香港会议展览中心通过提供世界一流的设施和服务，高水平的诚信、骄傲、激情和行业知识指导下的反应灵敏、热情的专家团队，始终如一地提供卓越的客户服务。
上海新国际博览中心——上海，中国 “全球化和速度”。这是 21 世纪赋予经济领域的必需概念。十余年来，上海新国际博览中心（SNIEC）成功地达到了这一概念提出的高标准，已成为通往中国和亚洲市场的重要门户，集专业智慧和领先服务于一身，将助推您的展会不断取得新的成功。
杰罗姆 · 斯科特恩斯坦中心——哥伦布，俄亥俄州，美国 斯科特恩斯坦中心致力于成为行业的领导者，是全国公认的同类设施中最好的。我们努力为客户提供最优质的服务。作为团队，我们将共同努力，实现超越期望的卓越成果。
西格斯托姆艺术中心——科斯塔梅萨，加利福尼亚州，美国 西格斯托姆艺术中心的存在，是为了给加利福尼亚南部的人们呈现各种各样最为重要的国家和国际的音乐、舞蹈和戏剧作品。我们相信，体验最好的表演艺术能够提高我们的社区生活质量，并且致力于提供一种无与伦比的参与体验。结合其艺术使命，西格斯托姆艺术中心同样肩负着管理其世界级设施的责任。

续表

法兰克福会展中心——法兰克福，德国 法兰克福会展中心的目标是负责任地塑造公司的未来。我们正在继续扩大已经确立的企业社会责任，在任何有意义的地方开展新的发展。目标是采取一种越来越以价值为导向的方式——为客户、为股东、为社会，当然也为我们的员工。

资料来源：根据网上资料整理。

二、会展场馆的核心功能

会展场馆很少在单一的目的环境运营，现代社会的会展场馆管理机构和管理人员，需要对那些以动态形式影响场馆管理的各类因素有全面的了解，并掌握一定的技能形成从而具备会展场馆管理的能力，成功管理和运营会展场馆。

纵观各类会展场馆，无论是哪一种建造目的或是使命宣言，在整个场馆的运营过程中一般都具备以下九大核心职能：

- 行政管理
- 财务管理和结算
- 场馆预订
- 营销和销售
- 票务管理
- 配套服务
- 场馆运营管理
- 活动现场管理
- 安全与安保管理

虽然不同类型会展场馆的设施、设备可能有不同的特点，但这九大核心职能对任何场馆经营活动来说都是至关重要（见表 1–3）。

表 1–3　会展场馆九大核心职能概述

行政管理	财务管理和结算	场馆预订
· 为所有者准备报告 / 演示 · 监控运营预算 · 监督日常运营活动 · 合同 & 租户租赁 · 员工招聘和培训 · 绩效评估 · 实施就业政策 & 程序 · 记录 · 劳动协议谈判 · 谈判和监督第三方供应商协议	· 监督运营和资本预算准备 · 财务报告 · 内部审计 · 库存控制与记录 · 记录应收账款与应付账款 · 税收支付与报告 · 采购 · 工资 · 风险管理和保险 · 现金处理政策与程序 · 活动解决方案	· 出租率时间表 · 用户优先权发展 · 租户租约谈判 · 活动租赁谈判 · 活动预约 · 活动推广

续表

营销和销售 ·潜在租户的市场 ·承办人和潜在活动的市场 ·公众和企业的市场 ·营销活动 ·内部广告公司 ·广告招牌销售 ·团体门票销售 ·赞助 ·推广 ·公共关系 ·媒体关系	**票务管理** ·门票库存和分销问题 ·入座率和座位配置 ·财务会计和控制 ·人员配备、培训和监督 ·票务政策和程序 ·税收和汇款 ·二级市场问题	**配套服务** ·餐饮服务／优惠 ·餐饮销售 ·商品销售 ·停车 ·内部业务收入 ·设备租赁 ·优质服务 ·客户服务 ·库存控制
场馆运营管理 ·设备设施的维修和保养 ·场馆设备维护 ·客房服务 ·公共事业管理与控制 ·活动管理 ·场馆改建与设备更新 ·可持续发展计划 ·舞台、灯光和音响 ·信息技术 ·资本改进 ·运输和收获	**活动现场管理** ·活动现场人员管理 ·活动现场设备设施管理 ·活动现场安全管理 ·活动现场应急管理	**安全与安保管理** ·大客流管理 ·活动安全与安保 ·施工安全 ·消防安全 ·客户／员工安全与安保 ·应急预案

成功的场馆管理者必须致力于场馆履行这九大核心功能，并清楚地认识到在场馆的运营和管理过程中，通过一系列行之有效的措施，围绕九大职能，实现会展场馆的“使命宣言”。本书后文将围绕这九大职能具体展开。

1. 行政管理

会展场馆的行政管理，包括总经理在内的所有管理人员。根据不同的职位，成为场馆和城市之间的通道、管理机构和场馆员工之间的联络人或是领导者。会展场馆总经理不仅需要平衡和协调各种可用资源，以满足场馆运营与管理需求。同时场馆管理者兼具经济与人文双重属性。一方面，成为场馆最宝贵的黄金资源；另一方面，也是员工可信赖的领导者，愿意倾听客户心声并与之充分交流的人。

成功的场馆管理者不仅要掌握场馆的日常运营工作，还要为场馆的未来和员工制订现实又充满抱负的目标。管理者必须有能力将这些对未来的展望传达给场馆的所有者和整个组织机构。没有这些展望和传达展望的技巧，场馆会滞后于行业的发展趋势，失去它在市场的竞争优势和与更多先进企业寻找机会的领袖。

此外，场馆的管理者必须遵循包括国家和所在城市相关法律、法规的政策和程序，运营会展场馆进行商业活动。除了有效的人员管理，场馆管理者需要充分了解商业规则、具有强大的谈判技巧、有效的沟通能力和政治头脑。场馆管理者必须对这个行业的充满热情，具有为提高社区生活质量贡献的强烈愿望[①]。

2. 财务管理与结算

每个场馆机构包括预算、财务管理、人力资源、采购、资产管理、库存控制和审计在内的业务单元。这些功能可能隶属于商务办公室、财务/会计部门或其他类似的部门。不论什么类型的会展场馆，都应该有商务办公室或至少有指定人员，准备处理大量的现金。现金、支票和信用卡收据的收集和会计记录，包括场馆收入来源（例如，机票销售、优惠、商品和停车场），银行存款，电汇，核对银行报表并和活动承办方完成活动后财务结算。这些场馆财务部门或业务部门的日常工作工作，负责财务事项的个人可以是售票处经理、餐饮部经理、商品经理或停车场经理。会展场馆业务经理或财务总监负责实施财务控制的最终职责，这些人通过总经理或行政总监将情况报告给场馆所有者或管理机构。

3. 场馆预订

预订旨在最大限度发挥并且维护会展场馆的“时间”和“空间”这两个最重要的商品。有效地管理这两大因素，对于扩大场馆预订数量和潜在受益源数量起着至关重要的作用。预订是对场馆的时间规划的重要措施，且应符合场馆的使命宣言及其主要租户和整个社区的需求。场馆预订管理既不能破坏场馆的主日历，同时要建立预订优先权，此外要将活动排进日历里并与最多数的活动日子相适应，与当地的会议和旅游局（CVB）密切合作，避免错误预订。

4. 营销和销售

不论何种类型会展场馆，为顺利地向潜在的用户和客户介绍场馆，有效地运用营销、广告和推广是极为关键的。尽管在会展场馆管理的背景下，营销可以用许多方式进行定义，可以理解为场馆寻找和识别潜在业务的过程；也可以认为营销是为预订活动达成谈判协议的过程。

会展场馆营销包括两个方面：首先是面向市场的销售，以保证场馆的空间和时间尽可能地被各类活动所“填满”。此时，场馆营销的目标市场包括活动的承办方、非营利的社区组织以及专业的活动策划者。其次是面向城市的活动营销，包括潜在门票购买者、粉丝和活动参与者，后者的营销工作指向目标观众和宣传特殊活动、时间、地点、日期和价格。

---

① 在这一点上，笔者的德方课程《场馆与目的地管理》合作教师 Dr. Gaida（前汉诺威会议中心总经理）在合作授课的 12 年间，充分向学生展现和诠释了对会展场馆管理的热爱。他曾经对笔者说：“德国的场馆相关法令是非常严厉的，一旦活动现场发生事故，场馆负责人都会负一定的责任。可以这么说，场馆负责人的一只脚是踏在监狱门口的。因此，每次活动前夕，我会踏遍场馆的每个角落，检查每处设施是否正常运作，当然这不仅是我的职责所在，也是因为我很热爱这份工作。”

5. 票务管理

随着经济和科学技术的发展，票务服务和票务管理也发生了巨大的变化。场馆出票从早期的彩色编码和 / 或编号陶片、特别铸造的硬币、预打印门票和计算机化的电子票以及现代条码技术的使用。不论是哪个阶段，会展场馆管理者是通过票务服务进行财务管理和库存管理。门票发行可以帮助场馆经理解决几乎所有场馆类型的问题，如管理和控制场馆的入场，同时为参与展示和管理活动的各方提供一定的财务支持。当控制对会展场馆的访问时，门票成为一种安全、高效的管理措施，同时还能将场馆和活动的一些具体信息直接传达给客户。

会展场馆（例如演艺中心）的票务经理与活动主办方通过密切合作，确定场馆内不同座位票价。通过评估座位的空间，进行差别定价，在国际上通常称为“扩展的房子”（scaling the house）①的过程。

互联网和门票分销的电子化转变了会展场馆为客户提供票务服务的方式。如今客户希望一周七天，一天 24 小时都能直达票务系统。他们有能力购买门票、选择座位位置，并下载这些选择到他们的个人电子设备。通过二次转售市场高于门票面值售卖门票的已然成为普遍的趋势，这迫使场馆管理者和活动主办方重新考量门票定价体系以及门票的分销系统。

6. 配套服务

会展场馆必须最大限度地提高配套服务的收入，从而创造更多的场馆利润来源。创造产品需求和重复销售会展场馆所提供的特殊商品需要特定的销售技术和创业精神。每个提供配套服务的场馆管理者的最主要目标之一就是能达到或是超过客户的期望。一般而言，这些服务是由第三方服务供应商通过临聘人员来完成的，这大大增加了场馆管理者的额外的工作。然而无论这些配套服务是由内部员工还是外部服务供应商提供给客户，管理者的目标都是通过这些辅助服务提升客户的会展场馆体验。

会展场馆所提供的最常见的配套服务包括餐饮服务、商品销售、设备租赁、货物装卸、公用事业服务、停车服务、电话和互联网连接、装饰服务以及活动营销和广告。这些配套服务都将为会展场馆带来收入。会展场馆配套服务的范围和规模是非常广泛的，创新且优质的配套服务，在确保场馆租赁方的活动成功举办的同时，客户活动体验到了优化，也增加了会展场馆的总收入。

① 票务系统的“scaling the house”意思是最佳座位将花费更多，源于 1991 年 5 月 10 日史蒂夫·温伍德（Steve Winwood）在太平洋剧场（Pacific Amphitheatre）演唱会期间，一种新的票务定价方式“按房子的比例”即消费者被要求为前排座位支付更高的价格被推出。在前六排的“黄金圈”座位上，赞助商向粉丝收取 50 美元的票价，这是普通票价 19.50 美元的两倍多。

7. 场馆运营管理

会展场馆运营管理包括三大内容：场馆建筑物的维护和保养、场馆内设备的维护和维修以及场馆周边公共设施的维护和管理。会展场馆运营一般由场馆的运营部负责，包括一般的维护、工程、供暖、通风和空调（HVAC）、公用区域使用管理以及安全和安保。会展场馆的物业管理至关重要，是确保各类活动开展的硬件保障。特别是对于那些多用途的会展场馆，上一场次还在进行一场篮球比赛，下一轮可能马上进行一场巨星演唱会。前一天可能还是一场贸易类展览，后一天可能是全球直播的高端医疗论坛。不同类型活动的频繁切换，对场馆的物业管理提出了极大的挑战。技术娴熟、积极进取的会展场馆运营部门是场馆能顺利履行业务的基本保障，并及时有效地提供优质的客户服务。

8. 活动现场管理

对于场馆来说，要想在活动现场管理上获得成功，场馆运营的所有元素必须同时高效工作，确保每个细节都在掌握之中。活动现场的每个细节，直接影响到活动参与者的体验，对活动的整体成功产生深远的影响。场馆的运营必须确保活动按计划进行，并同时符合所有法规条例的要求。票务必须保证所有的位置都有好的视线，并且不超出场馆的容量。餐饮服务必须保证能在计划的时间和要求的地点提供数量充足的食物和饮料。所有的安全和安保问题必须得到解决，听取员工所有任何有关活动的问题和任何可能的安全和安保问题的建议。停车和交通安全必须掌握预期的交通流量，确保客人尽可能又快又安全地进出。活动人员必须接受培训，懂得如何满足和迎接客人、处理座位问题，并掌握紧急情况下的安全程序。

9. 安全与安保管理

无论什么类型的活动，场馆的首要任务是确保客人、用户和员工的安全。每个场馆都必须意识到安全和安保问题的重要性，同时对员工进行培训以将风险或事故发生的可能性降到最低。此外，还要制定安全和安保的应急方案，以便情况发生时，员工能有准备地执行预订的计划。为了在整体的管理战略之内完成这个目标，场馆管理人员必须整合所有的安全安保计划，以保卫所有的资产和人员。管理层还必须评估在活动运营过程中与场馆运营相关的风险和威胁。

顾客、员工和用户的安保和安全，对于场馆的所有者、管理层和场馆的所在社区来说，是至关重要的。当今世界，场馆管理者必须采取一切预防措施、考虑每一种可能性，并准备应对发生在人群聚集的地方的各种不同的挑战。有效的安全和安保程序必须是透明公开的，是场馆运营成功的必要因素。

第三节　会展场馆的源起与发展

2000 多年前，古希腊和古罗马的第一个公共集会场馆建成以来，场馆本身不断地变革。古罗马斗兽场的独特与多功能是有口皆碑的。古罗马斗兽场举办各种赛事，包括马戏、体育活动和竞技项目，包含了先进的建筑和设施创新。古罗马露天场馆大约可容纳 50 000 人，多数早期场馆规模较小，只包含基本设施（见图 1–5）。历史记录那些早期场馆建成以来，更加适用于投资者和使用者的平稳过程。

图 1–5　罗马斗兽场（意大利）

资料来源：Mathoney K. and Lee A. etc..（2015）Public Assembly Venue Management：Sports，Entertainment，Meeting，and Convention Venues，Brown Books Publishing Group.

随着会展场馆的发展进步，最初的焦点集中在场馆的容量与规模。过去的 50 年里，人们的理念是，把所在城市的场馆建得比竞争对手的场馆大一点。拥有一个大容量的场馆是吸引更大、更好的会展活动的基础。更大的场馆需要管理者重新关注市场营销和广告，并让目标群体坐满场馆。

纵观会展场馆发展历史，以大型活动为核心的北美会展场馆与以贸易展览为核心的欧洲会展场馆，呈现出不同演进路线。

一、北美大型活动场馆发展历史

20 世纪 20 年代，会展场馆为北美的大型活动发展做出了重要贡献，推动了北美经济的发展。1924 年，第一次世界大战结束后，美国经历了五年的经济繁荣和高就业率。

人们离开农场到城市，生活习惯发生改变。商业电台的繁荣，使公众娱乐的欲望增强。基于公众生活习惯的改变，各大场馆在此时期纷纷建成，如加利福尼亚的玫瑰碗（见图1–6）和好莱坞露天剧场（见图1–7）、纽约的洋基球场、芝加哥的军人运动场、蒙特利尔的论坛和华盛顿特区的华纳剧院随之建成。时至今日，这些大型活动场馆仍在美国的会展产业中占据着举足轻重的地位。

图1–6　玫瑰碗（帕萨迪纳，加州）

资料来源：Mathoney K. and Lee A. etc..（2015）Public Assembly Venue Management：Sports，Entertainment，Meeting，and Convention Venues，Brown Books Publishing Group.

图1–7　好莱坞露天剧场（洛杉矶，加州）

资料来源：Mathoney K. and Lee A. etc..（2015）Public Assembly Venue Management：Sports，Entertainment，Meeting，and Convention Venues，Brown Books Publishing Group.

随着经济的发展，北美地区娱乐、运动、团体集会以外，场馆开始举办大规模会议和贸易展览。此时，会议场馆随之诞生。这一时期的经济大萧条，或多或少延缓了这一发展过程，但是随着国家走出低迷时期，美国的工作项目管理机构（WPA）建造了包括礼堂、竞技场、大型体育场等在内的三十多个场馆。

20世纪40年代，娱乐活动的数量超过了体育活动的数量。为吸引这两种类型活动，城市目的地把会展场馆看作为它们的城市获得地区和国家共同承认的场馆，同时挖掘由此产生的经济利益。

20世纪50年代至60年代，巡回冰上表演蓬勃发展，马戏表演开始移入室内，把会展场馆建成城市生活质量选择的主要力量。摇滚的兴起是这一时期会展场馆增加的主要因素之一，大型场馆、新技术、夸张的视觉效果和服饰的结合，使以舞台摇滚而闻名的场馆类型开始产生（Beck，2001）。位于北卡罗来纳州夏洛特市的夏洛特体育馆，建于1955年10月，据《瞭望杂志》（Look Magazine）记载，是美国当时国内最大的无支撑的半球形场馆，拥有超过10 000的座位容量（《瞭望》，1956）。在那个时期，室外体育馆能容纳30 000~80 000名的观众。两个最具标志性的场馆包括建于1965年的休斯敦巨蛋体育馆（第一个圆顶体育馆）和建于1975年的新奥尔良体育馆（贝克，2001）。这一时期的会展场馆室内可用面积达到50 000平方英尺（约合4 645平方米）至250 000平方英尺（约合23 225平方米）。同一时期的建成的礼堂（auditorium）和表演中心的座位在1 500~2 500个。

20世纪80年代，北美地区文化演艺中心的容量达到约20 000座位的水平，体育馆扩容至60 000至100 000个座位，同时期的会议场馆有1 000 000平方英尺（约92 903平方米）。如今最大的场馆是位于芝加哥的麦考米克大厦，拥有超过270万平方英尺（超过25万平方米）的黄金展示空间。

20世纪80年代末和90年代初开始，场馆建设的重点从容量和建筑面积转向便利设施和创造收入的机会。建设成本和经营体育特许经营权成本的增加，迫使管理层专注于能产生收入的选择，以满足经营成本和偿债的需求。优选座位出现，更好、更健康的食物供给，赞助机会增加，以及商业娱乐选择开始推动会展场馆的发展。

现如今，会展场馆呈现出全新的面貌，有了新的目标。会展场馆是城市提高其整体生活水平的机会。同时，由于涉及成本，会展场馆的建设和管理成为城市管理者的争论点。政府投资方往往不仅要面对场馆的建设和运营成本，还要面对市民提供基本城市服务的成本。虽然在经济不景气的时期，新场馆建设或既有场馆的更新会减缓，但城市管理者仍迫切渴望积极参与竞争，吸引那些能为城市产生积极经济效益和带动城市发展的大型活动。

二、欧洲会展场馆发展历史

德国作为欧洲会展业与会展场馆发展的重要基地，在其近年的展览业发展史上，会展场馆历经了多次重大的演变。德国的会展场馆是以展览馆为核心发展起来的。早期德国用于展览交易的建筑多由住宅演化而来，外观基本为一层的砖木结构房屋，其中首层作为工作和交易场所，二层则是生活和储存用房。为了方便展出，那时期这种展览建筑常常将其长边朝外，以便获取更多的展出面积（许懋彦等，2004），15 世纪末与 16 世纪初期时，以砖石结构为主的展览馆逐渐普及，此类建筑不仅规模逐步扩大，而且用途也更为专业化。工业大革命以后，伴随钢筋混凝土和钢结构等现代意义上的建筑材料和建筑技术诞生，展览馆开始显现出巨大的发展空间。这期间，世界上第一座真正意义的展览馆于 1869 年在莱比锡建成（中国会展经济网，2004）（见图 1–8）。由于受交通工具的限制（当时人们出行的主要方式是马车或步行），20 世纪之前德国的展览场馆大多位于城市中心地带。

图 1–8　莱比锡早期展览场馆鸟瞰

资料来源：许懋彦等，德国大型会展中心建设设计专题考察．建筑师，2004（6）

第二次世界大战之后，德国展览场馆伴随展览业的振兴而处于兴盛的重建时期，许多城市在这一时期都建造了新的场馆。各地会展场馆一直在不断地改建、扩建或新建中增强自身展览设施的现代化建设水平。20 世纪 90 年代，一些城市的场馆设施和规模无法再适应展会旺盛的发展需求，开始规划选取新的地理位置，建造完全新式的展览场馆。与此同时，工业革命随着机械交通工具的蓬勃发展，特别是铁路交通运输的普及，展览馆的选址开始向城市边缘转移。

在这一时期的会展场馆建设中，会议设施开始变得十分重要和专业化。早期的单一展示作用的展览场馆逐步向现代的会展中心转变。这些新的会展场馆还在诸多特征上体现出比以往展览场馆更为专业和更加先进的建设水平，如慕尼黑会展中心（见图 1–9），这一时期的场馆设计与建设标志着现代会展场馆的诞生。

图 1-9 慕尼黑会展中心

进入 21 世纪以后，随着会展活动外延的拓展，客户对会展活动的需求多样化。作为会展活动空间载体的会展场馆，也开始向多目标发展。德国各城市的会展中心不仅仅涵盖展览馆和会议中心，还建有专门的活动场馆，最典型的代表当属莱比锡会展中心（Leipzig Messe）（见图 1-10）。莱比锡会展中心不仅拥有传统的展览馆，现代化的会议中心，以及专门为活动设计建造的活动场馆（event hall）——HALLE：EINS。

图 1-10 莱比锡会展中心

德国以外，欧洲其他主要发达国家在发展会展业的同时，对会展场馆的建设也给予了大力投资与支持，并且造就了一批具有国际影响力的会展场馆，如 1976 年建成的英国伯明翰国际会展中心（Birmingham National Exhibition Centre）（见图 1-11）。

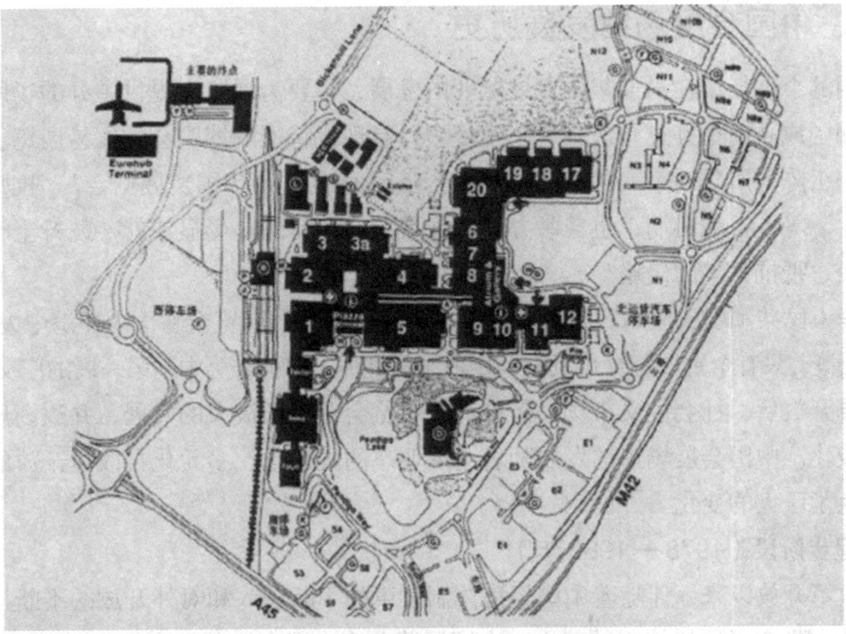

图 1–11　伯明翰国际会展中心总体规划

资料来源：弗雷德 . 劳森 . 会议与展览设施：规划、设计和管理［M］. 吕楠，译 . 大连：大连理工大学出版社，2003

为适应会展业快速发展的需要，欧洲一些城市对早期建成的展览场馆还进行了较大程度的改造或者扩建。以西班牙为例，始建于 1980 年的马德里展览中心，在进入 21 世纪以来，共扩建展馆面积达 12 万平方米。而具有百年历史的巴塞罗那会展中心于 2009 年完成改扩建，现 8 个展馆共有 24 万平方米的展出面积，同时还建有会议中心（Centre de Convencions Gran Via）。

意大利米兰国际会展中心（Fieramilano）是世界上最大的会展中心之一，拥有 345 000 平方米室内展出面积和 600 000 平方米室外展出面积（见图 1–12）。

图 1–12　米兰国际会展中心

三、中国会展场馆发展历史

我国的会展场馆在早期集中在展览业的发展，主要为展览会提供举办的场所。中华人民共和国成立前举办过几次具有一定规模并有现代特征的博览会和贸易展览会，如北京的“劝工陈列所”、南京的“南洋劝业会”、上海的“中华国货展览会”、杭州的“西湖博览会”等。抗战时期，也曾举办过一些展览会，目的是彰显成就、鼓舞士气、促进经济发展、抵抗日本的侵略。

中华人民共和国成立后实行计划经济，经济贸易型的展览会在国内经济中失去存在、发展的土壤，只有个别展览会仍具有一定的贸易性质，如被誉为中国第一展的广交会。

改革开放后，社会主义市场经济推动了展览会获得了极大的发展，并逐渐形成规模化和专业化。中国会展场馆的发展随着会展业态的规模化、多元化在改革开放的四十年里，发生了巨大的变化。

1. 起步阶段（1978—1989 年）

自改革开放以来，伴随着中国经济体制改革的不断深入和对外开放的不断扩大，特别是社会主义市场经济体制的建立，中国展览业迎来了大变革和大发展时期。1978 年，中国贸易促进委员会在北京成功举办了“十二国农业机械展览会”，这是中华人民共和国成立以来首次举办国际性展览会，标志着中国展览业由起步期的“单国展览时期”向“国际展览时期”过渡。1982 年 8 月 26 日，经国务院批准，中国国际贸易促进委员会、对外经济贸易部、外交部《关于出国举办经济贸易展览会若干问题的规定》和《关于接待外国来华经济贸易与技术展览会若干问题的规定》双双出台，标志着我国展览业法制化、规范化的开端。

这一时期对于专业用于展览会举办的展览场馆有了要求，1984 年中国国际展览中心建成，成为北京 20 世纪 80 年代十大著名建筑之一。1989 年 6 月，深圳国际展览中心建立，拉开了深圳展览业的发展帷幕。自此，深圳展览业在全国率先走上市场化之路。

总体来看，这一阶段作为中国展览业的萌芽时期，展览会数量少，组织水平和专业化程度还处于初级阶段，但政府已经意识到对于展览业的发展需要配备专业的场馆，开始建造展览场馆。

2. 积累阶段（1990—1999 年）

中国展览会产业化历程起步于 20 世纪 90 年代。随着我国建设国际经济、金融、贸易等方面目标的确立，随着现代工业聚集，我国一线城市如上海、广州、北京的展览业迅速崛起。1990 年上海举办的国际展览会只有 40 个，展览面积 10 万平方米；1999 年上海举办的国际展览会 150 个，展览面积达到 80 万平方米。

20 世纪 90 年代末开始，除上海、北京和广州等地的展览业已粗具规模以外，全国明确提出将展览经济作为新增长点的城市多达三四十个：环渤海经济圈的天津、大连、廊坊，珠三角经济圈的深圳、东莞等，长三角经济圈的宁波、杭州、苏州、南京等。这些国内二、三线城市已开始将展览业作为城市经济发展的重点。

掀起一轮展览馆建设的高潮，上海世贸商城、苏州会议中心、浙江世贸中心、安徽省农业展览馆、大连星海会展中心都是在这一时期完成建设。这一时期的会展场馆的主要特点包括以展览空间相对较小，仅上海世贸商城展出面积达到7万平方米，同一时期的其他展览馆室内展出面积都在5万平方米以下；开始考虑到会展场馆的多功能，这一时期的会展场馆建设都配备了会议厅，但是包括会展场馆的区位选址、停车场等配套设施建设都缺乏科学合理的规划。事实证明，随着会展业的发展，这些场馆在进入21世纪以后，无法满足地区会展活动的需求。

总体而言，这一时期是我国展览业发展的积累阶段，展览会数量逐渐增多，展览业法规的颁布，展览组织企业的成立，国际展览会的比例逐渐增大，展览中心数量不断上升，展馆面积不断扩大，为我国会展业发展奠定了良好的基础。

3. 飞跃阶段（2000—2010年）

从展览业的专业化、国际化、品牌化来看，在北京、上海、大连、珠海等城市正在涌现出如“国际纺织机械博览会”“国际机床展览会”“国际汽车展览会”“大连时装博览会”“珠海航空博览会”一批在亚洲乃至世界上有一定影响力知名品牌的专业化国际展览会。展览业已渗透到各个行业领域，从机械、电子、汽车、建筑，到纺织、花卉、食品、家具，各行各业都有自己的国际专业展。北京、上海、广州等城市已成为全国最大的展览中心城市。

全国展览场馆建设在2000年后掀起新高潮，上海新国际博览中心（SNIEC）所有展馆建设分三期自2000年到2012年历时10年，室内展出面积20万平方米，成为当时上海室内展出面积最大的会展中心；广州的中国进出口商品交易会琶洲展馆也在这一时期建成，全部室内展出面积近34万平方米。二三线城市的会展中心纷纷建设，苏州国际会议展览中心、宁波国际会展中心、广东现代国际展览中心、芜湖会展中心、东莞国际会展中心、海南国际会议展览中心、天津滨海国际会展中心、郑州国际会展中心等等，几乎每经济发达的城市都在建设会展场馆。

这一时期的会展场馆呈现相对专业、选址在城市新区、展览与会议综合功能结合的特点，场馆体量更大，开始注重场馆外观的设计。

4. 升级阶段（2011年至今）

会展活动的规模化、多元化、综合化，特别是超大型会展活动对地区的影响，各地方政府发现已有的会展场馆无法满足会展活动的需求，对本地的会展场馆进行升级。耐人寻味的是，与德国科学的规划预留场馆扩展空间相比，这一时期的国内场馆建设，采取的是与地区新城发展相结合，重新选址。在场馆建设设计上，追求地标性。2015年建成并投入使用的国家会展中心（上海）一跃成为世界第二大展览场馆，有特色的四叶草设计，一改以往会展场馆的外观单调；2016年建成的杭州国际博览中心因于2016年9月4—5日成功举办了G20杭州峰会而享誉世界，成为杭州新会展地标建筑。

这一时期的会展场馆规划上，追求规模超大。例如，义乌国际博览中心（室内展出面积 12 万平方米）、珠海国际会展中心（室内展出面积 9.75 万平方米）、沈阳国际展览中心（室内展出面积 10.5 万平方米）、成都世纪城新国际会展中心（室内展出面积 11 万平方米）、武汉国际博览中心（室内展出面积 15 万平方米）、昆明滇池国际会展中心（室内展出面积31万平方米）。截至2017年年底，中国内地（不包括港澳台地区），室内展出面积超过 5 万平方米的展览场馆有 46 个；除西藏以外各省市都建有会展场馆。其中广东省以 31 个场馆 203.7 万平方米的展出面积位居第一，山东省和浙江省分别位列第二、第三，如图 1–13 所示。

图 1–13　2017 年中国会展场馆面积排名

资料来源：根据《2017 年中国展览经济发展报告》整理。

会展场馆逐步呈现多元化趋势，会议中心、演艺中心、体育馆、多功能活动中心、会展综合体等迅速发展。2008 北京奥运会后的五棵松体育馆（现更名为凯迪拉克文化中心）、2010 上海世博会后四大永久保留场馆之一的梅赛德斯奔驰文化中心，经改造升级之后，成为国内首批具有国际标准管理水平和设备设施的多功能娱乐文化中心。2009年底改造升级的国家会议中心，最大的会议室可同时容纳5100人开会，兼顾展示、会议以及住宿多功能服务。

这阶段的会展场馆呈现综合化和专业化的“两极分化”：会展中心设计与规划，更注重地标性的外观设计、更大规模的体量、更先进的配套设备、更综合性的服务设施，努力打造集展览、会议、活动、商业、住宿、休闲于一体的大型会展综合体；演艺中心、剧场、体育馆等专业活动场馆的建设与管理呈现专业化。此外，绿色环保、高科技也成为这一时期会展场馆建设的关键词。

四、会展场馆发展趋势

会展场馆是举办各类贸易、科技、文化等活动的必备空间，是会展产业发展的基础设施，任何国家的会展业的发展都离不开会展场馆的建设。纵观会展业发达国家会展场馆的演变历程，呈现以下三大趋势：

1. 会展场馆大体量、综合化发展

欧洲会展场馆多从展览场馆发展而来，最早仅作为展览会的容纳空间，随着世界经济的快速发展，展览会规模变得越来越大，各地展览会不断扩建，大型展览馆主要集中在欧洲、中国以及美国。据德国展览联盟（AUMA）统计资料显示，截至2017年，国际上室内展出面积超过10万平方米的展馆共计55个。按国别分布，德国有10个，中国有10个，美国7个，如表1-4所示。

表1-4 全球超10万平方米会展场馆

序号	场馆名称	所在国家	所在城市	室内场馆面积（平方米）
1	汉诺威展览中心	德国	汉诺威	463 165
2	上海（国家）会展中心（NECC）	中国	上海	400 000
3	法兰克福展览中心	德国	法兰克福	366 637
4	米兰会展中心 Fiera Milano	意大利	米兰	345 000
5	广州琶洲国际会议展览中心	中国	广州	338 000
6	昆明滇池国际会展中心	中国	昆明	310 000
7	科隆展览中心	德国	科隆	284 000
8	杜塞尔多夫展览中心	德国	杜塞尔多夫	261 817
9	巴黎会展中心 Paris-Nord Villepinte	法国	巴黎	242 082
10	麦考密克展览中心	美国	芝加哥	241 549
11	巴塞罗那会展中心	西班牙	巴塞罗那	240 000
12	瓦伦西亚会展中心（Feria Valencia）	西班牙	瓦伦西亚	230 837

续表

序号	场馆名称	所在国家	所在城市	室内场馆面积（平方米）
13	莫斯科克洛库斯国际会展中心（Crocus Expo IEC Moskau）	俄罗斯	莫斯科	226 399
14	巴黎凡尔赛门展览中心（Paris Porte de Varsailles）	法国	巴黎	219 759
15	重庆国际会展中心	中国	重庆	200 000
16	博洛尼亚会展中心（Bologna Fiere）	意大利	博洛尼亚	200 000
17	马德里会展中心（IFEMA）	西班牙	马德里	200 000
18	上海新国际博览中心（SNIEC）	中国	上海	200 000
19	奥兰治城会议中心（Orange County Convention Center Orlando）	美国	奥兰多	190 875
20	拉斯维加斯会议中心	美国	拉斯维加斯	184 456
21	伯明翰国家会展中心（The NEC Birmingham）	英国	伯明翰	182 000
22	慕尼黑展览中心	德国	慕尼黑	180 000
23	纽伦堡展览中心	德国	纽伦堡	170 000
24	柏林城市博览中心	德国	柏林	170 000
25	维罗纳会展中心（Verona Fiere）	意大利	维罗纳	151 536
26	毕尔巴鄂展览中心（BEC Bilbao Exhibition Center）	西班牙	巴拉卡尔多	150 000
27	武汉国际博览中心	中国	武汉	150 000
28	Ptak Warsaw Expo（华沙会展中心）	波兰	华沙	143 000
29	巴塞尔展览中心	瑞士	巴塞尔	141 000
30	IMPACT 会展中心（IMPACT Muang Thong Thani Bangkok）	泰国	曼谷	140 000
31	佐治亚世界会议中心	美国	亚特兰大	139 540
32	帕尔马会展中心（Fiere di Parma）	意大利	帕尔马	135 000
33	VVC Moskau	俄罗斯	莫斯科	132 720
34	里昂欧洲展览中心（EUREXPO Lyon）	法国	里昂	130 000
35	NRG Park	美国	休斯敦	120 402
36	义乌国际会展中心	中国	义乌	120 000
37	肯塔基会展中心	美国	肯塔基	120 000
38	图耶普伊斯坦布尔会展中心	土耳其	伊斯坦布尔	120 000
39	罗马会展中心	意大利	罗马	118 910
40	布鲁塞尔会展中心	比利时	布鲁塞尔	114 445
41	莱比锡展览中心	德国	莱比锡	111 300

续表

序号	场馆名称	所在国家	所在城市	室内场馆面积（平方米）
42	布鲁诺会展中心（BVV Veletrhy Brno）	捷克	布鲁诺	110 921
43	艾森展览中心	德国	艾森	110 000
44	波兹南会展中心	波兰	波兹南	110 000
45	成都国际会展中心	中国	成都	110 000
46	里米尼会展中心	意大利	里米尼	109 000
47	韩国国际会展中心（KINTEX Goyang/ Seoul）	韩国	首尔	108 556
48	北京新国际展览中心（NCIEC Beijing）	中国	北京	106 800
49	Palexpo Genf	瑞士	日内瓦	106 000
50	斯图加特展览中心	德国	斯图加特	105 200
51	深圳会展中心（SZCEC）	中国	深圳	105 000
52	新奥尔良厄内斯特会议中心	美国	新奥尔良	100 000
53	新加坡会展中心（Singapore Expo）	新加坡	新加坡	100 000
54	ExCel London	英国	伦敦	100 000
55	Royal Dutch Jaarbeur Exh. & Con. Center	荷兰	乌得勒支	100 000

资料来源：www.AUMA.de。

除了展览场馆规模不断扩大，会展场馆的建造与设计充分考虑现代会展活动多元化需求，向多功能发展。场馆的规划与设计从原有的单一展览区域，向集会议、展览、活动乃至商业会展综合体发展。

2. 会展场馆的绿色化、可持续化发展

绿色场馆的可持续化发展体现在多方面，包括会展场馆的建筑设计的绿色环保、会展场馆运营过程中能源的可再生利用以及对于公共设施的利他性使用。

在场馆建设过程中，建筑的自然采光、节能照明、雨水收集、太阳能收集、材料循环利用、三废排放等各过程的设计都要靠技术和设备的支撑，因而场馆的绿色设计水平一般取决于技术的选择与使用。

根据 2017 年度《绿色场馆报告》（Green Venue Report），全球范围内投资可持续化建设的会展通过实施能源、废物或节水技术或项目场馆节省了数百万美元，如通过将传统街灯转换成 LED 灯泡，实现了数百万美元节能费用。参与“绿色场馆组织”的场馆对活动的能源跟踪正在不断发展，所有的场馆采用逐年跟踪能源消耗，其中 88% 的场馆每月能跟踪能源，比 2016 增长 86%。几乎 1/3 的场馆可以使用特定于展厅的能量，更多的可再生能源技术被纳入场馆管理现场操作。

会展场馆公共交通配套成为场馆可持续发展另一个重要方面。在此领域，欧洲场馆的交通规划位于世界领先水平，所有欧洲的会展场馆均可通过搭乘火车、轻轨或地铁、公共汽车或步行至机场。相比之下，在美国只有46%、加拿大30%的场馆可以通过火车、轻轨或者地铁抵达机场。

会展场馆的食物控制是可持续化发展的另一重要部分。会展场馆从当地生产者那里购买食品，在运营过程中使用更多的可持续食品。绿色场馆组织89%的场馆提供至少一种可持续的认证或认证的食品和饮料产品。会展场馆继续减少食物浪费，合理规划活动参与者所需食物的准确数量，控制成本，减少浪费，使食品管理成为活动餐饮的重要组成部分。绿色场馆组织77%的会员单位采取手动或自动的方法跟进行积极的食物废物管理，内容包括追踪和监控食物的生产废物、过度老化和损坏。

会展场馆还致力于向活动主办方积极宣传活动的可持续性。例如，会展场馆配有专门的销售人员向会展活动主办方宣传"绿色会议"。此外，一些场馆还专门准备了一份可持续的会议小册子、手册或销售工具包，以满足主办方的要求。

3. 会展场馆的科技化、智能化发展

现代会展场馆已不是单纯的活动空间的供给，随着科学技术的发展、大数据的广泛应用、人工智能的普及，会展场馆进行活动的过程越来越多地使用系统进行智能化进行管理和运营。

会展活动现场的智能化管理，特别是票务的系统管理是场馆科技化、智能化发展的显著特点之一。会展场馆票务系统设计的过程中，实现计算机售票、检票、汇总、统计、报表、防伪、客流控制等管理功能以及自动检票模块的设计。

会展场馆现场管理采用智能中控系统集中控制展馆内的视频显示、音响、灯光、展品等设备；在开馆、闭馆时通过终端开启关闭所有视频、展品、灯光、音响的电源；采用安全检测系统进行视频监控、防盗报警、紧急逃生、出入口控制（门禁）、汽车停车场管理及访客对讲管理；通过无线射频、蓝牙或红外技术与音频、视频相结合，通过讲解屏、电子导览、音响系统等，增加活动参与者的体验与互动。

除了会展场馆的现场管理以外，线上的互动越来越成为重点。越来越多的场馆通过移动终端，数字科技馆软件系统设计开发、微博、微信公众号等模块设计或是APP软件开发，在手机或平板上增加更多的相关展馆信息，增强用户体验。

【案例】

会展场馆可持续发展

《2017年世界会议与展览场馆可持续报告》从能源、水和废弃物三大场馆可持续发关键领域进行分析，发现可持续的解决方案在场馆的运营过程中获得了巨大的经济效益。

所有参加调查的会展场馆都指出，识别效率低下和改进领域的关键因素是良好的跟踪和数据收集。有了数据来创建基准或场馆产生影响的对标，使得设施能够在实施可持续的解决方案时做出明确的成本效益分析决策。

1. 会展场馆废弃物

贝拉吉奥（拉斯维加斯，内华达）每年投资 50 万美元，雇用外部承包商来为现场的垃圾进行分类工作。通过外包服务，该场馆能够将投资成本抵消 30%~50%。此外，从废物流（资产回收）中抢救出来的未损坏货物的估计价值在 2016 年接近 50 万美元。

布劳沃德县会议中心（佛罗里达州，劳德代尔堡），安装打包机是为场馆和活动组织者客户节省资金的关键。2015 年，没有打包机，客户需要为 39 个“拉”废物容器（开顶和压实机）支付费用。到了 2016 年，在打包机的帮助下，该场馆能够将垃圾集装箱的数量从 39 个减少到 17 个，从而节省了大约 5 000 美元的垃圾费。

在 Enercare 中心（加拿大安大略省）的塑料打包机，以及 Kistamassan（瑞典 Kista）的纸制打包机，帮助这两个中心在安装后每年节省 1000 美元至 3000 美元（美元）的垃圾费。

2016 年，通过增加废物转移率，阿姆斯特丹 RAI 展览和会议中心（荷兰阿姆斯特丹）节省了 8% 的垃圾费，大约 25 000 万美元。

食物消化器和堆肥程序可以显著减少废物的重量，从而降低成本，并提供其他积极的环境影响。澳门威尼斯人酒店（澳门，中国），食品消化器提供成本效益，但回收期为 5 年。也就是说，减少浪费和相关排放，有助于场馆达到他们的总体碳排放目标。曼德勒湾（拉斯维加斯，美国）在房屋的后面放置了另外 100 个食品废料箱。这些废物被捐赠给当地的养猪场作为饲料。该计划的建立是为了促进从垃圾中去除食物垃圾，大大提升了垃圾转移率，废弃物从“湿”变成“干”，间接增加了可回收垃圾。

2. 会展场馆能源

2017 年，当奥斯汀会议中心（得州奥斯汀）首次被改造为现有建筑的 LEED 认证的一部分时，该设施的能源使用量下降 30。由于奥斯汀会议中心活动数量逐年增加，在使用能源消耗、照明升级和改进的空气过滤器的组合之后，能源的消耗反而是减少了。

2016 年，波士顿会议展览中心（波士顿，马萨诸塞州）购买并替换了 16 000 英尺的 CFL 26 W 灯泡，采用 14 W led 灯。该场馆还增加了可变频率驱动器到该设施的主要增压泵。该项目的总成本为 17 000 美元，其中包括 9000 美元的返利。预计 2017 年节省的费用为每年 53 000 千瓦小时，大约每年节省 7500 美元。

佐治亚世界会议中心（亚特兰大，美国）完成了一项价值约 2800 万美元的节能绩效合同，该合同将使能源消耗减少至少 37%。从 2015 年 10 月开始到 2017 年 2 月，该中心已经节省了 150 多万美元的能源成本，超过 1340 万千瓦的电力，以及 7800 立方米的天然气。GWCC正在与佐治亚电力公司和亚特兰大猎鹰队合作，在园区安装太阳能1.6兆瓦的太阳能光伏电池与电网连接。

Hynes会议中心（马萨诸塞州的波士顿）在展览大厅里用85 W的LED灯取代了452 232 W金属卤化物装置。预计每年可节省约340万千瓦小时，节省经费约55 000美元。该项目总成本约为25万美元，但该中心获得了12万美元的激励，并提供了价值43 000美元的人工安装设备。该场馆的净成本为85 000美元，相当于1.5年的投资回报期和65%的投资回报率。

场馆停车设施消耗大量能源。音乐城市中心（田纳西州的纳什维尔）将停车场从945个荧光装置改造为LED装置。安装的灯泡是KOBI电动T8–S4–1550–RMV 4英尺T8 LED灯。音乐城市中心与田纳西流域管理局（TVA）能源权利项目合作，以分担费用。这个计划使项目总成本达到33 655美元，投资回报率不到1年（8个月）。该荧光系统的年电费为69 346美元，目前的系统估计每年的电费为20 803美元。每年节省48 542美元。

通过进行重大的建筑升级，包括城市供热、水和通风装置升级、LED灯的翻新、屋顶和窗户的升级，世界论坛（荷兰的Den Haag）的总能源成本从2006年的100万欧元下降到2016年的44万欧元。

3. 会展场馆用水

伦敦会议中心（伦敦，英国）实施了一种热水系统，费用为55 000美元。随需应变的热水系统取代了持续加热的500加仑的贮罐。这使得水的使用减少和水加热的相关能源成本的降低。此外，该中心还在厨房购买了一台新的工业洗碗机，价格为116 500美元，预计每年节省6000美元，用水效率提高40%。

使用雨水是场馆降低用水成本的另一种方式。2016年音乐城市中心（田纳西州的纳什维尔）在现场收集了3 065 268加仑的雨水，几乎占了总用水量的一半，当年节省了11 331美元。台北南港展览中心（台北，中国）收集和回收雨水，帮助每年节省约14 122美元的水费用。

在佐治亚世界大会中心（佐治亚州亚特兰大）升级了厕所设施，2015年10月至2017年2月期间，节省了超过1420万加仑的水。布劳沃德县会议中心（佛罗里达州劳德代尔堡）为景观绿化安装了高效灌溉系统，每年的用水量从每年10万加仑减少到3.5万加仑，用水减少了65%。

资料来源：UFI. Green Venue Report 2017，https：//www.cobocenter.com/assets/doc/green–venue–report–2017–9a9

【小结】

会展场馆管理既是一门技术，也是一门艺术。随着我国会展业的兴起，地方政府兴建越来越多的会展场馆，会展场馆之间的竞争必将变得日趋激烈。国际会展场馆的发展历程告诉我们，成功的会展场馆管理取决于场馆管理者运用有效的方式将会展场馆作为企业经营。无论什么类型的场馆，都有许多共同的经营特征与特点。管理者必须了解这些特征与特点，并知道它们如何影响场馆以及应对竞争者。

会展场馆管理者的九大核心职能包括：行政管理、财务管理、场馆预订、营销和销售、票务管理、辅助活动管理、场馆营运管理、现场活动管理、安全及安保管理。管理者必须作为领导者，确保每个功能区都配备合适的工作人员，并在场馆实现其绩效目标的必要水平上执行工作。充满活力、经济有效、管理良好的会展场馆，不仅是所在地政府的期望，也应该是场馆管理工作的重点。

【复习思考题】

1. 简要说明会展场馆的定义与分类。

2. 如何认识北美大型活动场馆、欧洲会展中心以及我国会展场馆发展的特点与区别？

3. 简要说明未来会展场馆的发展趋势，并结合自身的会展活动体验，论述会展场馆科技化如何增强参与者的活动体验。

第二章

会展场馆的规划与建设

【学习目标】

1. 掌握会展场馆的选址特点
2. 掌握会展中心的设施分类及其特点
3. 掌握会展中心平面布局的分类与特点
4. 了解会展建筑技术创新的内容

【章前引文】

欧洲以贸易为核心的会展活动起源于11~12世纪。最初是由皇家特许某些城市和地区经营。从那时起，会展业就成为德国一些城市发展的重要动力和影响因素。地处欧洲中部的便利交通条件，贸易展览的悠久历史，以及重要工业国的基础共同造就了德国会展业的大国地位。在德国，几乎所有的重要城市都有自己的会展中心，德国拥有全球20%的展览面积。

第二次世界大战后两德长期的分裂，导致东西部发展的不均衡，主要的会展场馆基本都集中在交通条件好、经济发达的西部和南部。经过近半个世纪的发展，这些大型会展中心不仅拥有了设施完善的场馆，并已成功经营了若干知名品牌展览会，取得了良好的业绩。目前全球最大的五家展览公司有四家在德国。如德国中部的法兰克福，其会展中心自1911年建立以来，凭借该市重要的金融、交通中心的地位，以及自身良好的经营策略，成为当前德国销售额最高的展览公司；处于中北部的汉诺威则借世界博览会的契机加速发展，成为全球规模最大的会展中心。

两德合并后东部地区各行业均在加快建设，会展业作为带动经济发展的重要动力而成为重点发展的产业。如莱比锡这个东部的传统商业城市，会展中心作为产业发展方向和城市复兴的强心剂而异地重建，并已成为重要的城市标志，不仅带动了整个地区的经济贸易活动，促进了新区建设，改善了周边环境，而且增强了整个城市会展形象。

第一节　会展场馆的选址与规划

会展场馆相比于其他建筑物具有公共性、大规模以及专有性的特点。因此，会展场馆的规划和选址属于公共职能，是城市发展规划中重要组成部分。在所有的会展场馆分类中，会展中心因其体量大、投资大，其选址与规划与城市的发展息息相关。

一、会展中心的选址

现代会展中心动辄拥有超过 10 万平方米的展览场馆，同时还需要大量的室外展场、停车场、货物堆场及发展预留用地和配套设施等，加之需要通畅的人流、物流流线，因此会展中心往往需要规模庞大的用地和便利的交通条件。会展业发展百年，经过世界各国的摸索和经验，基本形成了处于城市边缘、靠近主要交通干线的选址模式。但由于建设年代及所处城市发展的不同，各会展中心的具体情况也有很大的差异。归纳起来，会展中心选址有以下三种模式：

1. 位于城市中心

此类会展中心历史悠久，所处位置基本就在城市中心。具有代表性的包括德国的法兰克福会展中心、科隆会展中心以及香港国际会展中心。它们多拥有较长的建馆历史，其周边已处于建成状态，可供会展中心扩展用地近乎没有了。例如，地处欧洲交通枢纽和金融中心的法兰克福会展中心建于 1909 年，是当时世界最大的穹隆式建筑，成为法兰克福城市的地标建筑。从会展中心步行仅 10 分钟可达市中心的火车站。建于 1924 年的科隆会展中心则与著名的科隆大教堂隔河相望，与繁华的市中心相距不过 1 千米。香港国际会展中心建于 1988 年，是当时亚洲第二的会展场馆，规模仅次于日本。香港国际会展中心地处港岛位于湾仔，面朝维多利亚海湾，紧邻繁华的商业街区铜锣湾和中环。每当夜幕降临时，岸边罗列耸立的高楼大厦和闪烁的七彩霓虹映照在水面，波光荡漾梦幻迷离，堪称香港最为繁华和美丽的夜景之一。

2. 处于城市近郊

近代随着城市的扩建不断，城市的多中心发展，这一时期规划建造的会展中心多选址于城市近郊，与城市整体规划相结合。以德国为例，这一时期规划建造的会展中心多建于 20 世纪 70 年代处于城区边缘，距市中心 5 千米左右。其中以杜塞尔多夫会展中心和柏林会展中心为典型，相比于德国其他的会展中心，杜塞尔多夫会展中心和柏林会展中心历史相对较短。

相比于建于城市中心的会展中心，处于城市近郊的会展中心更为便利，一方面既有便利的公共交通系统可达，又有相对宽敞的扩展用地。经过四十多年的运营，这些会展中心也在不断扩建改建。目前它们的扩建能力也近乎到达极限。以杜塞尔多夫会展中心为例，其展览面积已经从最初1971年的1 113万平方米扩充到2000年的2 314万平方米，现有场馆已经接近饱和。

我国结合会展业发展的历史，上海新国际博览中心（SINEC）比较具有代表性。该会展中心位于上海浦东新区，1999年11月奠基，分三期建设，于2010年全部完工，总展出面积20万平方米。2018年8月，经过多方论证，上海新国际博览中心（SINEC）将于内广场区域搭建半永久的中央馆（总面积27 200平方米），并于2019年3月正式投入使用。上海新国际博览中心（SINEC）有地铁2号线和7号线，并有磁悬浮直通浦东机场，周边商业设施配套逐步完善，已成为上海浦东新区会展聚集地，同时也是全中国乃至全世界出租率最高的展览场馆之一[①]。

3. 处于城市远郊或新城

在德国这类会展中心以慕尼黑会展中心为代表，近年来迁新址建成的，处于城市的远郊，距市中心10千米左右，靠近高速公路或快速道路。因原有市中心老馆发展受限制而异地重建的，它们的选址往往是改造利用一些衰落的产业用地，如慕尼黑会展中心利用了旧的机场，选择远郊一方面能为场馆发展储备充足的建设用地，而同时也带动城市新区的发展。我国的郑州国际会展中心属于此类选址的典型代表，郑州国际会展中心位于郑东新区CBD中央商务区中心，与107国道和京珠高速公路相邻；距郑州新郑国际机场26千米，交通便捷。郑州国际会展中心是郑州市郑东新区的标志性建筑，也是郑东新区的奠基工程。

二、会展中心的规划

1. 会展中心的外部交通

由于会展中心规模庞大，展览活动具有短期性的特点。因此展览期间人流、物流量相对集中，配备高效率、大容量的交通是大型会展中心必须具备的条件。

（1）公路交通条件。公路运输仍是目前主要的运输方式之一。高速公路和高等级公路是到达会展城市或会展中心的重要路径，同时也是重要的物流运输线。大部分大型会展中心建在城市的边缘或是郊区，靠近连接城市间的高速公路入口。不少会展中心甚至就坐落在高速公路边，即便在市区范围内的会展中心也距离高速公路的入口不远，一般不超过3千米。如我国广州国际会展中心，其场馆西侧的华南快速干线可直接连通中

① 按每个项目平均租馆7天、全年365天计算，2017年上海新国际博览中心（SINEC）实现周转次数33.9次，远高于全国同类展馆平均周转次数15的水平。

山、珠海、番禺等城市，南侧的新港东路作为市级主干道可一直延伸至广州市中心，此外东西两侧还分别设置了两条次要道路专供会展中心使用，广州国际会展中心拥有相对比较完善且高效的道路系统。

（2）轨道交通及城市公交。欧洲大部分城市是以火车站周边作为城市中心，从火车站往往有便利的公交车或城市轨道交通系统可以通达会展中心。如德国的杜塞尔多夫会展中心主入口前有两条地铁线均直达市火车站，有一路公共汽车也可直达市中心。再如距法兰克福会展中心 1 千米远的火车站就可乘坐城际特快到达整个欧洲的各大城市，4 条城市铁路线路可达法兰克福市周边的各个地区，城铁线甚至在会展中心的中部设有专门站点，同时还有两路公共汽车也设有停靠站，又如位于上海的国家会展中心（NECC）通过地铁与虹桥高铁站、虹桥机场紧密相连，周边高速公路网络四通八达，2 小时内可到达长三角各重要城市，交通便利。德中会展中心交通区位如表 2–1 所示。

（3）与航空港的紧密相连。这一点上，德国的会展中心选址值得借鉴。德国地处欧洲的中心，地理及经济的因素形成几个重要的国际空港城市，如法兰克福、杜塞尔多夫等。德国的主要会展城市一般都拥有自己的机场。乘坐飞机是国外，特别是欧洲以外的参展商和参观者的主要方式。因此，会展中心与机场的高效连接是展会活动的重要保障，也是其是否具备国际性的硬件基础。多数会展中心与机场的距离在 15~20 千米，其间有高速公路、城市快速路、城市铁路等相连接，15~20 分钟即可到达。少数会展中心则依托机场选址，如杜塞尔多夫会展中心距机场只有 3 千米，可以利用周边机场的配套设施，更好地解决了旅行的效率问题。

德中会展中心交通区位如表 2–1 所示。

表 2–1 德中会展中心交通区位

	德国会展中心	距机场（千米）	距火车站（千米）		中国会展中心	距机场（千米）	距火车站（千米）
1	法兰克福会展中心	16	1	9	上海（国家）会展中心	4.6	2.6
2	科隆会展中心	19	1	10	广州国际会展中心	43	3
3	斯图加特会展中心	17	3	11	昆明滇池国际会展中心	4	5
4	杜塞尔多夫会展中心	3	4	12	重庆国际会展中心	18	3.4
5	汉诺威会展中心	25	5	13	上海新国际博览中心	31	17.3
6	柏林会展中心	9	3	14	武汉国际博览中心	33.4	9.6
7	莱比锡会展中心	15	7	15	成都世纪新城国际会展中心	17.9	18.6
8	慕尼黑会展中心	34	11	16	北京新国际展览中心	11.6	26.2

资料来源：根据网络资料整理。

综上所述，会展中心的选址应以城市整体的视角进行规划。会展中心的大规模、瞬间大客流的特点，要求会展中心的选址具有便捷的通达性，高效的路网和城市交通设施配套。城市通过建设会展中心，一方面带动了整个地方的交通基础设施建设，另一方面，通过合理的选址，充分利用已有的资源，将展会交通运输与城市便捷的交通设施网络密切结合，为会展中心创造良好的外围交通环境。

2. 会展中心的设施规划

会展活动是短时间内汇聚了大量人流、物流与信息流的重要商业、文化活动，为确保会展活动的顺利开展，会展活动的空间载体——会展场馆必须为活动提供先进完备的功能设施与细致周到的配套服务。而当代会展中心作为一种大型公共建筑，其内部也必然涵盖一系列必不可少的功能设施。当代会展中心具有多种功能、复合化发展的趋向，将这些功能设施进行归纳，现代会展中心设施包括了核心功能设施、交通功能设施、配套功能设施以及辅助功能设施四大类功能设施，如图 2–1 所示。

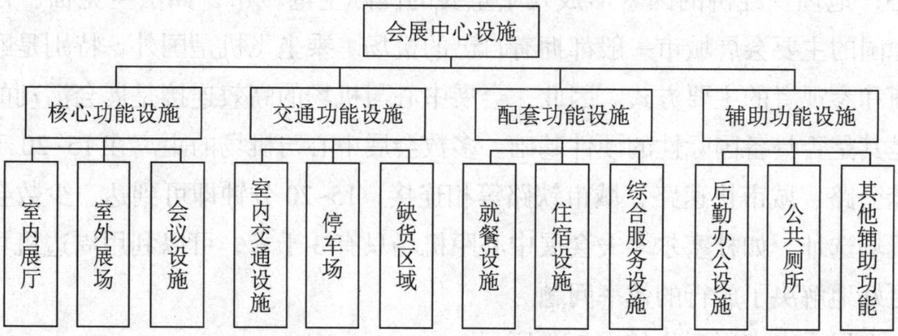

图 2–1　会展中心设施分类

（1）核心功能设施。

核心功能设施是当代会展中心最基本也是最重要的主体性功能设施，包括室内展厅、室外展场以及会议设施。

室内展厅室内展厅作为会展中心中面积最大、占地最广、投资最多、作用最突出的设施，承担着会展中心的基本职能，决定着会展建筑的平面形态，代表着会展建筑特有的空间形式和技术特征，因此是会展建筑最为核心的设施之一。

随着会展活动的丰富，大量展览会都会同期配备各类商业活动，多功能厅作为另一种类型的场馆空间，在会展中心建设规划中受到越来越多的重视。多功能厅作为特殊意义上的展厅，不仅发挥展示空间的功能，还被用来承办多样化的公共活动，已成为当代会展建筑不可或缺的重要功能设施，属于会展中心核心设施之一。

室外展场室外展场是室内展厅的重要补充设施，既可用于展示高度超高、重量超重的大型展品，又可以用来举办大型集会、表演等社会公共活动，还可用来临时停放展会车辆。因此，在现代化会展建筑中，室外展场成为重要的核心设施。为保证室外展场的适用性，其平面形态必须完整且达到一定规模。室外展场的规模大小同室内展厅的面积一般成比例发展。德国各地会展中心的室外展场与室内展厅面积之比大都控制在15%~30%，室外展场对会展中心的总体平面形态具有较为重要的影响。德中会展中心室内展厅与室外展场比例如表 2–2 所示。

表 2–2　德中会展中心室内展厅与室外展场比例

	德国会展中心	室内展厅（m^2）	室外展场（m^2）	室外展厅与室内展场比（%）		中国会展中心	室内展厅（m^2）	室外展场（m^2）	室外展厅与室内展场比（%）
1	法兰克福会展中心	290280	75762	26.1	5	国家会展中心	400000	100000	25
2	科隆会展中心	275000	52000	18.9	6	上海新国际博览中心	200000	100000	50
3	杜塞尔多夫会展中心	203925	30500	15.0	7	广州琶洲国际会展中心	338000	43600	12.9
4	莱比锡会展中心	101200	33000	32.6	8	成都世纪新城国际会展中心	110000	30000	27.3

资料来源：根据网络资料整理。

会议设施随着各类会议对展会商贸交易的促进作用不断加强，当代会展业中展览与会议活动相互融合、穿插举行，“展中有会，会中有展”发展趋势日益明确。因而会议设施开始占据可观的比例，成为会展中心的另一项核心设施。

会议中心在会展中心的规划过程中，既可以设计成单体的会议中心建筑，如我国的郑州会展中心，展馆与会议中心相互分开，如图 2–2 所示。也可以建在会展中心内，与展览建筑一起，上海新国际博览中心属于此类，如图 2–3 所示。

（2）交通功能设施。

会展中心交通设施是保障会展活动正常运转、安排各种交通流线、解决消防疏散问题的先决条件。当代会展建筑的规模不断扩大，展会交通问题的重要性日渐突出，除了上文提到的会展中心在城市中的交通规划以外，会展中心内短时间的大量人员流动、物料运输都是需要通过合理、科学的场内交通功能设施来进行有效的保障。

室内交通设施主要用来组织人们的室内交通活动以及疏散逃生行为。通常由入口大厅、中央大厅、内部廊道以及楼、电梯等水平和垂直交通设施组成。入口大厅与中央大厅对会展建筑室内交通活动的影响最为显著，在相当程度上决定着会展建筑的平面规划和空间布置。

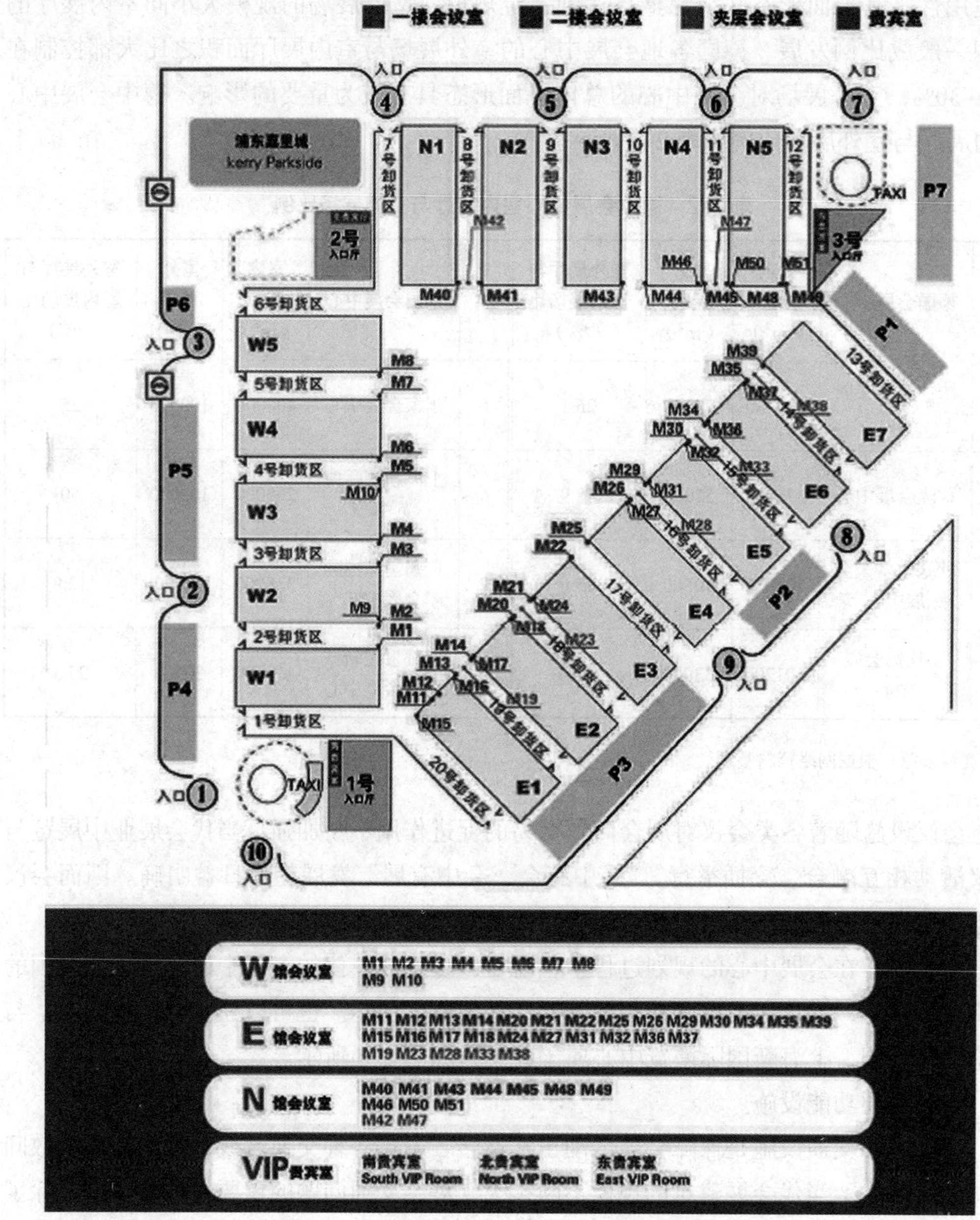

图 2-2 上海新国际博览中心会议室平面图

资料来源：www.sinec.net

①入口门厅是会展建筑室内空间的起始与结尾，作为一种重要的过渡性空间，为人们开展会展活动之前的各类准备工作提供了场所和设施。因而其内部空间主要用于设置较大规模的交通通道和问讯、安检、个人储藏、休憩座椅等基本的服务性设施。同时，作为礼仪性的空间，入口门厅还常常被用来举办展会的开幕式活动，这使它成为一种多用途空间。

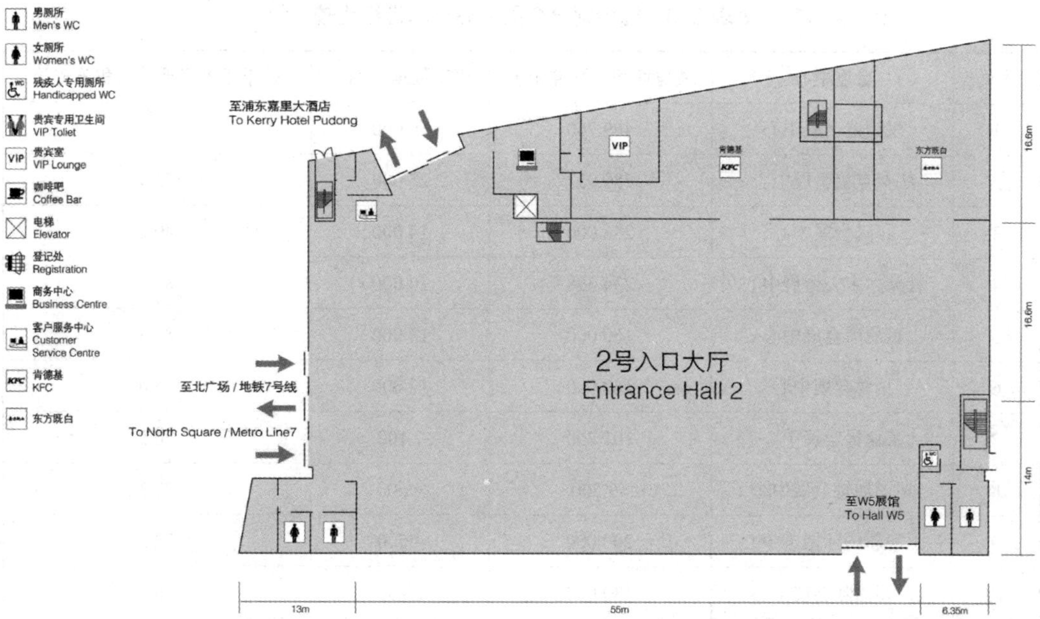

图 2-3　上海新国际博览中心 2 号入口大厅平面图

资料来源：www.sinec.net

② 中央大厅是指会展建筑中连接各展厅和会议设施并设置展会重要配套服务设施的一条室内长廊式大空间，是会展建筑中最为重要的交通空间，主要被用来组织、引导参展人员的室内交通流线，同时它也是会展建筑平面布局、空间分布、功能联系的控制性要素。

停车场馆会展活动举办期间，成千上万的车辆聚集在会展中心内，如何合理安排停车问题是当地会展中心交通的规划的核心内容之一。目前我国会展中心规划来看，停车场馆尚未被列入会展场馆建设规划的重点，停车空间与展厅规模并不匹配的现象比比皆是。然而，当会展中心内停车位数量捉襟见肘或者停车场馆安排不合理时，都会造成随处可见的乱停车现象和人车混杂的混乱局面。大量汽车的随意停泊不仅侵占了道路、广场，妨害公众安全，还会影响展会的正常运行。停车问题不仅牵涉诸多环节，而且对一系列重大问题产生着重要影响。

不同城市会展建筑建设用地的宽松程度各不相同，城市和国度的经济发展水平以及人们的出行方式、消费观念也千差万别，各地会展建筑的停车面积计算指标相差较大。德国作为私有汽车保有量较高的地区，会展场馆的停车指标基本要求在每 1 000 平方米展览面积配备 70 个停车位。我国私有汽车正处于发展阶段，大部分会展场馆在规划建设初期的停车面积计算指标远小于国外（见表 2-3）。近几年来，随着我国城市汽车总量呈现出快速增长的势头，各地在举办展会期间，经常面临“停车难”以及由此而引发的一系列问题。

表 2-3　德中部分会展中心停车指标比较

序号	会展中心	展览面积（平方米）	停车数量（辆）	每千平方米展览面积停车数
1	汉诺威会展中心	469 760	50 000	106.5
2	法兰克福会展中心	289 931	22 000	75.9
3	科隆会展中心	286 000	14 000	49.0
4	杜塞尔多夫会展中心	234 398	20 000	85.3
5	慕尼黑会展中心	160 000	13 000	81.3
6	柏林会展中心	160 000	12 000	75.0
7	莱比锡会展中心	101 200	7 100	70.2
8	斯图加特会展中心	59 500	4 600	77.3
9	上海新国际博览中心	200 000	4 500	22.5
10	广州国际会展中心	130 000	2 200	16.9
11	深圳会展中心	105 000	2 000	19.0
12	苏州新国际博览中心	120 000	1 500	12.5
13	南宁国际会展中心	54 000	1 000	18.5
14	南京国际会展中心	54 000	400	7.4
15	厦门国际会展中心	47 000	1 200	25.5
16	天津滨海国际会展中心	23 000	400	17.3

资料来源：根据各会展中心资料汇编整理。

会展中心内停车场馆的规划必须满足以下要求：首先，停车场馆面积必须同展会规模、停车规模相匹配；其次，停车场馆的分布应秉持集中与分散相协调的原则，集中意味着中心内应建造满足大量参展商与观众停泊车辆的集中型停车场馆，以便于对其加以统一管理、调度而分散则意味着根据不同类型的车流，停车场馆的分布能够就近安排相对应的各类车辆停泊，同时避免车流过分集中造成交通拥堵；最后，举办特大型展会时，若场馆内停车数量超出极限，城市相关部门应调动会展中心周边的停车场馆供会展中心使用，以解决临时性的停车问题。

货运交通场馆现代化物流运输方式的发展以及展厅硬件设施水平不断提高，参展商的展品和特殊展台装饰材料等大宗货物，基本上是由大型货运卡车直接运送进出展厅。因此，对规模较大的展会而言，如何在短短的数天内组织安排好大量货运卡车的通行问题，无疑是对会展中心交通设施规划建设和组织管理的一项严峻考验。

当代会展建筑中，室外货运交通场馆分为三类：第一类是货运卡车的室外装卸货区域，一般紧邻展厅货运出入口设置；第二类是货运卡车的停车场馆，各参展机构的货运卡车在布、撤展期间就停泊在此处，等候管理人员的调度和引导之后，鱼贯式逐个驶入展厅装卸货物，位置以临近展览区为宜；第三类是以货运道路形式出现的场馆，负责连接会展中心货运出入口和展厅卸货区域。

规划设计这两类货运交通场馆时，必须做到：第一确保货运交通场馆的独立性和适用性。展厅周边的装卸货区域和停车位专供货车行驶、装卸货物以及停泊使用，为保证这类交通场馆的独立，货运流线不与其他流线相互干扰，可结合当代会展建筑平面布局的特征，合理布置上述场馆。不同的展厅的布局，对货物装卸规划也不一样。

① 联排式布局展厅对展厅为联排式布局的会展建筑而言，其装卸货区域大多紧邻展厅背面设置，其宽度一般为 18 米左右，从而形成了规模较大、紧贴展厅的带型装卸场馆，而货车的停车场则集中分布在装卸货区域以外，场馆管理方借助于呼叫系统来统一调度、组织安排这些车辆的运行。采用这种规划模式，整个货运交通场馆同展厅前部的人员活动区域可以完全分离。但当会展建筑的展厅规模较大时，为保证展厅前后两边均可设置货运交通场馆，一般须将人员的活动区域抬升至二层，以立体分流的方式来区分人流和货流。

② 并列式布局对展厅为并列式布局的会展场馆，货运交通场馆的设置相对简单许多，装卸货场馆都位于各展厅之间的空地上，空地宽度一般为 34~38 米，以便集装箱卡车调转方向，转弯半径应大于或等于 18 米。展厅外围则是大型室外停车场，可供货运卡车停车专用，如图 2–4 所示。这一点非常重要，目前我国很多会展中心在规划建设中，往往考虑到了人员的停车场馆，有的为土地集约使用，规划较多采用地下停车位，忽视了大型室外停车场馆的规划。

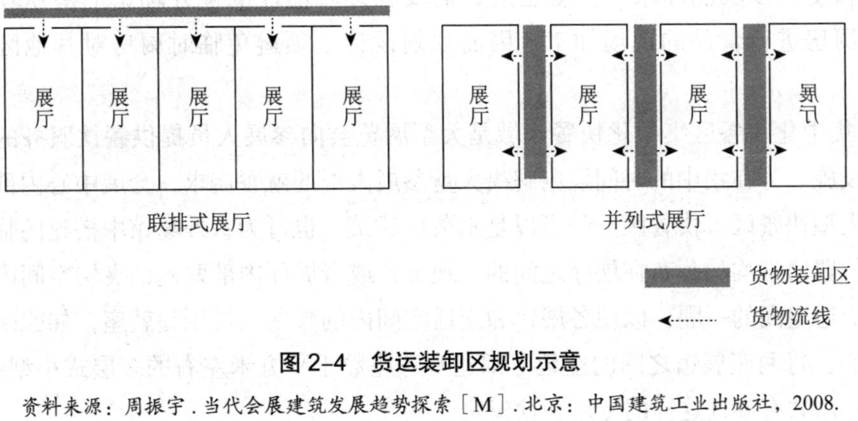

图 2–4 货运装卸区规划示意

资料来源：周振宇 . 当代会展建筑发展趋势探索［M］. 北京：中国建筑工业出版社，2008.

货运交通场馆规模大小除满足展会布展需求同时尺寸上须达到大型平板拖车进出时对最小转弯半径要求。货运交通场馆自身还应符合地面承载力标准、保持规整的形状和适宜的排水坡度。就国内外著名会展建筑的技术指标，大型会展中心展览区附近应保证有50~100辆的货运卡车泊车位。如我国深圳会展中心拥有120 000平方米展览面积，配备货运交通场馆总面积为10 000平方米，包括40辆标准货柜车的停车面积以及临近展厅货运口设置的卸货场馆。

（3）配套功能设施。

配套功能设施是辅助会展活动正常开展的重要设施，既包含固定设施，如就餐设施；又涵盖一系列具有临时性使用特征的设施，如办理展会相关手续的综合服务功能设施。随着会展中心综合性规划的趋势，住宿功能也越来越多地被纳入会展中心配套功能设施规划中。

就餐设施展会活动期间，承办方需要为大量参展参会人员提供餐饮服务，因此会展中心内部必须规划、建造适量的就餐设施。满足参展参会人员多元化的需求，会展建筑中就餐空间的形式大都呈现出灵活多样的发展趋势，以体现人性化服务宗旨。一般而言，会展中心中的就餐设施分为三大类：

① 专用宴会厅会议活动多伴有高规格的接待宴会，会展中心需要建造多个宴会厅或利用多功能厅，举办各类大型中餐、西餐以及清真餐的宴会活动。这类宴会厅通常设有对内、对外两条流线，即能够在展会间歇期间对外营业，提高设施的综合利用水平，通常情况下，这些专用的宴会厅集中设置在一处，自成一体并且靠近会议区，二者之间通过独立交通空间加以联系。各类厨房原则上紧邻宴会厅或位于其下一层设置。会展建筑内的宴会厅和厨房须符合餐饮建筑的设计要求，其中厨房布置需格外注重以下几点：首先，厨房应有独立的后勤流线，位置应远离各参展流线；其次，各项后勤工作的开展应当同展会开放时间错开；再次，厨房应位于建筑物下风向，避免对其他场馆构成污染；最后，也是最重要的，厨房和餐厅应形成独立的防火分区。当使用多功能厅来举办宴会时，需要在多功能厅的室外场馆上搭建较大规模的临时厨房进行食品的现场加工，因而规划设计上须避免临时厨房对其他区域产生干扰。

② 集中化快餐区集中化快餐区域是大型展览会向参展人员提供餐饮服务的一种常规空间设施。为在集中的时间段内解决大量参展人群的就餐需求，会展中心内部通常设置多个大型快餐区。快餐区空间可以是永久性建筑，也可为室外场馆中搭建的临时性建筑。其位置通常均匀分布在展厅之间的空地上，或者展厅内部两侧的夹层空间内，抑或是室内交通空间的一隅，以便各展馆和交通空间内的参展人员用餐就座，如德国慕尼黑会展中心，每两座展馆之间的空地上都建有一座数千平方米左右的多层式小型餐饮楼，整个中心内共有6处这样的专用餐饮建筑。

除固定建筑外，也可尝试利用临时型建筑，以提高供餐空间的灵活使用性。例如，我国上海新国际博览中心，每当举办大型展会时，除展览区设有固定式餐饮空间外，场馆经营方都会在中心广场上用篷布搭建多座简易用房，以此来容纳大量与会人员在室内就餐。对特大型展会来说，这无疑是一种满足临时性大量用餐需求的好方法。

展会期间解决快餐供应问题的办法大体有两种：一种是在餐饮楼内设置厨房，现场制作各类自助餐或其他快餐食品，上海新国际博览中心专设厨房；另一种则是由外部供应方制作完毕后，再集中配送到会展中心进行统一销售。鉴于我国卫生部规定加工好的快餐其销售时间不得超过 2 小时，因此为了不让食品在长距离运送过程中受损或被污染，国内个别会展中心也尝试现场加工快餐食品。如南宁国际会展中心在中国—东盟博览会举办期间，通过在室外设置临时厨房进行现场加工制作，每日可向大会提供约 2 万份快餐。由于临时厨房的建设费用较高，因此在采用这一形式时，需要考虑如何提高它的再利用性，以避免因一次性使用而造成过多浪费。

③ 特色食品销售点特色食品销售点包括一些小型的风味餐厅、咖啡座、酒吧间以及特色小吃广场等形式。这些餐饮设施既可以与快餐区合建在专用的餐饮楼内，也可独立分设在展厅、交通大厅内的夹层空间，边缘角落中还可以咖啡座、茶座的形式出现在室外广场上，其主要目的是为参展者提供多元化、特色化的餐饮服务，如上海新国际博览中心特色食品近 10 处，如表 2–4 所示。

表 2–4　上海新国际博览中心特色食品供应概况

	餐饮/便利	场均人流量	主打餐品	方位	人均消费
1	麦当劳	2 万 ~5 万人次 / 场	套餐	W5 展馆夹层	35 元 / 份
2	棒约翰		单人套餐 双人套餐 三人套餐	E4 展馆 B1	价格比馆外门店高出 30%
3	全家便利店		盒饭 三明治 寿司 饮料	W1 展馆 W1~B2，W3 展馆 W3~B2	
4	上海汇展餐饮服务有限公司		盒饭类	不固定摊位	20 元 / 份
5	98 餐厅		各类蒸点 煲仔饭 面点 米粉	E2、E4 展馆夹层	30 元 / 份
6	博览中心西餐厅		中西自助式套餐和饮料	南入口大厅咖啡厅 200 个座位，南入口大厅二楼 450 个自助餐位	50~100 元 / 人

续表

	餐饮/便利	场均人流量	主打餐品	方位	人均消费
7	小吃吧	2万~5万人次/场	各类中西式小吃	W1~W5 展馆内东侧，E1~E6 展馆内西侧	10~30 元 / 人
8	滨乐咖啡		各式咖啡 简餐 糕点	E2 展馆西侧	40~80 元 / 人

资料来源：根据现场调研整理。

住宿设施展会的举办期为多天，参展人员如何解决住宿问题对展会的举办至关重要。当代会展中心的发展趋势来看，为充分调动社会资源，增强服务设施的专业化水平并提高其利用率，会展中心经营方大都让参展人士利用所在地城市的酒店设施来自行解决住宿问题，其方式分为四类：

① 通过会展场馆自建的酒店设施来解决住宿问题。如国家会展中心上海洲际酒店是国家建于国家会展中心内一家高端品牌酒店，位于“四叶草”的西南端，通过 8 米标高步行通道与展厅相连，酒店共有 536 间时尚雅致的客房与套房，4 间独具特色的餐厅和酒吧，以及逾 2200 平方米宽敞灵活的宴会活动场馆，是筹办高端会议、大型宴会和梦幻婚典的理想之所。

② 借助会展中心周边开发建设的城市酒店、公寓，就近解决住宿问题。例如，上海新国际博览中心周边各类住宿设施超过 300 家。

③ 当会展建筑地处远离市区的近远郊时，通过便捷的城市交通设施前往市内的酒店、公寓和出租房，充分利用市内已有的服务设施来安排住宿。

④ 当展会所在城市的酒店设施不足时，借助高速公路或者城际列车前往区域内较近的毗邻城市来安排住宿，以实现资源共享，达到“同城效应”。

上述四类方式中，第一类展现了会展建筑与城市功能设施的复合化发展趋势，也是目前我国“会展综合体”或“会展小镇”打造的一种趋势；后三类则体现了城市配套服务设施建设对于会展活动正常开展的重要意义。德国大部分会展建筑自身并不建造配套酒店，它们主要依托城市发达的酒店业和大量出租公寓来满足参展人员的住宿需求，如每年的汉诺威工业博览会，80% 的参展商住宿都是由当地的公寓解决。

（4）综合服务设施。

会展活动举办期间，与展会相关的一系列活动程序和事务，都需要由现场的综合服务机构及其设施来予以处理。具体包括：服务中心、商务中心、商检、运输、税务、报关、旅行票务、银行、广告制作、新闻转播、邮电通信、便利超市以及处理突发活动的派出所、医疗救护站等。这些服务功能中，大部分服务机构由城市政府部门及相应的社会专业力量提供，这些部门与场馆经营方签订长期合作协议，为展会提供“一站式”服务，场馆方则为其提供相应的建筑空间。这些机构设施通常在展会开幕期间到场，展会结束后离场，从而体现了当代会展业高效、灵活、专业化分工合作的现代经营特征。

综合服务设施在举办展会期间必不可缺，依照会展活动的功能特性与活动流程，被有序地安排在主入口大厅、中央大厅、展厅货运口等交通空间的醒目位置，利用人员与货物频繁往来于此的特征，为参展商、观众提供集中化、便捷化的服务。其中一些主要的设施包括：

① 现场服务中心。展览会现场服务中心通常设在入口门厅和展厅的货运出入处，为参展商的布、撤展工作提供便捷的“一站式”服务，服务内容包括受理各类展台施工、消防咨询、展具租赁、投诉等手续。

② 售票咨询柜台。开展期间，需要在入口门厅内或入口广场上设置客户服务中心与临时售票点，便于参观观众办理登记、购票、咨询事务。考虑到展会举办过程中人员密度高，入馆时间相对集中，因此为提高售票、问询效率，避免人们排队等候，上述设施一般都以临时性建筑的形式分布在入口广场上，建筑内部设置多处售票和问询柜台同理，门厅内也设置多个检票口和电子安检通道，以提高检票和安检效率，图 2–5 为 2017 年上海国际汽车展位于国家会展中心的临时搭建“媒体报到处”。

图 2–5　2017 上海国际汽车展“媒体报到处”

③ 商务服务中心。为便于参展人员开展各种商务活动，应在中央大厅或者入口门厅处，设置包括商务中心、银行、邮电通信、新闻中心、广告制作、旅行票务在内的综合服务柜台或窗口。便于参展者寻找并集中办理各类事务例，如深圳会展中心，它将综合服务设施以一组组长柜台的形式分列于中央大厅的两侧，同时为其标注醒目的说明，因而往来与此的参展人士可以非常便捷地办理好各类商务事务。

④ 公共安全保障设施。展会是大量人群聚集的公共活动，为确保公众安全，及时处置突发性危机活动，需要在会展建筑内设置警署和医疗急救室。这两类设施通常位于场馆主要交通空间内，其位置应较为醒目且易于寻找。医疗急救室是展会期间开展防疫

保健和医疗紧急救护工作的重要设施。当代会展建筑选址逐渐远离中心市区的发展趋势下，对于及时治疗参展人员的突发性伤病，争取时间抢救伤者或患者的生命具有至关重要的意义。这类医疗急救室首先应当配备基本的医疗急救设施。其次，急救设施应当位于整座场馆较为居中的位置，同时悬挂易于识别的标识设施。大型会展建筑中，为了使医疗急救室具有合理、均匀的服务半径，通常应设两处急救室，并将它们分别设在建筑物不同方向的入口门厅内。再次，会展场馆经营机构应充分利用室内监视系统和巡视人员来及时发现需要救助的人员，并对其开展及时、有效的救治。最后，场馆经营方还应通过积极主动的宣传手段例如宣传手册、广播，将如何寻求救护的途径告知参展人士。

（5）辅助功能设施。

辅助功能设施是保障、支撑会展场馆正常运转的固定性功能设施，包括后勤办公设施、公共厕所以及其他具有会展活动辅助功能的设备设施。

1）后勤办公设施。会展建筑的经营管理机构与后勤保障部门往往下辖多个分支机构，配有较多的工作人员。为此，会展中心需要设置专门的综合行政区来容纳这些机构和人员。从集约化发展的角度出发，当代会展建筑往往将后勤和办公机构设置在综合行政区域内，不仅可以为参展、参会企业提供一体化的服务，也便于解决内部员工的后勤保障。综合行政区的设计呈现出两种形式：

① 独立式综合行政区。大型会展中心建筑内部工作人员数量多，房间设施的组成较为复杂。一般采用独立建筑的方式，使各行政用房的布局更为集中，交通流线更为独立清晰。在规划布局上，综合行政区域与展览区域、会议区应当保持紧密联系，且易于寻找。例如，德国慕尼黑会展中心将综合行政区设置在一组多层式独立办公建筑内，并在总体规划上将其紧邻会展场馆入口大厅 A1（Administration Building）处，如图 2-6 所示。

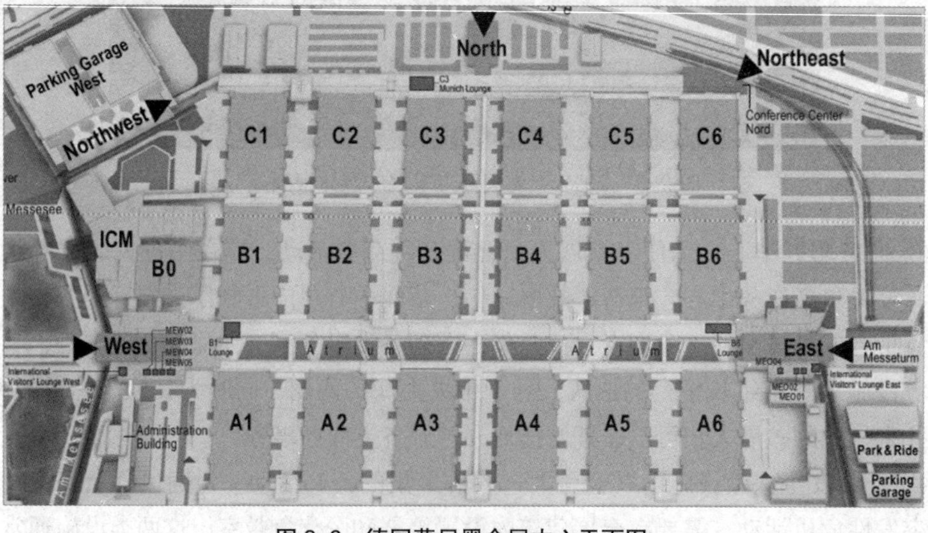

图 2-6　德国慕尼黑会展中心平面图

资料来源：周振宇.当代会展建筑发展趋势探索［M］.北京：中国建筑工业出版社，2008.

② 并入式综合行政区。并入式综合行政区是指将后勤办公用房同展览、会议等核心设施整合在一幢建筑综合体内，充分利用展厅、交通厅等大空间和普通办公用房在层高上的差别，采用设置夹层的手法，在大空间单侧或双侧设置多层式综合行政区，并使它和展厅、会议厅之间建立便捷的联系。一般而言，中小型会展建筑采用此类方式较为经济，能够充分提高场馆空间的利用效率。为确保工作人员、参展客户在会展建筑内部能够迅速准确地到行政区的位置，必须为之建立一条清晰、快捷、独立的交通流线以及完整的引导标识系统。

综合行政区内通常包括各类行政办公、后勤管理用房、中小型会议室以及为内部工作人员和参展人员提供多样化服务，解决工作就餐问题的小型商务区和餐厅。因此，会展建筑尤其是大型会展建筑其综合行政区的面积比较大。例如，深圳会展中心的综合行政区的建筑面积约 7000 平方米，到总建筑面积的 2.5% 左右。

2）公共厕所。公共厕所是当代会展建筑中不容忽视的设计内容，主要分布在下列几处位置：

① 各展馆以及各个会议区的辅助空间内。每个展厅内应设男、女厕所各两间，每间厕所面积在 50~100 平方米，分别位于展厅两侧的。通常情况下，这些男、女厕所并不相邻设置，而是分列在展厅主要出入口的两旁，之间距离较远，以求分布均匀和避免人员在使用中产生拥挤。对于面积达到 10 000 平方米才以上的大型展厅，厕所间的数量应当更多，以上海新国博览中心为例，室内面积 11 000 平方米的 W5 展厅内有厕所 8 座，如图 2–7 所示。

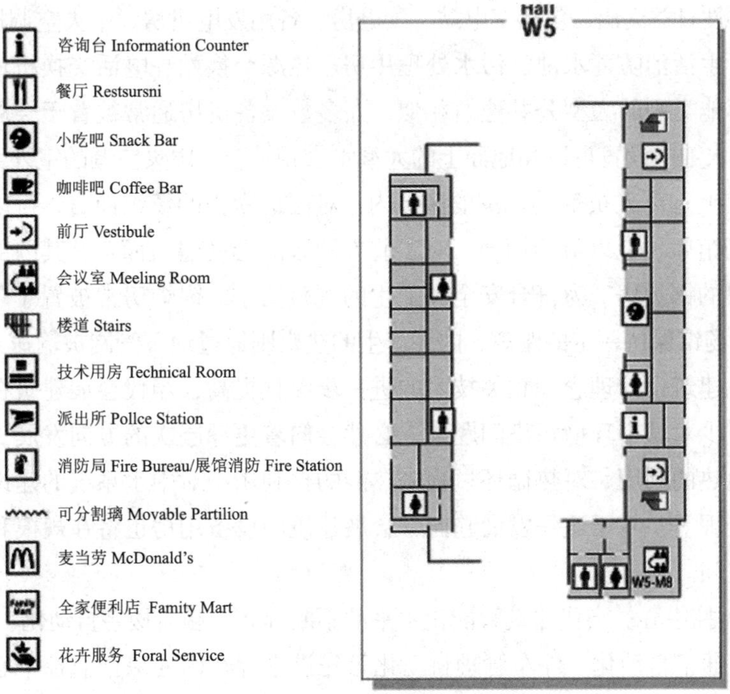

图 2–7 上海新国际博览中心 W5 馆厕所平面布局图

资料来源：上海新国际博览中心网站。

② 交通空间的一隅或两侧。主要交通空间内的厕所分布应达到均好性，一般应每隔间距设置一处。同时避免出入口设置对人们的视线和嗅觉产生干扰。此外，还应在大厅内设置引导标识以便于人们寻找。考虑到会展建筑的中央大厅和展厅通常紧密相连且处于同层，此类厕所前室或通道应拥有分别通向中央大厅和展厅的双向出入口，并且在两个出入口处做好防火设计。

③ 其他主要功能区。行政办公区以及专用餐饮建筑的厕所布置同样需要注意分布均匀，位置易于寻找以及避免异味和视线干扰等重要问题。

④ 室外厕所。展会期间会举办大量的室外公共活动，室外同样需要设置厕所。室外厕所的设计方式有两种一种是在广场上修建固定厕所，如我国南宁国际会展中心，位于入口广场建造在台地之上，巧妙地利用广场空间设置了多处“地下”公共厕所，这些厕所的位置既便于寻找，又相对隐蔽，不会对广场景观造成破坏；另一种是采用形式多样的临时厕所，将均匀地布置在人们途经路线的两旁，这种形式的厕所具有较高的灵活使用性。在 2010 年上海世博会期间，正是通过大量的室外厕所设置，在参观高峰期，并未出现大批量排队的现象。很好地解决了大批观众的需求。

3）其他辅助功能设施。其他会展中心辅助功能设施还包括建筑设备及其用房、综合监控中心以及库房设施。这些辅助功能设施空间的规划，有助于会展中心设备设施的有效运营管理。

① 建筑设备及其用房。当代会展建筑其规模的扩展、技术设施的不断升级，各类设备用房的重要性日益突出，包括变电站、配电房、备用发电机房、中央空调机房、制冷机房、水泵房、生活消防蓄水池、污水处理用房、热源交换站、电话交换机房、燃气调压站等等。同其他类别的大型公共建筑相似，大多数设备机房通常被置于会展建筑的地下空间内，消防水池的设置可以和地面上的大型水景相结合。中央空调的室外大型机组通常被布置在场馆上远离人员活动范围的区域内，对用地紧张的场馆而言，可以将这些大型机组搁置在场馆屋顶上以节约用地。对于北方地区的会展建筑而言，其内部供暖需要设置燃油或燃煤的锅炉房，为符合安全和卫生的规范要求，锅炉房常被置于单独的动力中心建筑内，与场馆保持一定的距离，内部产生的热媒则通过地下管网被输送到各个场馆。

随着绿色建筑设计理念和相关技术的进一步深化提高，当代会展建筑在清洁能源的开发利用、减少对城市环境污染问题上，必然会向着更深层次的方向发展。例如，对太阳能发电和地热的利用、对热循环过程中热能的再利用、对中水系统的建设以及对废弃物和气体的处理等。基于这一发展趋向，会展建筑的设备用房也将在规模和内容上具有更大的发展空间。

② 综合监控中心。当代建筑智能化水平的不断提高，涵盖楼宇自动化、消防自动化、安保自动化、通信自动化、停车管理自动化等先进系统在内的综合监控中心已成为现代化会展建筑的关键设施。这些自动化系统借助综合信息管理系统集成，对整座场馆进行集中化监控、管理。库房设施主要用作展览器材和设备的堆放，工作叉车的停放以及展

览工程的临时制作。库房设施一般分为场馆方的库房以及参展商的库房两类。前者大多位于行政办公区以及展览区、会议区内，可集中布置也可分散布置，并紧邻所服务的对象设置如展厅、会议厅、办公室后者可分设在展厅内。在布展期间，由于大量货物包括集装箱需要临时堆放，常会在室外展场上设置大型临时库房，以便堆放各参展商的物品。

第二节　会展中心的建筑设计

如前所述，会展中心的核心空间由室内展厅、室外展场以及会议设施构成，当然随着现代展会对各类活动需求的日益增加，多功能厅也越来越多的成为会展中心重要的组成部分。本部分将从会展中心的平面布局、室内展厅的形状设计、会议区域建筑设计以及多功能厅建筑设计展开论述。

一、会展中心平面布局

会展建筑的平面形态与功能布局，直接影响着会展活动的运作效率。过去受会展业发展规模以及建筑技术的制约，展览馆或会展建筑的规模普遍偏小，功能设施也较为单一，会展场馆在平面布局上通常为独立式的小型建筑，如建造于 20 世纪 60 年代末，建筑面积仅有 13 000 平方米的浙江省展览馆；或是经过多次加建之后，由多幢建筑物构成、规模较大的分散式建筑群落，它们之间由室内联廊或室外道路加以连接，如德国汉诺威会展中心前后扩建了几次历经四十多年，一共建造了 27 个室内展馆，如图 2–8 所示。

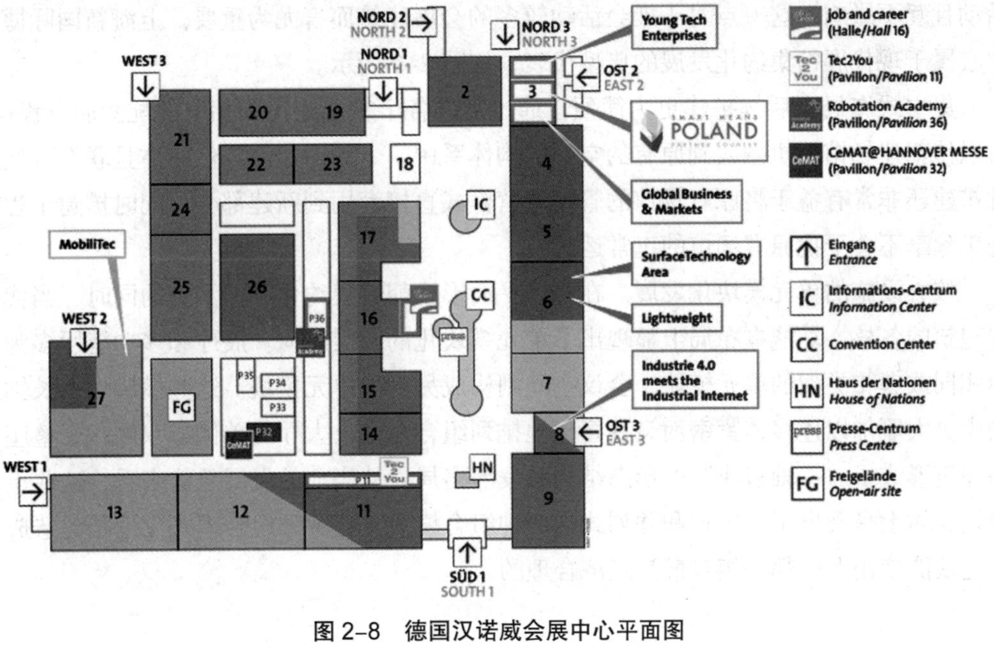

图 2–8　德国汉诺威会展中心平面图

资料来源：周振宇 . 当代会展建筑发展趋势探索［M］. 北京：中国建筑工业出版社，2008.

随着当代会展活动的规模趋于巨型化，举办形式变得灵活多样，会展建筑平面布局倘若再沿袭从前形式，就会出现以下问题：

一是分散式布局的会展建筑由于其货运道路、车行道路、人行道路在规划上容易相互重叠，展会举办期间，特别是当不同题材的展会同时举办，且各自的开始、结束时间又不相同时，货流、车流、人流极易产生混杂和干扰，从而导致会展中心内交通混乱无序、难以管理。

二是分散的各个建筑物之间相互遮挡，各场馆的可识别性较差。当人们穿梭其间时，难以快速发现或者迅速抵达目标区域。

三是分散式建筑之间的道路纵横交错，令参展商和观众在参展、办理相关手续过程中，常常会走重复的路线，从而降低了展会的运作效率，给参展人员的行动带来不必要的麻烦。

为更好地解决上述交通路线、寻址识别、参展效率等问题，当代会展中心在建筑平面形态与功能布局上进行了重构与调整，形成新的平面生成法则，更符合现代的大型会展活动需求。这些法则包括：

建筑平面的集约化发展　对照于以往的会展建筑平面形态，当代会展建筑在平面形式上越来越趋于紧凑和集中。在集中式平面结构中，各类交通流线变得更加简单明了、安全高效。人员活动流线大多数情况下集中于室内，车辆的活动范围被约束在了室外停车场馆和车行道路上，而货物流线则位于展馆的后勤卸货区域，三者之间各成一体、分流清晰、互不交叉重叠。集约化的布局令各展厅之间联系紧密、可分可合，空间显得异常灵活，对大、中、小型的会展活动都能适应。同时还可穿插举办多项不同题材的展会活动且互不影响，这一点对于展会活动较多的会展建筑而言尤为重要。上海新国际博览中心属于现代展馆集约化发展的典型代表，如图 2–9 所示。

集中式布局令后续扩建更为简便，通过复制各个核心建筑和相应的配套服务设施，可以使新建场馆有机融入到原有的空间结构体系中，令新旧建筑浑然一体且联系方便这种扩建还非常有益于将原有场馆的管理经营模式直接套用到新建部分，同时扩建工程的施工丝毫不会干扰原有场馆的正常运转。

核心设施的单元模块化发展　在总体平面形式朝着集约化方向演变的同时，当代会展建筑的各核心功能在布局上显现出了单元模块化的发展趋向。展厅和多功能厅多为形体相同或者相类似的单元模块，会议空间则构成另一类单元模块。这些模块均由长轴形的中央大厅加以连接，紧密而又秩序化地排列组合在中央大厅的单侧或双侧，令整座会展建筑形成了“一轴多块”的形态结构和发展格局。从当前的发展趋势来看，这些单元模块大体上呈现出了联排式和并列式这两种组合模式。这两种组合模式无论是建造成本还是功能使用上，都是相对最为经济合理的。

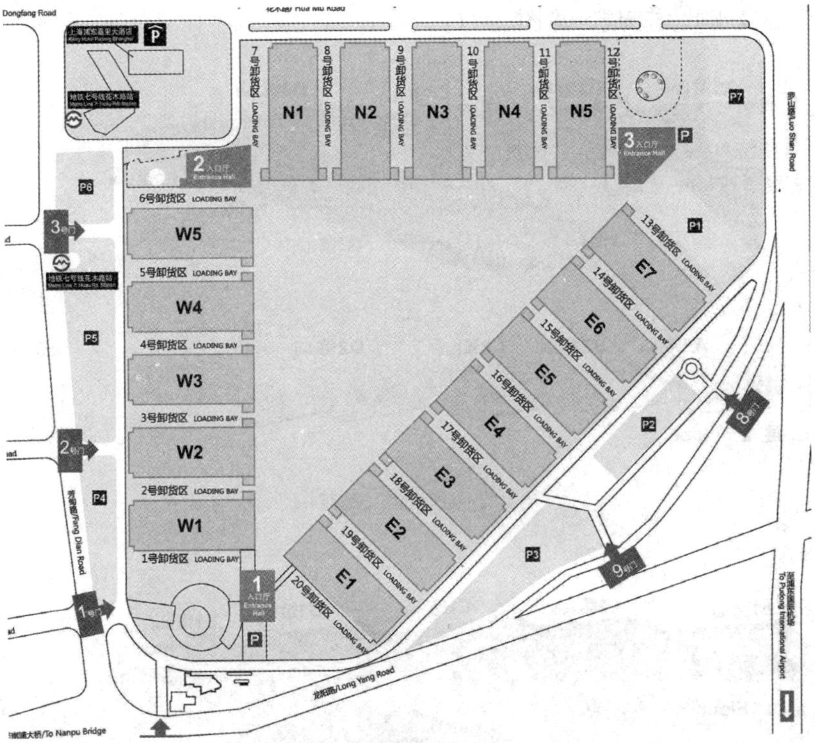

图 2–9　上海新国际博览中心总平面图

资料来源：上海新国际博览中心网站。

① 联排式，即各展厅包括多功能厅单元在长边上紧密相连，且由中央大厅加以串连，中央大厅则位于单列展厅的一侧或者两列展厅的中间。在这类布局中，因会议空间在建筑平面中所处的位置有所不同，所以又可分为两类形式：

第一类是各会议空间、演艺空间作为一类单元模块，独立于展厅区域之外，因此展览区和会议区以及表演区域之间相互独立，没有干扰。悉尼国际会展中心属于此种典型，如图 2–10 所示。

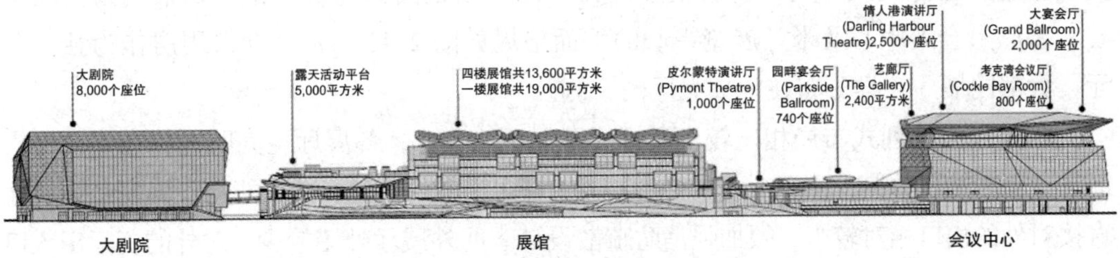

图 2–10　悉尼国际会展中心剖面图

资料来源：周振宇．当代会展建筑发展趋势探索［M］．北京：中国建筑工业出版社，2008.

第二类是会议空间与展厅在内的各单元模块包括在一座建筑综合体，展厅位于建筑的前区，会议区和少量的办公用房、辅助用房组成多层式综合楼位于建筑的后区，苏州国际博览中心属于此类布局，见图 2–11。

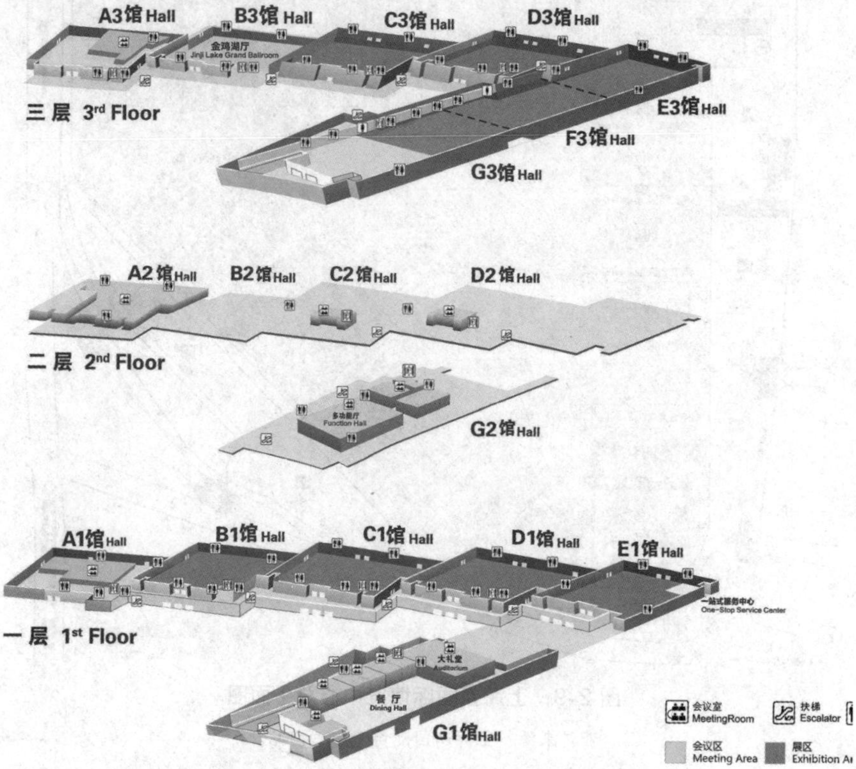

图 2–11　苏州国际博览中心空间布局图

资料来源：苏州国际博览中心网站。

大型会展建筑由于其会议区规模较大且内容繁多，宜采用第一种形式，使各功能之间的关系和交通流线趋于简单明朗；而中小型会展建筑其会议区面积较小，因而采用后一种形式则更为经济。

② 并列式，即各展厅单元有机地排列在中央大厅的单侧或双侧，各单元之间并不直接相连。在并列式布局中，各展厅单元之间可以是露天卸货场馆，如莱比锡会展中心、慕尼黑会展中心及米兰展览中心的平面格局如图 2–12 所示，会议用房作为独立单元，大都同展厅一样分布在中央大厅的一侧。

联排式与并列式布局相比较，联排式布局更为集中，各展厅空间既可相连，又可借助灵活隔断加以分割，使用上更具弹性同时，还可以节约土地、减少能耗。弊端是各展厅直接对外的出口相对较少，须加强消防疏散设计。此外展厅外墙较少，对外的货运出入口也相对少于并列式展厅，导致布展、撤展活动效率较降低。并列式布局凭借各主要功能设施的独立分布，令使用者相对更易于完成寻址、认知等行为，能以简洁清晰、互不干扰的流线系统来组织人流、物流在消防疏散上，各单元模块拥有一套单独的对外疏散路线，当某座建筑单元模块发生火灾时，不至于危害到其他建筑物以及人员的安全疏散而分布在各展厅之间的一组组卸货场馆不仅能够解决货流运输问题，还可兼作室外休息空间，但是相对于联排式来说，并列式则占地较多，且由于外墙较多导致建筑能耗增大。

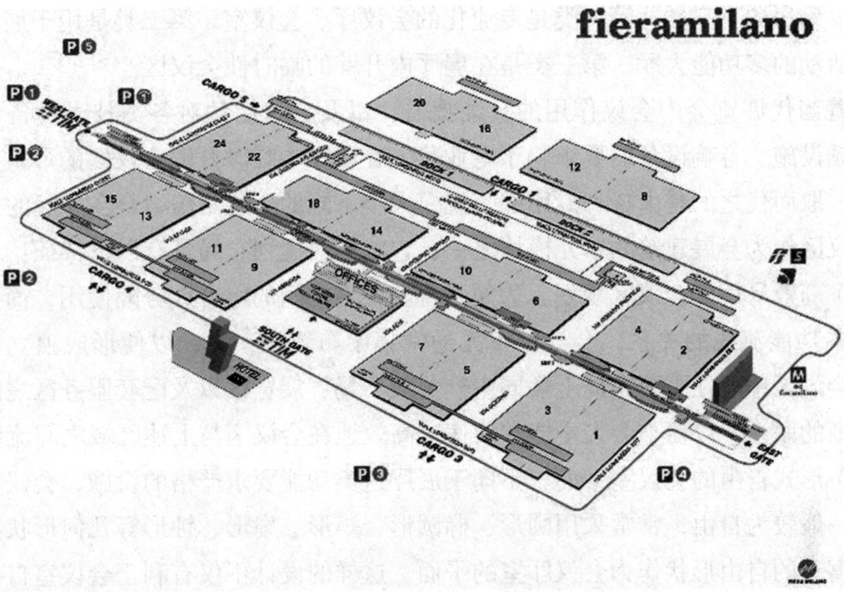

图 2-12　米兰国际会展中心

资料来源：周振宇．当代会展建筑发展趋势探索［M］．北京：中国建筑工业出版社，2008.

二、展厅的建筑设计

从展览的实用性、有效性和安全性角度，对展厅单元平面特征的分析包括其形状、尺寸和内部设施的布局三方面内容。

从实用性和提高展厅有效使用面积的角度出发，会展展厅常见的平面形状大都以长矩形或正方形为主，其中尤以长矩形更利于消防疏散以及空间的方向识别。尽管会展建筑其总体平面形式变化万千，但就展厅设计而言，往往都遵循上述原则。从人们的行为特征及其对环境的认知角度考虑，展厅定为矩形可以帮助人们通过观察建筑纵横方向的区别、天棚的导向性来感知空间的方向，从而保证他们在鳞次栉比的展台中不会迷失方位。

展厅平面尺寸的确定，不仅需要适应会展业的发展，更重要的是应符合消防疏散以及人的使用行为。采用矩形平面设计的展厅一般还需要遵循以下原则：

从人们的行为习惯来看，有资料证明正常人的视野范围大致在 35 米，因此展厅宽度定为 70 米左右，以保证位于建筑中部的人可以清楚地看到展厅的两个侧边，便于其在展厅中确定方位。

从消防角度看，我国建筑防火设计规范规定人员从房间到出入口的疏散逃生距离应介于 30~40 米，与人的视野范围吻合。因此展厅宽在 70 米左右时，展厅中部与两侧疏散出口的距离基本可满足防火疏散要求。

三、会议空间的建筑设计

会议用房是当代会展建筑不可或缺的重要核心设施，为适应会议活动不同的举办形式，会议用房分为三类，第一类是专业化的会议厅、会议室，第二类是用于展览、会议等多项活动的多功能大厅，第三类是在展厅内开辟的临时性会议区。

随着当代展览会中会议作用的日渐提升，以及会议活动对各类技术设备如同声翻译、视频设施、音响设备的要求趋于专业化，在展厅中临时开辟会议区的形式已逐步淡出舞台，取而代之的是由各种专用的，规模大小不同的会议用房组合在一起的会议区。

会议区作为会展建筑的单元模块之一，它的平面规划布局具有以下特征：

（1）高效易用的会议区规划。为便于各会议室空间的组合或分隔使用，简化会展建筑室内各功能流线的关系，会议区单元通常集中布置在一处，以便形成独立、完整的体系。会议区单元在平面布局上还同室外集散广场、展览区以及配套服务区之间具有便捷、清晰的联系，以便与会人士能够快速、高效地在会议区与上述区域之间流动。

（2）形式自由的会议室平面。不同于展厅这类功能要求严格的设施，会议空间的平面形式一般较为自由，常常采用圆形、椭圆形、矩形、扇形、钟形等几何形状甚至是具有特殊寓意的自由形状作为会议厅室的平面。这样的设计不仅有利于会议室自身的建筑声学设计，而且可以促使那些平面形式过于规整甚至呆板僵硬的会展建筑看上去更为自然、轻快，也更容易同周边环境取得协调。

四、多功能厅的建筑设计

会展活动日益丰富多样，现代会展中心建筑规划设计时，一般都会建造一座多功能大厅。这种多用途设施通过承接各类社会活动，在展会淡季为经营方拓宽业务范围，增加非展会类收益，进而提高场馆资源的综合利用率。

为使多功能厅具有高效使用性，最佳的规划方式是将它融入展厅序列当中。同其他展厅单元一样，分列于中央大厅的一侧或两侧，以便和其他展厅一同用来举办展会。同时，为确保能够单独对外经营，还应将它紧邻会展场馆的主要出入口布置。例如，我国北京的“新中国国际展览中心”，在它的南、北两个主出入口旁边分别设有一座多功能大厅。

多功能厅在使用上具有多目标、多用途如举办展会、会议、演出、比赛、庆典、集会、宴会等活动。多功能厅的设施与设备既有通用性，又有特殊性。通用性体现在多功能厅的绝大多数技术指标和普通展厅完全相同，如地面承重、设备配备、室内照度、货运出入口尺，在周边布置相应的辅助设施，如厕所、办公、仓库、小型设备间，形成完整且可以自行运转的体系。特殊性体现在多功能厅的高度上明显高于其他展厅，货运出入口的数量上也多于普通展厅，同时还设有贵宾室。此外，多功能厅的音响、灯光设施也更为专业化、高标准化。例如，香港亚洲国际博览中心的 1 号展馆（Arena）多功能大厅内，除标准展厅的应有设施之外，各类先进的设施还包括：能够灵活调整的 13 500

个座席，可拆卸的舞台以及配套的舞台灯光设计、舞台音响设备和各类化妆间嵌入了高质量吸音棉的室内装饰墙体和天棚先进的光纤网络通信系统，如图 2-13 所示。

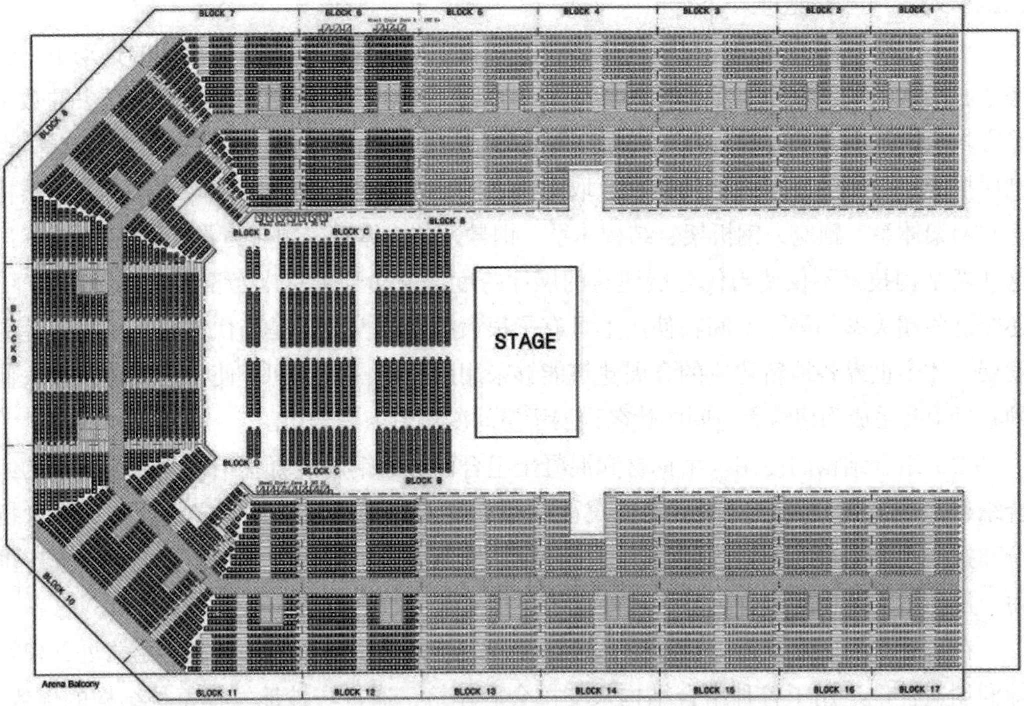

图 2-13 香港亚洲博览中心多功能厅舞台平面图

第三节 会展建筑的技术创新发展

会展业和会展活动的发展进步是推动会展建筑变革的根本动力。当代会展建筑在规模体量、空间尺度、功能构成、结构体系、交通组织等众多层面上实现了跨越性的“突变”。自工业革命以来，体现人类高超智慧和创新精神的建筑新技术、新结构、新材料，发生了飞跃性的突变。在这种飞速变革的引领下，会展建筑通过大胆尝试使用这些新技术，使它得以同会展业的快速发展保持一致性，并逐渐成为会展业赖以生存的专业平台。与此同时，技术的庞大推动力也使得会展建筑在规模尺度、空间跨度、技术配备、结构形式、外观造型等诸多领域上呈现出崭新的特征，成为一种独具特色的建筑类型。

当代会展建筑作为一类集各种复杂技术于一身的公共建筑，其技术创新涉及的层面十分宽广。会展建筑的技术创新由结构技术创新、施工技术创新、材料技术创新以及构造技术创新四部分共同组成。

一、会展建筑结构技术创新

当代会展建筑的结构技术创新是会展建筑实现跨越性发展过程中，最为重要的技术创新形式。具体表现为：

（1）大跨空间的普及。在当代会展业发展规模和展会多样化布展模式的推动下，会展中心的展厅空间发生了革命性的转变。一方面，空间的规模急剧增长，由过去的数千平方米激增到上万平方米；另一方面，空间的结构形式在钢结构技术飞速发展的支撑下，彻底摆脱了传统的框架式结构体系，取而代之的是各式各样的大跨空间结构，如钢结构空间网架体系、预应力钢桁架、结构体系、钢悬索结构体系、预应力张弦梁结构体系等。这些新结构技术不仅使当代会展建筑的展厅跨度普遍达到了百米乃至百米以上的水平，还令这些超大型的展厅空间在使用上具有了很大的灵活性。正是当代结构技术突破性的发展，才令世界各地新建成的会展建筑能够采用巨型无柱大空间，使得会展建筑在人们的心目中几乎成为建筑大空间的代名词展示空间变得更为易于切割。

（2）组合结构的使用。由钢材和混凝土组合而成的钢筋混凝土结构是最为基本的组合结构之一，充分发挥出钢材的受拉性能和混凝土的受压性能，使之组合成为一种抗拉和抗压性能均很强的结构体系。而拉杆拱结构通过拉杆的受力来平衡拱结构的支座推力，发挥出了结构的综合优势，从而成为一种复杂的组合结构。

在会展中心的建筑设计过程中，针对各种大跨钢结构体系的长处和不足之处，建筑师们创造性地运用了各种组合结构来支撑会展建筑，通过巧妙地发挥每种结构的优势，优化了会展建筑的结构体系，令结构的受力达到了近乎最佳的状态。

二、会展建筑施工技术创新

当代建筑工业化大生产水平的不断提高，构件生产工厂化和施工方式机械化，在大型公共建筑的建造过程中已变得越来越普及。通过采用先进的工业化生产方式，建筑的施工过程相比传统的手工业生产而言，更为科学、合理和现代化。大大加快建筑的建设速度，提高建筑的施工质量。当代会展中心作为一种技术复杂、空间庞大、投资高昂的重要公共建筑，它的各项特征都要求必须采用工业化的生产模式来进行建造施工。

技术上，会展建筑内超大空间的结构体系必须依赖于各种新型施工机械和施工工艺方能进行安装。同时，其他诸如地下室超大体积混凝土浇灌工程、大型玻璃幕墙工程、大面积金属屋面板安装工程的施工作业，也都有赖于采用机械化施工方式来完成。

效率、成本和质量上，通过采用先进的机械化施工技术，或是在施工过程中创造性地发明改良某种施工工艺，会展建筑的施工速度和质量都可以得到有效的保证，这对会展建筑能够尽早投入运营，尽快产生经济效益，尽量减少建设投资以及保障今后的安全使用，均发挥着决定性的作用。

环境保护方面，会展建筑通过大量采用预制构配件和大范围使用机械化施工方式，摈弃从前的湿施工作业方式。以现场拼装的新型建造模式，有效减少施工作业对环境的污染，使建筑的整个施工过程更为环保提供了保障。

鉴于以上原因，当代会展中心的建筑施工技术创新呈现出两种发展趋势：

一是会展中心建筑，除地下工程使用混凝土结构之外，地面以上工程广泛采用钢结构体系和各类预制构件，如金属屋面板、玻璃幕墙，会展建筑具备了开展机械化施工作业的条件。

二是会展中心建筑施工企业在建造过程中不断提高和改良各项施工工艺，通过采用各种新型施工机械和建造手段，如空中滑移、激光铅直仪中心定点、全站仪环向定位、多桅杆提升以及高空组装，安装各类大跨结构和大面积围护构件，从而为施工作业的安全性、高效性和高质量性提供了有力的保证。

三、会展建筑材料技术创新

当代建筑材料技术的不断创新与改良，令新型建筑材料层出不穷，性能日趋完善，形式也日益美观。建筑材料技术的发展为当代会展中心的建筑设计和建造提供了广阔的施展空间。纵观世界各地新建成的会展中心，通过大胆采用新型玻璃幕墙、金属幕墙、索膜屋面等各种新材料与技术。会展中心建筑材料技术创新为会展建筑带来了诸多好处，体现在：

（1）显著提高了建筑的质量和性能。新型材料各项性能指标的提升，使得会展中心建筑的围护界面、结构构件的综合质量与性能也获得了明显的提高。会展建筑变得更为坚固适用和耐久可靠，如会展建筑广泛使用钢材作为结构材料，令结构的受力性能和质量变得更为优越，而结构的自重也相应更轻。会展中心建筑对金属屋面板的大范围使用，使会展建筑的防水性能、耐久性能也大大提高；采用艳钾防火玻璃还可在保持空间视觉通透性的同时，提高各防火分区的消防性能。

（2）实现会展建筑的可持续发展。新型材料中所融入的各类绿色节能技术，以及设计人员对材料的理性使用，使会展建筑进一步实现可持续性的发展，如会展建筑通过合理采用中空玻璃玻璃、镀膜玻璃、在墙体中嵌入各式保温材料，使建筑的热工性能得到改善，有效地减少了能源的消耗。再如，会展建筑使用钢材等可循环使用材料，能够让建筑在其全寿命周期内避免产生大量建筑垃圾。此外，会展建筑充分利用当地建材，还可降低异地材料在运输过程产生的能耗，并减少材料运输对环境的污染。

【小结】

会展场馆是承载和推动会展业发展的重要物质平台，同时又是联系会展业和城市发展建设的重要媒介，在会展业推动城市发展的过程中扮演了相当重要的角色。会展中心作为会展建筑的典型代表，自身也同样显著地影响着城市文化生活、空间环境、产业功能布局和基础设施建设的发展。基于对会展中心这种重要价值的普遍性认识，世界上许多会展业发达城市和新兴城市都相继耗费巨资来打造规模庞大的会展中心。在这样竞争激烈的大背景下，具备较为先进高超的会展建筑设计理念和建造能力，拥有现代化的会展场馆设施，已成为当代会展业发展体系中的重要组成部分。

【复习思考题】

1. 简述现代会展中心的选址与规划特点。

2. 会展中心的外部交通具有哪些必要条件？

3. 简要说明会展中心核心功能设施的内容，以及各核心功能设施在建筑设计上的特点。

第三章

会展场馆的所有权和管理

【学习目标】

1. 了解会展场馆所有权的分类与特点
2. 熟练掌握会展场馆管理的分类与特点
3. 了解会展场馆管理者需要具备的技能

【章前引文】

一般而言，会展场馆属于公共所有，但也不乏私有制的特例。会展场馆运营的特殊之处在于，即使场馆属于私有，场馆通常也能从当地的公共部门获得某种形式从财政补贴，如提供基础设施成本和一些形式的税收减免。对于私人所有的会展场馆而言，成功地承担场馆所有成本和运营费用比较困难。场馆建造成本不断增加，公共资金投入经常被用来为场馆建设提供资金，甚至是补贴一部分的运营成本。

会展场馆管理形式多种多样的，可以是公共的、私人的或是第三方委托，也可以是这三者的任意组合。无论最终选择了什么样的管理方法，重要的是管理必须是最高质量的，并且场馆的管理必须以商业化的方式经营，只有这样才是会展场馆才能取得成功。

对于会展场馆最大的挑战是如何成功地组织活动。乍一看，这似乎很简单，但是说起来简单做起来难。事实上，几乎每个场馆管理者都要接受来自公共管理部门的压力，活动时间安排的最大化、活动创造收入的最大化，为实现这些目标，场馆管理者在满足场馆所有者和公众期望的同时，还必须兼顾如时间、空间、资金和人员各类变化因素。

会展场馆使用“潮汐”性的特点，使得场馆人员的配备非常困难。不同类型的活动对劳动力有不同的需求，管理者必须有能力将人员和活动匹配。同时，会展场馆管理者必须能够激励全职员工把工时加长，活动开始前的晚上、周末和假期的时候。除此之外，为配备人员，在需要的基础上，管理者必须能够合理调度兼职员工和有空闲的合同员工的服务。所有的全职员工和兼职人员，必须接受培训，了解他们的工作职责，在任何时候都要以客户服务为导向、了解客户的需求。雇用、培训和保留这样的员工也是极具挑战性的。

本章的重点是了解会展场馆不同所有权和管理模式选择，分别阐述各种类别管理模式的优势和劣势。本章还会介绍成为成功的场馆管理者的必要技能以及所面临的挑战。

第一节　会展场馆所有权分类

一、公共所有权

各级政府投资、建设、管理大部分的会展场馆。会展场馆建设的成本，加上基础设施成本，使得私人实体很难在没有资助的情况下负担开发费用。根据国际会展场馆管理协会（International Association of Venue Management，IAVM），北美地区 45% 的会展场馆所有权属于场馆所在城市，15% 的会展场馆所有权属于所在州，如图 3-1 所示。

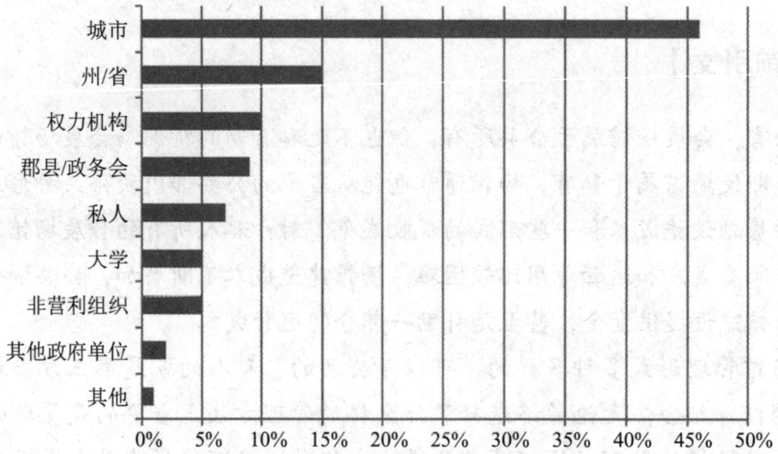

图 3-1　北美地区会展场馆所有权分布

资料来源：IAVM 2014 Salary Survey and 2014 Operating Expense & Revenue Survey.

政府使用公共财政投资会展场馆，并在相关税收方面进行减免。无论国外还是国内都将会展场馆作为拉动城市经济的重要来源，并以此作为理由，进行公共性质的政府大规模投资。

国际经验显示会展场馆的管理和运营因目的地城市而不同，但场馆是管理职能通常由城市或国家的管理者或是首席行政长官担任，通常是市长，据 IAVM 统计，北美地区 37% 的会展场馆为公共所有，如图 3–2 所示。

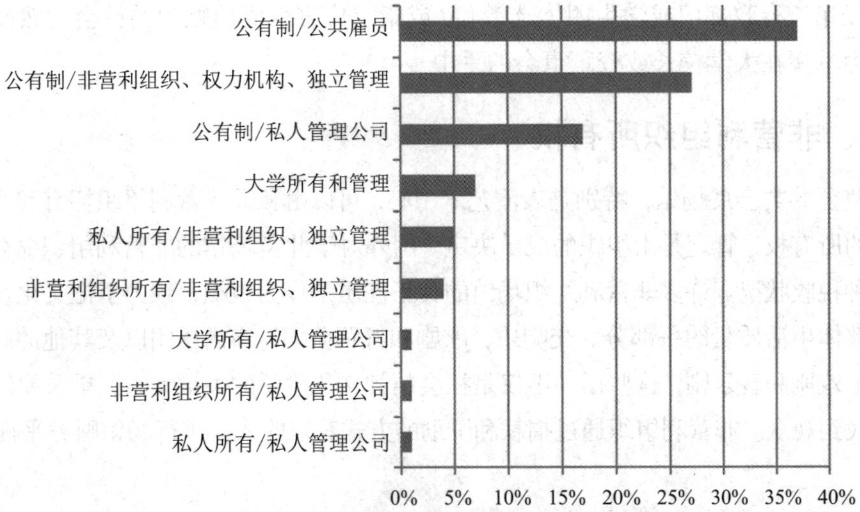

图 3–2　北美地区会展场馆管理权结构

资料来源：IAVM 2014 Salary Survey and 2014 Operating Expense & Revenue Survey.

二、私人所有权

在某些情况下，会展场馆为私人组织拥有的。大多数情况下，场馆业主也拥有专业的专营权，是主要的租户。即使私人拥有，这些场馆也经常会从当地政府那获得某种形式的财务援助。这些援助会以减少税收负债、投资公共基金或开发基础设施的形式体现。除了那些房地产专业体育专营权，场馆里也有一些私有制的例子，而且其中有一些私有场馆的主要租户不是专业团队。比如说剧院，特别是在大城市，也往往是私人拥有的。

三、公共所有权 Vs 私人所有权

会展场馆无论是私人所有还是公有所有，这都不重要。两种所有权模式都可以支持场馆的成功运营，也可能导致场馆经营的失败。不论是公有或私有，重要的是，场馆可以为其业主和当地的城市带来他们想要的结果。一般而言，私人拥有的场馆往往更侧重于经济回报，但不同于一般的私人所有企业，场馆的业主方也会认识和理解会展场馆的社会影响力。同样地，公共所有的会展场馆不仅是为了满足所在地城市经济和社会文化的需要，作为生活质量的增强器和当地经济的引擎，经济功能也是十分重要的。

四、学术机构所有权

学术机构诸如大学或学院，无论是公有的或私人的，拥有并经营一些校园场馆，如表演艺术中心、体育场馆、舞台和会议中心。尽管特定场馆的行政责任会下放给适用的部门（如学生事务中心、辅助服务、商业和金融或者体育），高校场馆的管理也可能委托给由场馆、行政部门或学生团体选举和/或指定代表组成的顾问委员会。然而，最终管理权力掌握在大学校长或校董事会的手中。

五、非营利组织所有权

一些公共类会展场馆，特别是表演艺术中心，可以由私人非营利组织拥有和经营。这种类型的所有权，管理是由组织的成员决定。国外对于此类场馆的非营利组织命名，只是代表一种税收状况。许多非营利组织场馆的真正性质是作为组织，致力于把文化娱乐作为社区的整体生活质量的一部分。交响乐、歌剧和舞蹈公司、室内乐团以及其他的娱乐，包括百老汇戏剧和音乐剧，这些活动不仅是社会精神文化生活的关键元素，更重要的是为这些活动找到观众。非营利组织通过捐款和赞助的方式获取收入，进行场馆财务平衡。

第二节　会展场馆管理架构

会展场馆的管理与运营过程中，各种因素都将决定会展场馆的成功或失败。在这些因素中，质量管理是最重要的因素之一。积极的市场营销可以增加场馆举办活动的数量，但是只有通过高效和有效的管理，才能同时满足租户、活动主办方和赞助商共同的期望。

如前所述，所有的会展场馆及其董事会应该有深思熟虑的、简洁的、明确的书面使命宣言。场馆的使命宣言应该是场馆的业主、管理机构及其管理者和员工参与合作过程的结果。如果专业人员不包括在内，使命宣言不包含最终实施计划所需的投入和知识就能制定。通过参与合作组织的过程，获得并且分享与那些人相关的不同角度的重要信息。

会展场馆制定使命宣言的最终目标是准确、完整地描述场馆存在的原因。通常，场馆的公共目的可以在各国地区的立法或规划中找到，此类立法和规划会成为会展场馆的投资和建设的官方理由。无论场馆的公共目标是如何制订的，最终的使命宣言/公共目的为管理机构制定关于场馆日程安排、预订优先权、承租人监督、报告、预算发展和竞争营销策略等问题的策略提供参考依据。

一份定义明确的会展场馆使命宣言和各项具体目标，为有效定位会展场馆提供了最佳的基础。要使场馆达到其最大潜力，必须增加有效的经营政策和流程，使场馆的管理团队能够在竞争激烈的市场中，得以灵活开展业务。

采用会展场馆使命宣言，管理机构的责任是创造拥有洞察力、智慧、经验和有能力实现场馆的使命和目标的顶级管理团队。建立这样管理团队通常被称作组织的成功。第一步就是要聘请总经理或执行董事，尽管场馆间这个人的头衔有所不同，但他们主要的管理职能十分相似。

正如在第一章中所论述，无论会展场馆大小、类型或位置，所有会展场馆一般具有九大核心功能。无论这个会展场馆是城市的大型会议中心或位于小学校园中的表演艺术中心，管理这些场馆都需要实现上述九大职能，以成功地经营他们各自的场馆，并为其配备人员。

会展场馆的所有权类型，会极大地影响管理团队的组织结构。公共员工管理的公有场馆远远超过任何其他所有权和管理。虽然这种所有权/管理的形式可能是比较常见的，当有效地构建和实施一些其他的组织结构，也可以成功地服务于会展场馆的业主。以下内容将就四种不同的组织模式进行讨论。必须指出的是，虽然这些组织结构的每一种形式都成功地应用在不同的会展场馆，但是管理每个特定场馆的最有效率和最有效果的模式还是有很大不同。组织结构必须符合组织和场馆业主的需求。

无论采取什么形式的组织，所有会展场馆的经营必须能够确定运营场馆的实际成本，并且保证场馆管理遵守管理机构的运营程序。在某些情况下，场馆可以自治，有自己的专门的工作人员，并有能力外包各种支持服务。会展场馆管理行业尚未形成标准的、统一的组织形式。市场竞争、区域的整体经济以及社区人口结构的变化等变量，都可能形成不同的会展场馆管理组织形式。

图 3–3 展示了会展场馆管理架构的基本框架与组织功能。各种类型场馆的功能或任务可能一样的，但实际的组织结构有很大的不同，主要有场馆规模大小、地理位置、活

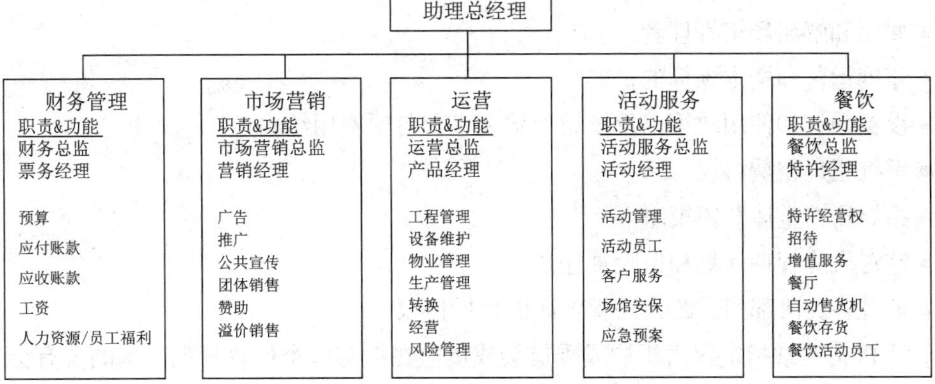

图 3–3　会展场馆组织架构

动类型、管理形式以及场馆本身等因素，如会展中心、剧院、体育场、竞技场等的组织结构图。虽然在结构设置上存在一些差别，但是上述提及的九大核心功能通过这些部门中得以实现。

一、政府部门管理

会展场馆所存处环境会影响其组织的性质。公共所有的会展场馆可能会和公共卫生、交通、交通运输、公共工程等城市公共服务一样，被作为政府部门进行管理。这种组织背景下，场馆的总经理可能会被作为直接向所属政府部门汇报的公职人员。例如，在美国的一些城市，会展场馆管理者可以作为部门负责人向市长汇报。这种组织结构在作为部门负责人的场馆管理者和由市政或市政司法的选民选出的或由公共委员会任命的政府官员之间建立了一种直接的汇报关系。场馆管理者经常与大多数其他部门负责人具有同等的地位。场馆管理者必须依靠其他部门的政府结构提供许多业务和经营职能，如采购、薪资管理、招聘和财务支付。

二、权力机构、委员会或非营利组织管理

一些西方国家，根据州一级的立法，会展场馆通常由城市、县或州政府设立的权力机构或委员会管理。这样的设置在一定程度上，确保了以公共服务为前提的场馆以一种更加实际有效的方式经营，没有日常的官僚政策和程序限制政府服务部门。尽管他们可能存在于各种形式，权力机构或委员会经营会展场馆的情况包括：

（1）权力机构：由独立委员会负责会展场馆的经营和监督，通常由当地的选举机构或官员任命。

（2）委员会：由完全独立的机构负责会展场馆的经营和监督，管理成员由政府机构或官员任命。

（3）非营利性组织：为管理会展场馆而设立的独立机构，通常与场馆业主或公共机构之间达成一份经营协议。

这些场馆管理机构的典型职责包括：

- 雇用和解雇场馆管理者
- 年度运营和资本预算的批准
- 设置预订和使用政策以及场馆租赁利率和各项费用结构
- 审批租户租赁协议
- 指导场馆整体营销策略
- 监督风险管理计划和保险责任范围
- 审批各类跨部门或跨司法管辖区的互助协议

管理机构通常指定权力机构或委员会成员。在拥有多个行政管理机构的公有会展场馆，每构成的管理机构都会给权力机构或委员会一定数量比例的职位。通常权力机构或

委员会的经营形式不需要过于政治化，审议过程中涉及其他理事会时，决议可以用一种更为的迅速方式达成。许多城市和区县把权力机构或委员会结构看作是对会展场馆所有权管理的一种更为适宜的选择，通过这样一种模式，能一定程度上确保场馆不会为了保持竞争力和收益最大化而将会展场馆私有化。

三、学术机构管理

学术机构大部分情况下指高校，经营自己所有的一些会展活动场馆。西方国家此类会展场馆在某些特殊领域也选择将场馆私有化。但多数情况下，大学的会展活动场馆由独立的、专门的部门进行管理。管理者享有和学校机构里的其他主管负责人一样的地位。部门的管理者在西方国家通常由学校的行政副总裁领导，在我国一般由高校分管后勤的副校长领导。高校场馆管理者在管理场馆的过程中，不仅要遵循大学的政策和行政流程，而且尽可能地使得场馆具有竞争力以吸引更多的会展活动，以便开展业务。一般情况下，高校的其他部门可以提供诸如会计、人员配置、采购、薪资管理、停车、安保等服务，以便于场馆管理者与外部服务供应商的签订合同等服务。此外，高校的硬件设备可以提供公共事业、维护和草坪维护等支持服务。

高校为了足球、棒球、垒球这些校际体育部门的运动队，建造并经营户外体育场馆；为了篮球、曲棍球、排球队，建造并经营竞技场；为音乐机构、舞蹈和戏剧提供剧院、音乐厅和表演艺术中心；为学生、教师和工作人员提供继续教育和培训机会的目的，建造和提供会议中心。不同高等院校之间因自身条件不同，在会展活动场馆管理结构也存在差异。但是，不管具体的管理结构如何，高校校园内的会展场馆，不仅为本校的学生和教职员工提供场馆服务，同时也为高校所在的城市提供服务。

越来越多的高校在校园里建造了新的体育馆，除了为本校的篮球队和体育项目提供场馆以外，其实质是让校园的场馆变得更为开放，在一定程度上能与市场上其他相类似的体育场馆竞争，吸引更多的活动。国际上，很多大学管理者以一种更加开放和公开的方式经营所拥有的体育馆，其动机如下：

（1）为各类体育活动和娱乐活动提供更好的场馆，有助于招募和留住高水平的学生和运动员。这些场馆也可以吸引更多的校友支持。

（2）更多样化的受众提高了与商业社区更多的互动，从而能获取更多赞助、学术研究支持以及学生实习和就业的机会。

（3）更多吸引力的活动，促进在校学生享受校园生活和文化的多样性。

（4）作为学校额外的收入来源，支付学校的建设成本和各类经营费用。

（5）创建学生能积极投入参加校园活动的良好环境。

四、私营企业管理

西方国家当会展场馆的公共管理无法达到经营目标时，对于场馆的业主和政府官员来说，选择私营企业进行场馆管理，是切实有效的方法。会展场馆的经营目标是要实现某一营业利润，或是提供更理想的活动规划日程表。如果现行的管理不能达成目标，那么私人管理是一种选择。采用私营管理公司协议，通常是业主 / 公共机构向有资质的管理公司征求建议书（RFP）的一种方式。通过一系列的筛选流程，选出最符合场馆需要的管理公司。使用私营管理会在一定程度上，给业主 / 公共机构增加了成本，理论上业主需要支付一定的经营费用。做这样选择的目的是，业主希望通过私营企业提供的专业知识和能力，有效进行会展场馆管理，增加收入和减少支出来抵消所产生的雇佣成本。

会展场馆的业主方一般会支付私营企业两部分的管理费用：一是基本管理费，二是激励收入。这些费用都会以支出的形式体现在场馆的经营预算上。如果私营企业能够实现以下目标，一般会获得第二部分的激励收入：

- 获得超过约定营业收入的利润
- 降低超过约定金额的运营成本
- 增加场馆的年度出租率
- 增加场馆总的特许销售
- 增加酒店 / 旅馆税后销售额
- 维护场馆的优越条件
- 积极的客户满意度调查

雇用私营企业管理会展场馆是有一定前提的，如在美国，根据联邦相关规定，如果场馆的资金来源是免税债券，那么债券律师（bond counsel）有权审查场馆的私营管理协议，以确保没有违反国税局的规定。

无论会展场馆公有还是私有，私人管理的会展场馆都趋向更充满活力的方式进行组织运营，并且较少地受地方政府指导方针的影响。当遇到竞争性行为活动时，私营管理的会展场馆往往比公共管理的场馆受到更少的限制。私营管理公司更倾向于关注最终收益，这也是场馆业主或管理机构选择私营管理公司的主要原因。私营管理公司仅是场馆业主的代理机构，尽管它们也许能更好地平衡社区的需求和提高的最终效益以及财务成果。

最终通过会展场馆的私营管理，可以有效地将知识产权和行业资源进行整合，从而获得比业主自营场馆更大的优势。事实上，私营公司通常管理以上的场馆，使他们能获得共享信息和专业知识，这是场馆单体管理所不具备的。在一些特定的重要场合，特别是需要大量现场员工的时候，私营管理也能从其他地方把员工调度过来，以此实现活动的成功举办。

五、公共管理与私营管理比较

公共还是私营，哪一种模式能够更有效地进行会展场馆管理，无法简单来判断。在某些情况下，会展场馆更适宜采用公共管理；另外一些情况下，选择私营管理也可能比较有效。各种内部和外部的因素都必须被考虑到，此外每个会展场馆所处环境都是独特的，产生不同的选择。管理机构必须做出决定，究竟希望会展场馆是什么样的，最终能实现什么样的目标，以及它愿意授予另实体多少管理权力。如果采用私营管理的方式，公共机构必须确定所需要的运营开支，是否能够实现最终有效的产出。

如果地方政府选择采用公共管理的形式对自有会展场馆进行管理，则必须明确会展场馆的经营是市场化的，是要产生收益的，而不是一种类似于公益事业。无论是当地政府、权力机构还是委员会下的管理机构，公共管理必须知道要在行业中成功必要的是什么、管理机构在其选择管理团队时需要的是什么。公共管理和私人管理都需要有资质的、专业的、有创造力的、有活力的管理人员。确定管理人员和员工的必要技能是实现成功经营目标的最重要的因素之一。

在西方国家，不同的政治制度对会展场馆管理模式选择产生影响，政府选择私营企业进行会展场馆管理，可能基于以下原因：

- 政府对预算的控制，与市场竞争产生冲突
- 地方经济问题造成的财政损失
- 地区新建场馆之间竞争激烈
- 场馆和设备折旧
- 对活动有更多的需求
- 场馆的修整、扩建或是设备购置需要投入更多的资金
- 新建场馆从规划、开业到日常运营需要有经验和专业的指导
- 场馆业主方不愿意投入精力管理运营场馆

采用私营管理时，比较常见的问题是，业主失去了对场馆经营的控制权。因此，签订合同或协议的条款，关于权责的明确，变得尤为重要。为避免业主失去对场馆经营控制权的发生，在大多数私营管理委托中，场馆业主需要保留对以下内容的审核：

- 年度运营和资本预算
- 场馆管理者候选人
- 场馆预订、日程安排和租金率
- 长期及主要的租户租赁
- 重大合同的签订
- 涉及财务风险的内部推广和协同管理
- 场馆财务和审计

与大多数公共管理选择不同，私营管理公司可以在场馆的发展或推广活动中涉及财务活动时，偏好承担一定的风险，但是公有管理公司一般不会采取这样的行为。但不管如何，私营公司管理至少在会展场馆管理模式选择上提供了另一种可能性。

第三节　会展场馆管理者的关键能力

不管会展场馆所有权归属或是用什么方法来监督场馆以及场馆的类型或区位如何，对于会展场馆来说，要想达到预期的目标，场馆管理者的能力是必不可少的。场馆管理者主要职能就是超越挑战、抓住机会、知道如何经营，引领会展场馆走向成功。如果管理者有完成使命必备的能力、知识、欲望、坚韧和毅力，那么所有一切都只是个过程。成功的场馆管理者必须具备以下六大能力：谈判能力、商业道德、管理领导力、团队建设能力、创业本能以及沟通能力。

一、谈判能力

会展场馆管理者最重要的管理技能之一，就是具备成为优秀的谈判家的能力。谈判是场馆管理者的日常工作的一部分。不论是跟员工谈判工作项目，还是与人才机构谈判艺术家费用和商品佣金率，会展场馆管理者必须和其他人进行有效的谈判，以达到最有利于场馆和管理场馆的组织的结果。

场馆管理者必须能够熟练地进行合同磋商，比较常见的合同类型包括：

- 场馆租赁 / 许可协议
- 与服务供应商签订协议，如票务代理
- 维护服务和景观美化
- 餐饮服务
- 联合推广协议

大部分合同谈判的结果会对场馆管理者产生经济影响。对于场馆管理者来说，了解财务问题以及知道场馆管理机构和业主其他利益相关方如何看待自己至关重要。

需要注意的是，不同的场馆管理者，有不同等级的权力来谈判不同的合同。一些管理者没有权力真正把组织的资源投入在谈判中；一些管理者有能力磋商协议条款，但是必须寻求更高权威的最终批准；另一些管理者有能力磋商协议的条款，也可以最终批准那些条款。从某种程度上说，会展场馆管理者的对场馆的管辖权利，可以从他们谈判合同能力及数量上反映出来。

二、商业道德

场馆管理与其他商业活动一样，在某些情况下面临道德的考验。场馆和活动组织者有很长一段历史的成功合作，但同时两者之间的关系是比较微妙的。会展活动组织者通常情况下，可能是小型的创业公司，举办获利的活动是他们唯一的生存之道。但对于场馆管理者而言，建立、保持诚实和正直的声望、标准一致更为重要，特别是在复杂多变、充满不确定性的商业环境中，坚持一定的准则。

西方国家很多场馆管理者受雇于城市政府或州立学院、大学等政府，或是和这些机构签订了合同。与纯粹的市场行为相比，政府服务更倾向于社会伦理和公共服务。国际场馆管理者协会（IAVM）就场馆管理者必须具备的道德准则列出了明确的要求，如表 3-1 所示。需要注意的是，文件的主旨内容是避免任何利益冲突的责任，也就是说，任何活动都可能在场馆管理者的雇主和场馆的业主利益之间发生冲突。成功的场馆管理者和所有员工一样，应当在处理事务的过程中遵循个人的道德准则。

表 3-1　国际场馆管理协会的场馆管理者道德准则

场馆管理者应该：
● 努力提高服务的娴熟度和实用性； ● 在所有公共和个人关系中保持荣誉和正直的最高标准； ● 强调对公众友好和礼貌的服务，并认识到建筑的功能是在任何时候都为公众的最佳的服务； ● 对所有协会和专业业务往来中保持公平公正； ● 坚持人人平等的原则； ● 对建筑提供服务价值有着坚定的信念，同时具备建设性、创造性的、务实的态度； ● 避免任何可能与雇主产生利益冲突的行为。

资料来源：IAVM Code of Ethics.

三、管理领导力

无论场馆的管理结构是怎样组织的，经营会展场馆日常事务的管理者都要求具备强大 IQ（传统智商）和同样强大 EQ（情商）。这种形式的智力组合，提供获得知识基础的能力，管理者可以从中采用这些知识基础，以巧妙地管理场馆。那些不能快速识别、恰当处理现有的或可预见局面的管理者，尤其是在压力下，无法生存。好的管理者往往是以人为本的、好奇的、渴望学习和运用新的管理和经营原则，并积极投入于履行工作职责。在当今竞争激烈的市场环境中，成功的管理者也必须是聪明的、反应灵敏的、知识渊博的、坚毅的、灵活的、优秀的激励者和领导者。

成功的场馆管理者对所经营的会展场馆的每一项管理职能都必须掌握。了解如何组织场馆以及场馆是如何影响经营方案。这种层级的管理者已经通过不同情景获得了他们的知识和经验。一种情况是会展场馆管理者从一线员工开始做起，通过组织机构中层层选拔，从业务第一线提升到更高的职位，最终成为场馆经理。这种形式的职业发展，能保证场馆管理者参与到大部分的场馆经营活动，包括举办签订合同的经验或是财务预算等重要方面。另一种情况是会展场馆管理者经过场馆运营、营销或推广等中层管理职位，开始职业生涯，并且最终被提拔为场馆经理。采用在职培训是一种获取信息、培养管理者的有效方法。内容充实、安排合理的在职培训有利于帮助会展场馆员工获取不同部门间的交叉知识。场馆的管理结构以一种包含强大、一致、有效培训和专业发展计划的方式来组织。这些项目需要由相关员工的工作职能、教育以及经验水平定制而成。各部门的人员进行交叉培训，是员工内部用来传承、延续机构知识的一种很好的方式。

四、团队建设能力

即使拥有所有成功必备的技能，团队还是成功的核心。因此会展场馆管理者必须能够激励员工，鼓励他们贡献自己的智力与智慧，为了完成公司的使命，不仅要求他们完成各自的职责，还能时刻为其提供帮助。团队建设是会展场馆管理过程中非常重要的组成部分。在工作场所创造员工享受的氛围，可以使他们更加投入并且参与到整个管理过程。成功的场馆管理者必须认识到建设成功的"团队"的重要性，团结合作的团队，必将给管理层和业主方带来更多的收益。

五、创业本能

所谓创业本能是指会展场馆管理者在整个场馆的经营活动过程中，不仅对已有的业务能够很好地掌握与管理，提供优质的服务，同时不断开拓新的业务渠道。通过创新与创业精神，把会展场馆已有或潜在的资源充分发挥出来，开拓新的业务，以此带来更多的经济收益。

尽管会展场馆的使命更倾向于一种愿景的描述，而不强调创造新场馆或新的收益来源。但在实际运营过程中，经济效益一定是会展场馆成功运营的首要指标。因而能力丰富的场馆管理者，会把精力花费在能使自己变得有创新力和创业力的事情上，以寻求能最大限度地发挥场馆资源的机会，从而产生更多的额外收益。创意经理懂得如何用一种能吸引企业、承办方和客户的方式包装公共管理场馆。具有企业家精神的场馆经理知道如何设计和实施能够产生良好财务业绩的营销和推广策略。越来越多的最终效益财务数据被用来评估管理者和场馆的成功或者失败。如果管理者和场馆不能达到他们的经济预期，并因此消耗他们的资金来源，他们就会有被淘汰的风险。

六、沟通能力

有效的沟通是成功场馆管理的关键。会展场馆管理者必须能够与不同的群体进行有效的沟通，这些群体包括场馆业主方、管理机构、员工、租户、活动组织者、媒体、观众和所在社区。场馆管理者的职责是与这些利益相关方发展、保持口头和书面沟通这种直接有效的双向沟通方式。

成功的管理者是团队的领导者，能够在当下环境中高效工作的同时，展望未来、做好准备，是会展场馆及其潜能的绝对拥护者，并且积极努力地达成所宣布的目标。管理者的愿景应该鼓舞和激励组织机构内的所有人。此外，成功的场馆管理者不仅是有效率、有创造性的，他们还善于处理责任、纪律、组织、创造力。最重要的是，在所有这些职责中，必须以身作则。

【小结】

会展场馆所有权归属可以是公共、私人实体、学术机构或非营利组织。无论哪一种所有权的会展场馆可能获取成功，也存在问题的风险。这些场馆的管理也可以有所不同。场馆可以由政府部门，权力机构或委员会、学术机构或是私营管理公司进行管理。管理方法本身并不能决定成功与否，选择每种管理方法都可以成功，并且达到它的目标和使命。

不论场馆的所有权或管理模式，专业、专注的场馆管理者是会展场馆获得成功的重要因素，是他们掌握关键技能。这个管理者不仅要有具有特定的技能，还要能用这些技能来成功地培训员工，使他们能承担场馆工作人员所需的责任和义务。会展场馆要获得成功，必须要有一批精干的员工，这些员工能够对公共集会场馆行业内固有的不同挑战做正确的计划和反应。

管理会展场馆是一项复杂的任务，需要微妙地平衡许多关系间的杠杆。会展场馆管理者必须是能够自我鼓舞、专心致志的高效领导者。他们通过实践知识、正规的教育和过去的经验，做好充足的准备，去接受来自新活动、新技术和不断变化的社会实践和标准的挑战，并把它们当作提高场馆形象和生产力的手段。

会展场馆管理者明白，赞同“把场馆建好，顾客就会增加”这个理论，既不安全也没有成效。尽管场馆可以为活动提供物理意义上的场馆，但是决定场馆使用者满意度的是所录用人员的质量和效率。这个团队必须是精心构建而成，同时雇用全职和兼职人员，这些人要有不同的技能，知道他们的职责是为客户带来积极的用户体验。有一点非常重要，管理结构中最底层的员工通常和场馆的客户有最频繁的个人接触。往往是这些人，其中很多是兼职员工，通过他们的合作，为活动参与者对公共集会场馆及其举办活动的正面或负面的感知，建立基础。

会展场馆管理者负责组织的九个核心职能，作为领导者，确保每个功能区都配备合适的工作人员，并在场馆实现其绩效目标的必要水平上执行工作。简单地说，组织成功是从组织的顶部开始的。

各类会展场馆管理组织架构

图 3–3 呈现了会展场馆组织职能的基本架构，在不同类别的场馆具体组织过程中，组织架构会因场馆的特点而不同，例如：

一、演艺 / 文化中心管理组织架构（以 FirstOntario Center 为例）

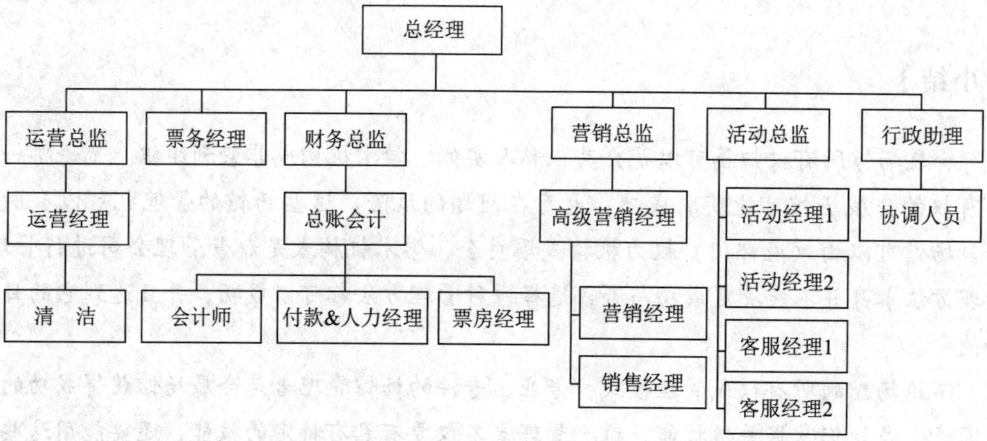

（资料来源：http：//www.coreentertainment.ca/FirstOntario–Centre/）

二、会议中心管理组织架构

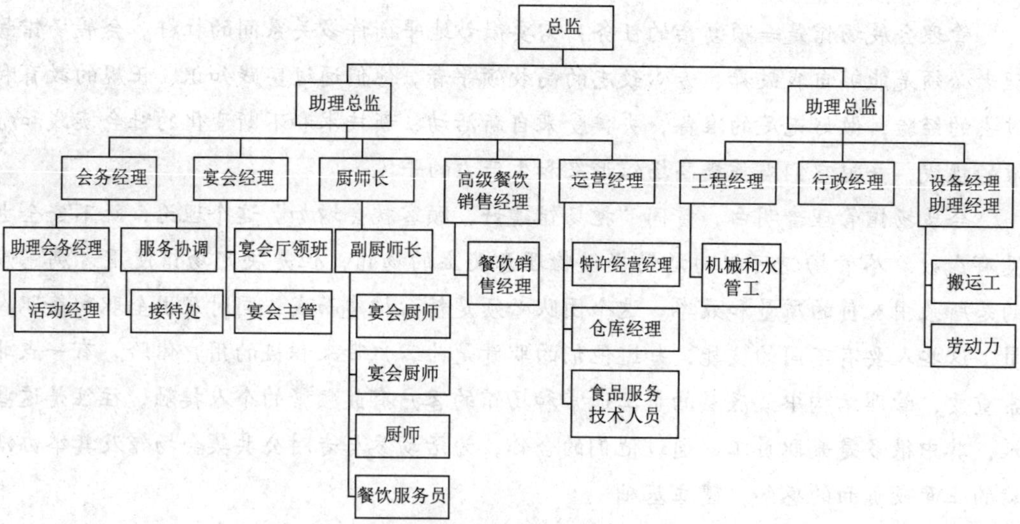

资料来源：根据调研材料整理。

三、体育场馆管理组织架构

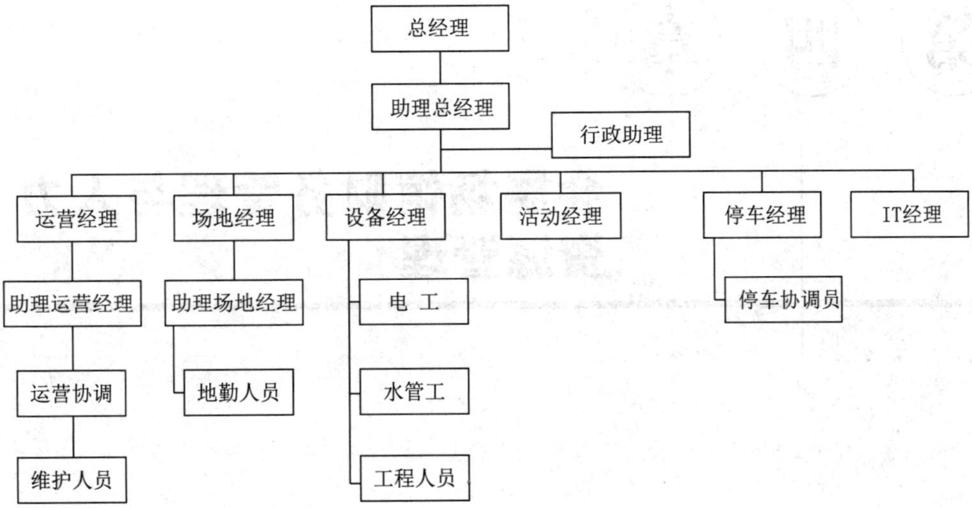

资料来源：根据调研资料整理。

【复习思考题】

1. 简述会展场馆所有制的类型及其特点。
2. 进行公共管理会展场馆与私营企业管理的会展场馆优劣势分析比较。
3. 成功的会展管理者需要具备哪些关键技能？并举例说明各技能的重要性。

第四章

会展场馆财务管理与人力资源管理

【学习目标】

1. 掌握会展场馆财务管理的内容和组成
2. 了解如何制定会展场馆营业预算
3. 掌握会展场馆管理财务活动的具体流程
4. 了解会展场馆的人力资源管理内容

【章前引文】

清楚地意识到会展场馆管理者虽然不从事具体的体育活动组织、娱乐项目安排、会务活动组织，但以上这些会展活动的成功举办都离不开有效的会展场馆管理者的支持。会展场馆管理者必须通过学习、理解以及掌握各种商业技能，同时将这些技能运用于会展场馆的管理之中。

场馆管理的核心是财务责任，没有这一点任何的商业行为都谈不上成功。商业和财务是进行决策和评估效益最直接和简单的方式。本章接下来要论述的的是与场馆管理相关的商业和财务方面的基本概念和原理。会展场馆的成功运营不仅要以合理的财务管理为核心，更应从理解财务管理的一些基本原理入手，并逐步将其转换成正确的财务管理流程。

无论会展场馆的规模大小、风格、用途还是所有权如何，运营场馆的商业策略有着共通之处，内容一般包括以下几个方面：

- 场馆开发和管理的经营预算

- 资本支出预算
- 年度、月度财务管理及活动财务报表
- 场馆租金率和定价表制定
- 活动前收入及支出预算制定
- 活动结算管理
- 活动合同谈判与管理
- 劳动协议谈判与管理
- 场馆人力资源管理
- 账款收支流程监控
- 其他收入来源管理监测
- 现金流与投资管理
- 机构内部和外部审计

场馆管理为实现每年制定的财务绩效目标，要求独特的能力去预估营业收入和控制支出。这就要求场馆管理者对于那些超出控制的变量因素进行规划预算。例如，体育馆租借者，场馆管理者和他的财务员工没有列出他们租户，控制人员决策或者赢得比赛的计划表。出席比赛的人员数量取决于竞技等级和胜利的队伍，这完全超出了场馆可控制的范围。巡回演出时，场馆管理者和员工有时不能确定谁将演出以及巡回路线。同样地，场馆安排项目的数量和出席活动的人数超出了场馆管理者和财务工作人员的控制。因而，场馆管理者和财务总监必须具备较高的控制力。即便如此，每个月对项目进行追踪、非活动收入和支出的调整，对于每场馆管理者来说都是十分重要的。会计年度中考虑到任何潜在的负变动都是很重要的，因此，在任何负变动成为年底关注的主要问题之前，都可以进行潜在的经营调整。

财务部门有时也称为营业部，是任何成功的场馆运营都不可或缺的组成部分。与政府的会计体系不同，公共大会场馆更需要的是以利润为导向来控制收益及支出的会计体系，即通常所说的成本会计[①]。成本会计的重点必须放在活动相关的预算上，即主要追踪会展活动的支出和收益。典型的基于活动的预算有以下几个特点：

- 基于特定会展活动类型估算会展活动数量
- 根据每种会展活动类型估算活动天数
- 根据每场会展活动情况估算平均上座率
- 门票销售情况及平均票价
- 估算门票销售总额及相关费用收入

① 成本会计是基于商品经济条件下，为求得产品总成本和单位成本而核算全部生产成本和费用的会计活动。成本会计是为克服通货膨胀所引起物价变动导致会计信息失真弊端，在物价变动情况下，以资产现行成本为计量属性对相关会计对象进行确认、计量和报告的程序和方法，以货币为主要计量单位，针对相关经济主体在产品生产经营过程中的成本耗费进行预测、决策、控制、核算、分析和考核的价值管理活动。

- 估算场馆租金收入或联合推广收益分成
- 基于人均优惠和商品支出的估计
- 停车服务收入与支出估算
- 基于场馆其他服务的收入估算

理论上讲，所有的非活动相关产生的薪水和时薪支出，以及非场馆活动运营产生的收入和支出，必须与会展活动收入与支出一起记录下来。场馆经理及其工作人员基于财务的角度，处理日常工作中的每项事务。这是场馆管理中的一项重要职能。与此同时，财务部门中的工作人员需要掌握一定会计流程和具备专业知识技能。

第一节　会展场馆财务管理

一、财务部门

财务部门是公司组织架构中的重要组成部分，处理公司运营过程中的财务问题。虽然财务部门一般不能产生收益，但对所有企业的日常活动及非日常活动产生的收益及费用进行信息收集和会计处理。财务部门的成本花费在收入表中体现为支出，必须由管理层来讨论处理。一般而言，财务部门及其职员的花费均视作企业非活动相关支出。

财务部门对于会展场馆管理机构在整个运营和管理过程中是非常重要的，因为财务部门能够通过历史数据对整个场财务报表进行运营分析，这些详尽的分析能够在会展场馆管理者进行决策和制定未来发展战略时，起到极其重要的参考作用。

二、财务总监

会展场馆财务总监一般直接向场馆经理汇报，并负责对场馆的财务信息进行解释并向其他部门提供所需相关财务信息。财务总监的工作职责是协助场馆管理者做出正确的商业决策。一般而言，财务总监应该具有会计、金融或管理学士学位。更多的场馆财务总监具有更高的相关教育背景，如在会计、金融、市场营销、人力资源或类似的企业管理方面取得更高级别的学历或学位。鉴于商业活动的复杂性，许多场馆经理会雇佣注册会计师（CPA）作为财务总监。场馆在财务和管理方式是有其独特性，对于场馆财务总监而言，掌握所有与场馆管理相关的财务知识是十分重要的。

成为一名成功的会展场馆财务总监与其他组织机构的财务总监所要求具备的大致类似。但在实际操作过程中，会展场馆管理的财务管理仍有一些独特之处。对于从事会展场馆管理的财务总监而言，除了熟悉会展场馆管理的专有特点，遵循公认的会计准则进行业务管理。以下列举了一些基本的业务功能：

- 预算研究、创新与管理
- 财务报表的编制和核实
- 活动前预算估计
- 活动结算调整
- 应收账款和应付账款
- 工资和福利
- 场馆设备、设施的物资采购
- 外部审计和内部审计
- 现金内部控制制度的建立与监督
- PCI 合规①
- 保险责任范围
- 银行账户核对
- 售票处监督
- 赞助及优选座位合同追踪的财务

总而言之，财务总监必须有能力充当场馆经理的“眼睛”来监测场馆的各类财务问题。公司更偏好任用取得注册会计师资格证（CPA）的人来做财务总监。但最重要的是，财务总监必须对场馆管理业务有所理解，能够协助场馆经理做出所有与场馆管理相关的决策。与此同时，场馆财务总监从事的工作对整个组织的财务偿付能力至关重要。

三、营业预算

会展场馆年度营业预算所涵盖的内容包括，确定每年预期营业收入和支出，确定用于资金短缺的资源，向场馆管理者提供月度财务报告以及将实际发生的收入和支出与预计的收入和支出进行月度比对。会展行业的性质以及在收入和支出预测方面的挑战，财务总监可能会采用滚动式预测，可以根据最新的信息进行实时更新。营业预算的制定和监测最终是会展场馆所有者和管理者的责任。

场馆每年的营业预算包括前一年度的财务结算和下一年度的收入与支出预期。“营业预算可以被看作是场馆管理的路标或者计划”（Hales，2010）。“营业预算可以将组织目标转换成具体的财务指标，分配部门责任，安排与协调各类资源。同时，最重要的是能监测会展场馆在运营和管理过程中发生的实际情况”（Doupnik&Perera，2009）。

会展场馆有相似的收入与支出明细，基本项目包括：

---

① 支付卡行业（Payment Card Industry，PCI）合规是适用于所有处理、存储或传输信用卡信息的组织的数据安全标准（DSS）。PCI 合规有助于保护信用卡数据、个人信息和客户身份免受恶意行为的侵害。

- 主营业务收入
- 场馆租赁
- 辅助活动收入
- 食品与饮料
- 合同规定收入（例如，冠名权、赞助等）
- 停车
- 特许经营
- 门票费
- 支出
- 辅助活动支出
- 一般管理费用
- 全职员工薪水与福利
- 兼职报酬
- 公共事业
- 清洁与维护支持

【案例】

×× 演艺中心收入与支出项目

×× 演艺中心收入与支出项目明细如表 4–1 所示。

表 4–1　×× 演艺中心收入与支出项目明细

收入分类	
● 租赁 ● 特许经营 ● 餐饮招待 ● 应付账款 ● 广告	● 命名权 / 赞助 ● 场馆费用和佣金 ● 优选座位 ● 停车 ● 活动策划
支出分类	
运营支出 ● 监督管理 ● 劳动力 ● 场馆维护 ● 设施设备维护 ● 办公室支出 ● 电力 ● 水 / 排水及其他 ● 气	活动运营 ● 监督管理 ● 招待员 ● 检票员 ● 安保 ● 舞台管理 ● 设备租赁 ● 材料供应

续表

特许权 ● 监督管理 ● 劳动力 ● 设施设备维护 ● 办公室支出 ● 食品供给	票务办公室 ● 监督管理 ● 劳动力 ● 出口费用 ● 设备设施维护 ● 广告 / 推广支出 ● 合同费用 ● 设备租赁
招待 ● 监督管理 ● 劳动力 ● 设备设施维护 ● 办公室支出 ● 食物供给 ● 合同服务	会计 ● 监督管理 ● 劳动力 ● 薪酬支付 ● 设备设施服务 ● 办公室支出 ● 审计费用 ● 税费
广告 ● 监督管理 ● 劳动力 ● 保险 ● 设备设施维护 ● 电话 ● 办公室支出 ● 旅行 ● 法务 ● 其他管理费用	员工福利 ● 度假 ● 病假 ● 失业保险 ● 集体保险 ● 社保 ● 职业发展 ● 退休保险

从财务角度看，营业预算被分成收入和支出，结果被分类当成利润和损失。净收益（收入在减去支出后的留存），有可能对用于资本需求或者作为资本准备金以覆盖今后的损失的场馆基金支出有影响。会展场馆也有义务为未来的资本改善预留现金储备。因此，每当出现收入短缺时，就需要某种形式的自有资金补贴，以弥补整体经营赤字、偿债和资本储备基金。

年度营业预算除了能提供财务计划基础，还能为管理层提供符合详细经济条款下的一段确定时期的财务预估。公历年的预算始于 1 月 1 日，结算于 12 月 31 日。而会计年度（FY）预算始于任何特定日期并在 12 个月后进行结算。大部分的场馆，如演艺 / 文化中心和体育馆采用会计年度预算，在完整的赛季完成主要体育租户的财务数据。会计年度（FY）预算包含了两个公历年的月份，所以通常来说指这两年。例如，某个会计年度预算始于 2018 年 7 月 1 日，结算于 2019 年 6 月 30 日，则表达成会计年度 2018—2019 预算。

预算过程需要进一步的研究及远景规划，制作财务预估并向主管部门及所有者汇报。一旦营业预算是完整且被认可的，能提供持续的财政机制来帮助管理层制定财政计划和财政目标。营业预算的编制代表着管理过程中独特的部分，它需要经理对组织上下层次结构进行沟通。

场馆营业预算流程一般遵循以下四个阶段：

1. 研究和准备

场馆经理和财务总监对历史数据和项目活动量进行回顾，同时评估下一年的收益与花费，这些都是建立在他们行业经验及部门投入。

2. 展示

场馆经理和 / 或财务总监向场馆所有者和主管部门展示并解释预算初稿。

3. 批准

场馆所有者和 / 或主管部门必须正式批准预算。对营业预算的批准过程正常发生在下一新的会计年度开始之前。

4. 执行

在会计年度开始，场馆经理落实已批准的营业预算作为商业决策的工具。

Magruder，D.（2013）. Financial management. IAVM Monography. Coppell，TX: International Association of Venue Managers

场馆与场馆之间的预算过程时间安排各不相同。研究和编制会展场馆营业预算是个持续的过程，一般于下一会计年度开始之前的六个月就要着手准备，而展示和批准环节一般需要在下会计年度开始前三个月完成。

对于会展场馆管理工作获取成功，研究、编制以及对拟议的年度预算的有效展示极其重要。营业预算编制过程十分复杂，一般包括以下几个阶段：

- 收集和整理与会展活动经营预测相关收益及支出的数据
- 评估和预测场馆在当前市场和经济中的地位
- 根据会展场馆的使命宣言设定持续性的目标
- 了解会展场馆所处的整体经济和政治环境

会展场馆营业部预算可以采用多种预算方法。最普遍的两种是分项预算法①和增量预算法②。不论使用何种预算方法，营业预算都是会展场馆管理的重要工具，帮助展开设立目标、追踪过程和评估结果的工作。

四、改进生产设备费用预算

除了营业预算，大部分会展场馆还会使用改进生产设备费用预算，确定项目的主要

① 分项预算法是指以上一年度每一项目的支出数额作为基数，考虑各种影响因素或按一定比例，确定下一年度各项支出数额的一种预算方法。

② 增量预算法又称调整预算法，是指以基期成本费用水平为基础，结合预算期业务量水平及有关影响成本因素的未来变动情况，通过调整有关原有费用项目而编制预算的一种方法。

支出。资本预算又称建设性预算或投资预算，是企业为了今后更好的发展，获取更大的报酬而做出的资本支出计划。综合反映建设资金来源与运用的预算，其支出主要用于经济建设，其收入主要是债务收入。

资本性支出是指那些用于购置不动产、家具、固定装置、器材以及某些重大维修或改进项目的支出。尽管政策一直在变化，资本性支出通常是用于那些超过预订量并有着三年或三年以上使用期的资本。在场馆管理中，这些资本支出包括计分板、暖通空调置换、制冷系统、座位置换、新的便捷式篮球场和馆内交通工具等。

通常来说，场馆管理需要向场馆所有者展示五年内的资本性开支并每年进行更新。改进生产设备费用预算应当包括在企业的年度商业计划中。优质的资本性支出的预测和预算在对于会展场馆运营维护起到十分重要的作用。

生产设备改进费用的资金来源于营业收入剩余、指定税收或上级部门拨款。为改进生产设备费用预算做出计划调整是场馆经理的职责，同时也需要财务总监咨询和留意其他场馆各部门主管需求和建议。

五、财务报告

会展场馆财务管理系统的重要方面是对财务文件的创建和整理，为了场馆管理全面有效地执行，这些准确且及时的财务文件十分重要。有效的财务管理工具包括利润表和资产负债表以及资本支出报告。

所有由财务部门编制的财务报表必须遵循公认会计准则。规定了会计师在记录和汇总财务事项时所使用的标准和规则。同时，这些财务报表能够确定会展公司的纳税义务。

1. 利润表［Profit and Loss Statement（P&L）］

利润表是反映会展场馆公司各部门在一定会计期间经营成果的报表。会展场馆财务管理过程中，利润表能够帮助经理评估行式项目的业绩，并将实际发生的月度运营额与项目预算以及上个月的经营成果进行比较。利润表也叫作损益表或收入费用表，如表 4–2 所示，为截至 2018 年 4 月 20 日的 ×× 演艺中心利润表。

表 4–2　×× 演艺中心利润（2018 年 4 月 20 日）

运营收益	月末	年初至今
租赁	￥ 60 000	￥ 400 000
报销费用	￥ 26 000	￥ 310 000
特许权	￥ 80 000	￥ 520 000
餐饮招待	￥ 24 000	￥ 280 000
广告	￥ 10 000	￥ 100 000

续表

运营收益	月末	年初至今
佣金	￥ 6 000	￥ 40 000
其他收益	￥ —	￥ 5 000
营业收入合计	**￥206 000**	**￥1 655 000**
运营支出		
活动支出	￥ 75 000	￥ 525 000
建筑运营	￥ 65 000	￥ 475 000
活动服务	￥ 12 000	￥ 215 000
行政费用	￥ 20 000	￥ 148 000
市场与广告支出	￥ 5 000	￥ 38 000
票务销售	￥ 8 000	￥ 84 000
运营支出合计	**￥ 185 000**	**￥1 485 000**
营业净利	**￥ 21 000**	**￥ 170 000**

2. 资产负债表（Balance Sheet）

资产负债表亦称财务状况表，表现为企业资产、负债和所有者权益的状况。利润表反映了企业在一定时期内的财务活动情况，而资产负债表则反映了会展企业在某个特定时间点的财务状况。资产负债表尤其列出了场馆当下的财务状况，并为预测交易金额、确定时间节点以及未来现金流的不确定性提供了有用的信息。如表 4–3 所示，为截至 2018 年 4 月 20 日的 ×× 演艺中心资产负债表。

表 4–3 ×× 演艺中心资产负债（2018 年 4 月 20 日）

资产		负债和权益	
流动资产		**流动负债**	
现金	￥ 360 000	应付账款	￥ 1640 000
小额备用金	￥ 10 000	应付票据	￥ 1000 000
薪酬基金	￥ 80 000	应付借款	￥ 600 000
短期投资	￥ 3 340 000	增值税	￥ 40 000
应收账款	￥ 1 280 000	员工社保	￥ 20 000
存货	￥ 330 000	劳动者报酬	￥ 10 000
预付费	￥ 200 000	预付押金	￥ —
订金	￥ 80 000		

续表

资产		负债和权益	
流动资产合计	**¥ 5 680 000**	**流动负债合计**	**¥ 3 310 000**
固定资产		**所有者权益**	
建筑设备设施	¥ 2 140 000	酒店税	¥ 20 000 000
厨房设备	¥ 2 180 000	投入公积	¥ 1 500 000
特许设备	¥ 132 000	盈余	¥ 2 269 000
票房设备	¥ 160 000	所有者权益合计	¥ 5 769 000
办公室设备	¥ 360 000		
交流设备	¥ 510 000		
运输设备	¥ 640 000		
建筑发展	¥ 48 010 000		
固定资产合计	**¥ 5 3690 000**	**当期负债和权益总计**	**¥ 9 079 000**

3. 资本支出报告（Capital Expenditures Report）

资本支出报告反映了进行中或已完成的资本改良项目的财务状况。此报表帮助管理层追踪集资费用，从而保证整体支出维持在预算范围内。

六、成本会计

会展场馆财务总监的职责是通过系统流程来监测场馆及其各类活动的财务状况。在这些职能中成本会计是一项重要流程。成本会计确定并独立每个项场馆的财务活动，并确定其相关成本。通过这种过程，财务总监能够进行全面而深入的场馆财务状况评估。

关于财务管理和成本核算系统的精确性和深刻性的例子，从确定场馆内销售的一种简单饮料的价格所需要的彻底审查中看出。我们必须考虑到包含以下的场馆实际开支：

- 产品
- 仓储
- 存货
- 税
- 劳动力
- 纸制品
- 损耗
- 设备与累计折旧

同样的详细流程在确定租金和其他场馆的收入来源必须使用。财务总监应有能力去确定成本活动并且合逻辑、有效安排这些信息。场馆经理能够用这些信息作为管理工具：

- 基于当前经济要素测算场馆运营活动
- 协助场馆员工进行商业决策
- 判断场馆各商业部门的费用增加或减少

成本或分配对任何场馆都是一项挑战。成本分配过程中，各项难点都应被明确，包括如何分配公共服务支出，固定费用以及可变成本。然而往往无法得到明确的答案，因此场馆管理者一般使用成本分配方法进行决策。

成本分配是将成本分配给一个或多个费用类别，成本分配包括直接支出分分配和间接支出分配。直接成本是指那些可以归结为特定活动的具体支出，如活动服务劳动力、舞台管理、设备租借、餐饮和其他支出，都是在活动期间发生的。间接成本，通常是指管理费用，是那些不能对应具体活动的支出类别，如一般管理费用、劳动力工资以及保险等。间接成本是那些无论特定活动是否发生都会产生的成本支出。此类成本根据活动规模的变化而不同，但不能对应于特定的活动。

场馆间接费用是按比例分配到场馆及相关各部门的支出。开销被应用到非活动产品和服务中，因为管理部门需要记录所有与场馆管理相关的费用。认识和理解场馆间接费用支出的重要性以及如何影响货物和服务的最终成本是非常重要的。

当财务部门分配间接支出时，一般将其分固定、可变或者混合型三个类别。固定成本，如债务服务，服务合同和经常性专业服务；可变成本，如劳动、供应和在按活动比例改变的部分。混合成本同时包含固定和可变因素，如一位员工一周 40 小时的工作收入加上因为加班而获得的额外收入。

七、财务活动

除了实施和管理允许监控的过程场馆收入和费用，会展场馆财务总监还需要对日复一日财务活动进行监督，包括：

- 现金管理
- PCI（支付卡行业）合规
- 库存控制
- 固定资产管理
- 应收账款和应付账款
- 采购
- 活动合同
- 活动结算
- 审计

1. 现金管理

会展场馆必须能明确现金流，无论来源是票务销售租金存款、停车收款、特许权销售、餐饮销售或商品销售。在场馆管理中现金是首要考虑的问题。以下是大多数场馆员工在处理现金时遇到的一些普遍问题。

大多数场馆使用收银机或销售点系统。大大提高了现金抽屉和每个班次结束时手头现金与记录报告的交叉参照的调节效率。在场馆过夜留下大量现金会带来较大隐患，这可能通过使用夜间看门人、受控访问、报警系统、视频监控设备和安全保险箱来降低风险。如有可能，每日银行存款现金应通过装甲车服务安排。许多银行现在为客户提供扫描和远程存款支票服务。

突击性现金审计，也称为即期审计是场馆现金管理中十分建议的一种方式。定期进行的内部现金审计可以监督现金管理。票务所的现金审核或任何现金操作，应包括验证应付票款和产品销售的金额。

场馆帐户检查也必须安全和限制。所有支票应预先打印并连续编号。超过特定金额的支票应始终需要两个授权签名。会场的银行账户必须每月核对，以验证存款、余额和提款。无论何时员工水平允许，不负责处理存款或支票的个人应执行银行对账，以降低盗窃和欺诈的风险。

场馆现金管理的另一组成部分是对小额现金的控制。通常用于额度较小、意料之外的费用，发生在活动期间。场馆不应保有所需的小额现金基金。应制定使用小额现金账户的严格程序，定期核对。应明确规定未经事先授权和提交采购单，小额现金不是采购过程的一部分。随着经常使用场馆发放的借记卡、信用卡或采购卡，小额现金的使用变得越来越少，采用多种渠道支付方式是一大趋势。

基于上述挑战以及客户支出趋势，国内和国际的场所已转移到借记卡或信用卡系统。该行业正朝着无现金场馆前进，客户通过他们选择的借记卡或信用卡、支付宝以及微信等电子支付方式购买门票，或支付停车、场馆内商品和特许经营费用。

2. PCI 合规

全称 Payment Card Industry Data Security Standard，第三方支付行业（支付卡行业 PCI DSS）数据安全标准，是由 PCI 安全标准委员会的创始成员（visa、mastercard、American Express、Discover Financial Services、JCB 等）制定，在使国际上采用一致的数据安全措施，简称 PCI DSS。

PCI 对于所有涉及信用卡信息机构的安全方面做出标准要求，包括安全管理、策略、过程、网络体系结构、软件设计的要求的列表等，全面保障交易安全。PCI 适用于所有涉及支付卡处理的实体，如商户、受理机构、购买者、发行商和服务提供商及储存、处理或传输持卡人资料的所有其他实体。PCI 包括一组保护持卡人信息的基本要求，并可能增加额外的管控措施，以进一步降低风险，会展场馆管理也必须遵守这些标准。

3. 库存控制

财务部门必须参与监测场馆的用品和设备库存。供应品和设备必须存放在安全区域，并配备有入住 / 退房系统并执行。这种系统将减少盗用或浪费的可能性。建议对库存进行不定期或即时审计。此外，场馆主管负责维护和核算消耗性产品，如家务和一般维修用品。

及时提交设备和用品的请求，防止产生昂贵的紧急订单。当设备和用品需要投标时，遵守既定的投标程序可以加快过程并降低管理成本。当在场馆接收设备和用品时，应立即对其进行验证和记录，以确保订单的准确性。作为一般规则，用品应该以先进先出（FIFO）方法进行存货和存储，特别是易腐烂的物品。

4. 固定资产管理

固定资产包括土地、建筑物、设备和家具。固定资产是为在场馆运营中使用而获得的有形项目。它们是长期性质的，通常随着时间的推移贬值。

5. 应付账款和应收账款

应付账款是指对他人购买的货物用品或服务的欠款。应付账款的发生是由于接受货物或应付账款之间的滞后时间，应该作为应收账款努力并彻底地管理。

应收账款是指产品和服务的计费和收取。处置应收账款的程序应由场所经理和财务总监确定，并严格遵守。所有应收账款应经常审查以真实付款。

6. 采购

很多会展场馆属于国有企业管理或归公共部门管理，因此，在购买货物和进行服务采购的过程中有一定的政策和程序。场馆管理者必须遵守其管理机构制定的政策和程序。管理者必须向其市政当局所有者汇报，迅速和谨慎地做出财务决策，以便更有竞争力。

场馆管理者为客户提供有效的服务，会因以下事实而变得复杂：购买政策可能禁止及时获取必要的工具，以确保为客人提供积极的活动体验。管理层在可能的情况下，预测与活动相关的购买变得极为重要。

如前所述，借记卡的使用近年来急剧增加。类似于个人 / 商业信用卡，一些场馆雇员或部门主管可以使用这种付款方式代表会场或活动购买商品和服务。这些卡由贷款机构发行，由财务总监分配，并附有具体的使用指南。

会展场馆财务部门应根据采购政策核实所有的采购，无论使用何种付款方式完成交易。大部分场馆每年花费数几十万甚至上百万元商的品和服务，这是一个非常重要的过程。此外，应与场馆服务供应商建立稳固的关系。这些供应商可能对赞助、标志、豪华套房和 / 或俱乐部席位的机会感兴趣。

7. 活动合同

所谓活动合同是两个或更多方就活动的执行所达成的协议。大部分情况下，活动合同存在于场馆和艺术家代表、展览会等的商业促进机构之间。合同创建用于规定两个组织之间的业务义务和财务责任。活动合同一般包含以下内容：

（1）要约与承诺。

（2）意图建立法律关系。

（3）能力（两个组织的授权代表）。

（4）充分考虑（一方能向另一方提供什么）。

（5）条款和条件的确定性（如果过于模糊，可能无法执行）。

活动合同一般是出租或租借协议，允许场馆或其一部分在特定时间段内租用于特定项目或活动。场馆从活动发起人收取对于场馆使用的约定的经济补偿即租金。除了租金外，活动发起人通常还向场馆报销活动人员等费用，如招待人员、检票员、安保人员、舞台工作人员以及设备租赁等。租赁方式可以有多种形式，主要取决于场馆和活动类型。一般而言，租赁合同结构包括全包，租金和费用，基于使用空间的可变租金以及票的百分比。表 4–4 概述了常见的租赁结构。

表 4–4　常见租赁结构

合同类型	说明
全包	固定费率包括租金和大部分其他费用
平租 + 费用	平租是一定数额，大多数其他活动费用是结算中的项次
基于使用的空间的可变租金	可以基于展示空间和 / 或使用的会议室的单位面积加上费用
门票的百分比	租金根据售票的百分比加上费用
每人 + 费用	租金基于出席活动固定人次加上其他费用
每人	租金基于人次的固定金额

某些情况下，场馆本身是活动发起者。场馆方直接与活动需求方达成协议。一般情况下，艺术中心的表演会采用这样的模式，如美国百老汇的一些剧院。

很多场馆每年都会签订大量合同，场馆经理掌握并成功使用不同的谈判原则和战略是非常重要的。与一般的合同谈判不同，场馆管理人员经常以同一方针对不同类型的合同进行谈判。敏锐的场馆经理应牢记客户关系发展和培育的必要性，同时努力为场馆和活动发起方谈判达成满意的交易。许多成功的场馆管理者将此描述为“双赢”谈判战略。这是因为长期和互利的关系，对于交易双方而言都有极大的好处。

大部分的场馆管理过程中，场馆经理在财务总监的协助下进行合同谈判。场馆管理员工将向场馆经理提供大量与活动发起方相关信息，包括市场营销、票务、运营、食品与饮料。为了使场馆保持竞争力，管理层必须了解市场以及懂得如何利用有利因素进行合同谈判。

一旦场馆工作人员回溯发起人的活动要求，财务总监将收集所有信息，并创建活动前的预算。场馆经理将使用估算结果与活动发起人谈判活动合同。场馆经理还可以在结算期间参考估算的文件以帮助解决各类问题以及处理活动发起方的各种诉求。对于活动合同的精细处理，有利于实现成功的场馆运营与管理。

8. 活动结算

活动结算是活动发起人和场馆管理方依据活动合同约定进行资金分配的会计过程。这个过程按照约定的时间节点进行。大部分的商业活动中，计费和收款活动发生在销售交易发生之后。账单已签发，付款通常在月末或三十天内支付。当然，场馆中的结算过程可以在活动日期间发生，并且偶尔也可能在活动举办的时候进行结算。这一过程进行资金的分配，活动各相关方及时支付累积的账单。表 4–5 概述了基于场馆和各种类型活动常见的结算时间。

表 4–5　基于场馆和活动类型的结算时间

场馆类型	项目类型	公共时间轴
剧场	音乐会	活动之夜
文化 / 演艺中心	场馆租户	月结
	音乐会	活动之夜
	赛事	月内
会议中心	会议	月内
	展览	月内
	宴会活动	一周内
剧院	当地活动	下一工作日
	多日游乐活动	最后演出后
体育场	场馆租户	月结
	音乐会	活动之夜
	竞技比赛	月内

场馆的结算方式和对象取决于活动的内容和时间。例如，由表演艺术中心发起的旅游演艺活动的结算需要来自被授权场馆代表和来自通常是旅行公司代表。根据合同，顺利完成解散的各类文件包括：

（1）售票处审计报表，详细说明和证明票的分配和相关收入。

（2）活动支出的发票。

（3）内部装备，包括舞台、音频 / 视频、悬垂和实用设备。

（4）活动劳务支出，如舞台管理、警察、招待员以及安保。

（5）专为活动租用的设备。

（6）后台餐饮及用品发票。

（7）带有备份材料的广告发票。

活动结算时，场馆可从门票收入中收取租金和费用，或收取相当于主办方或艺人对场馆合同约定的费用。场馆管理与活动发起人合作，以促进收入盈余的分配。在活动当天需要现金的活动发起人有义务提前通知场馆。一旦场馆代表和活动发起人签署最终结算，资金可以通过场馆支票进行支付，但一般是通过银行电汇支付。活动场馆，特别是大型活动场馆，一般要求活动发起方在进场前 2 周之内结清所有款项，并交付一定比例的备用金。

9. 审计

审计是对场馆的财务、运营以及管理过程的审查。审计可以是由公司内部财务部人员，也可以邀请第三方审计公司进行。计划内和计划外审计确保场馆健康财务状况的有力工具。

计划内的外部审计通常是每年一次，内部审计可以定期或在任何时间根据具体的需要进行。计划内审计过程包括合同、广告协议、售票处收据、结算单、工资单以及向供应商，客户和客户付款的审查。必须特别注意负责进行内部审计的人员，以确保不发生任何偏袒或串通。虽然部门可能被随机选择进行审计，但必须建立系统，以确保所有部门在指定的时间框架内进行审计。

不定期的外部审计极为罕见，只发生在潜在的不当行为的情况下。当发现了重点关注区域时，可以使用计划外的核。一般来说，所关注的领域可以使管理层能够确定所讨论的问题，并提出解决方案。

外部审计期间，经过一系列的调查、审查和讨论之后，向场馆经理提供审计报告。然后经过讨论，再将审计报告递交给政府机构并进行存档。

尽管对于场馆的人力资源分配来说审计会消耗一定的时间和精力，审计结果将作为场馆管理者及政府机构评估整个组织运营情况的有力参考。

第二节　会展场馆人力资源管理

会展场馆的人力资源管理相较于其他组织架构的人力资源管理略微显得简单一些。场馆的各个部门都承担识别、招聘、雇用、培训以及管理场馆雇员的职责，但营业部通常会设计专门的就业政策和流程，并提供行政支持。他们将处理所有场所员工就业、福利、工人补偿和工资问题以及负责招聘全职、兼职和与活动有关的工作人员。会展场馆根据活动举办的“潮汐”性特点，员工分为全职员工和临时员工；依据管理内容的专业性，分为自有员工和外包员工。根据场馆的大小，大部分场馆雇用相对较少的全职员工，在活动举办时雇用较多的临时员工。

一、全职员工

会展场馆经理最重要的职责之一是挑选那些有能力的、经验丰富的和专注的人员，并将其安排的合适的岗位，以满足场馆运营的需要。有技能丰富的全职工作人员可能是场馆运营取得成功的最重要因素。经验丰富的工作人员能够独立处理日常运营责任，场馆经理就能够专注于与组织总体使命以及商业竞争等其他方面的战略制定。

活动的类型和数量以及场馆是否有租户，决定场馆全职工作人员的规模的主要因素。小型场馆的全职员工通常包括一名场馆总经理，一名财务总监 / 经理，一名运营经理和 / 或建筑监督 / 工程师。相较而言，大型场馆的全职员工规模更多一些，工种更复杂一些，包括各部门的总监、经理、主管和协调员，以及支持安全、营销、餐饮、特许、票房、活动协调和物业的员工。

全职员工可以是带薪雇员或小时雇员。带薪员工按正常工作时间和活动时间表要求的正常时间工作。受薪雇员每年领取年薪，根据不同场馆管理方规定，受薪雇员可能会获得年度奖金。在某些情况下，由于受薪雇员经常工作的延长或是额外加班，场馆管理者可以提供额外的休息时间进行补偿。

一般情况下，全职员工每周工作四十小时。这些时间可能在正常工作时间，或由其主管决定，可能会超出传统的九至五天。会展场馆业务的性质要求员工在活动安排要求时工作。这些员工每小时收取一次费用，场馆可能向其支付加班费，如工程技术部人员、餐饮提供人员等。

二、临时员工

临时员工是指那些按小时结算的或是基于项目工作的人员。临时员工一般根据场馆举办活动的需求或是场馆运营的需求雇用。项目导向的临时员工按照具体项目需求完成工作，如一些工程技术人员，像管道工、木工等。会展场馆的管理相对于其他行业的管理比较独特，活动"潮汐"性的特点需要大量的临时员工和小时工满足活动举办时的劳动力需求。因此，在场馆管理工作过程中，需要花费较多的时间系统而彻底地记录场馆临时员工的工作内容。

无论场馆的类型或位置，很少有活动的所有工作人员都是全职员工。这些工作人员可能是招待员、检票员、售票员、安保人员等。从这些工种可以发现，会展场馆的临时员工都是数量需求较大、从事工种相对简单的劳动力。而会展场馆人力资源管理的重要职能是协助管理层识别、培训和保留能力非全日制的工作人员，以确保场馆及其活动的成功运行。

临时员工的招募可以通过组合方法来实现，包括内部管理和兼职，如场馆内部员工临时承担识别、招聘、雇用、培训、管理、保险和支付的职责。服务供应商根据活动需求的项目，选择合适的长期的服务供应商，由服务供应商提供临时性的大量劳动力，如大型活动时的配餐、送餐服务（与送餐公司签订合同），大型活动时的安保服务（与物业公司签订合同）。另外就是与地方院校合作，通过校内行政管理部门招募大学生承担一定的临时性岗位。

三、人员培训

新员工对工作场馆的政策和工作流程知晓以及掌握员工培训计划的关键部分。培训过程应该是组织良好的过程，旨在帮助新员工了解会展场馆的总体目标和目标以及员工未来所从事的工作在实现这些目标中的作用。人员培训的内容包括员工手册、定向视频和面对面会议。此外，场馆管理方可能需要对某些职位进行入职前的背景调查。

培训为新员工的发展提供指导和帮助。培训计划通过一系列演示练习或是资深员工的经验分享，来指导新员工解释如何进行业务操作。虽然定向培训是一次性活动，但培训应该是员工发展过程中不断进行的一部分。有效的培训包括传统教学以及视频培训、演讲嘉宾、在线培训模块、角色扮演和情境模拟演习等。此外，针对全职员工和临时员工，培训的内容也会有所侧重。

1. 全职员工培训

新晋全职员工接受人力资源代表的基本定位信息内容培训，一般采用员工手册的方式，解释有关薪酬、福利、员工行为守则以及组织政策和程序的详细信息。新晋员工通常需要签署手册确认并同意遵守其内容的相关文件。人力资源代表还可能与新晋员工分析场馆使命描述、具体的工作职责以及探讨职业发展等内容。

大部分全职员工经过挑选，因其具有的独特技能和专业知识被场馆方聘用，但在正式入职工作前就场馆行业一些独特的方面仍旧需要额外的培训。例如，会计人员必须学习和了解有关场馆财务结算的细微差别，并且操作员工必须学习有效转换所必需的过程。为了使场馆保持竞争力，持续有效的全职员工培训是必不可少的。

2. 临时员工培训

临时员工通常缺乏活动或是场馆运营的经验。因此，在工作开始前，对临时员工进行有效而恰当的培训，是活动成功的质量保障。临时员工的培训一般由各部门富有经验的全职员工来完成，包括停车、制服要求、时间表核对、支付周期、训练流程等信息的传达，以及场馆管理方对这些工作的基本期望和一般的场馆管理政策和流程。

对临时员工的培训及对其个人工作要求更具体，包括客户服务、设备操作、活动沟通流程、活动政策及流程、安全和安保问题以及应急准备等关注点。一般而言，人力资源管理对临时员工的管理参与度有限，支付临时员工的薪金和入岗前的材料准备。

场馆经理有义务确定最有效的员工培训计划，并进行贯彻落实。培训计划应与场馆运营的总体目标保持一致。场馆管理人员应记录并保存每一位成功完成迎新和培训项目的员工的可验证记录。

【小结】

会展场馆的成功取决于有效的商业和财务运作。场馆管理是一项复杂的过程，想获得成功，场馆经理需要财务总监的有效协助。会展场馆财务总监最重要的技能之一是对行业接受的财务管理原则掌握，且具有解决场馆管理与其他行业差别的财务专业知识。

场馆经理与财务总监之间必须建立非常紧密的关系，帮助在面对无法控制场馆管理的各种因素的情况下创建和进行场馆管理场馆年度运营预算。

与大多数企业一样，会展场馆的管理层和员工不仅要通过用于管理收入和支出的过程和系统进行评估，还需要根据各自的职责如何使其他部门能够有效地追踪这些收入和支出，对他们进行评判。因此，有效的财务管理在场馆管理中占据了重要的作用和地位。

【复习思考题】

1. 简述会展场馆财务总监的职责及其需要具备的能力。
2. 会展场馆财务活动内容包含哪些？简述各财务活动的具体内容。
3. 描述会展场馆全职员工和临时员工的特点，并对其工作职能和岗位需求进行简单比较。

第五章

会展场馆预订

【学习目标】

1. 掌握会展场馆的预订流程
2. 了解什么是日期保护，预订经理如何在日期保护的情况下尽可能地出租场馆
3. 掌握活动合规的重要性
4. 掌握会展租赁合同的要素

【章前引文】

预订是场馆最终产生收入的方式。租金、联合促销和内部促销是主要的收入来源。市场竞争环境、场馆的规模与类型以及每年活动预订的数量，是产生这些收入的主要决定因素。

会展场馆所供给的是时间与空间的使用，了解这些资产的价值及其易逝性至关重要的。用于管理场馆时间和空间的日程安排，是预订经理控制这些资产的重要工具。对相关文件及其日期清单必须进行有效的管理，以最大限度地提高利润，并尽量减少可能产生的负面影响。

多数情况下，特别是规模较小的场馆，场馆经理掌握着预订的职责。根据场馆类型与规模的不同，负责场馆预订管理的也可能是场馆经理助理或是销售总监。在一些特定的情况下，场馆内活动数量多到一定程度，场馆有可能设置专门的预订经理。本章的阐述过程中，预订经理指代预订场馆的负责人，无论其职务是场馆经理还是其他职位。

对每位预订经理而言的最大挑战是，依据本场馆的使命和公共目的，以及管理场馆运营的经济预期，制定完整而多样时间表。对于可行的活动竞争是十分激烈的。如何在如此复杂多变的环境中获取成功？预订经理必须具备特定的素养，而场馆管理部门必须支持他们付出与努力，并为此创造有利于成功预订活动的环境，以下是成功所必须具备的条件，包括：

- 广泛的行业存在和良好的行业关系
- 诚实与诚信，赢得活动发起者的信任
- 在双方协商交易时具备一定的灵活性
- 能够以超出预期的方式管理场馆
- 在技术人员的支持下促进活动
- 有意愿与活动发起者共同承担风险

活动——作为成功预订的结果，对于所服务的会展场馆所在社区十分重要。会展场馆之所以变得越来越重要，因为其不仅能提高本地居民的生活质量，推动地方经济增长，与之同时提升所在地区、城市乃至国家的美誉度与知名度。究其根本，会展场馆成功的关键是能根据场馆所有权和市场需求有效地识别和预订活动。这也是会展场馆存在的原因。本章将就预订活动、行业关系和确保活动安全所需的流程的原则和实践进行论述。

第一节　会展场馆预订原则

一、预订程序与权限

大部分的会展场馆有自己的预订政策和程序。这些政策和程序规定了会展场馆分配日期的优先事项。预订经理将在租金和费用返还、搭建和拆除时间等方面具有灵活性，如有必要，还可更改日期，以帮助活动实现效应最大化。

从某种意义上讲，场馆预定管理是一种关系的管理。预订经理与活动发起人之间并没有非常规范和明确的规则。在这个相对封闭的专业领域，预订管理者和活动发起者之间的相互信任对于合作是非常必要的。如果活动发起者不能信任预订经理的话，则活动发起者就不会选择这个场馆。国外一些预订经理可以根据与活动发起者的密切程度，不要求对方支付不可退还的订金。而我国无论预订经理与客户之间的关系如何，场馆的预订政策都会要求活动主办方支付一定比例的订金。

最重要的预订职责之一是会展场馆时间表的管理。系统的预订程序能避免重复预订，降低活动流失的风险。在整个过程中，有必要明确活动时间安排人的权限，最好是由预订经理独立负责场馆活动时间的登记与删除。

二、场馆日期安排

预订经理的终极目标是制定较为全面的时间表。一张安排合理的场馆时间表应能同时满足商业活动需求，并符合社区的期望以及场馆自身的安排。一项多样化的活动计划，是在了解活动发起人、活动消费者的需求，结合场馆管理机构的考量，同时考虑到场馆现有设备设施参数以及人员安排的限制之后，进行合理、有效的安排。

实现多样化的时间表需要对场馆建造发起方有较为透彻的了解。场馆预订时，必须考虑市场中其他活动的时间和内容，以及可能会影响销售时间节点和竞争对手。在预订活动之前，还应考虑本地区以及本国的公共假日、传统节日以及社区居民的度假习惯。此外，还需要进一步关注那些本地区以外，但是可能影响该地区的其他活动。以上这些因素，在制定场馆时间表时，都应予以充分考虑。

在美国芝加哥曾经发生过这样极端案例，同晚上，在邻近的两个会展场馆——音乐厅举行一次大型交响乐，而隔壁的体育馆进行一场 80 000 人出席的橄榄球赛。这两场活动在同一时间段、同一社区举办，不仅给周边的交通、安全造成了极大的安全隐患。在活动举办的过程中，也可能会相互产生影响。

三、用户优先

正如其他的商业领域，在场馆预定管理时给予最佳客户优先权。通过给予主要租户或场所用户的优先级可以帮助确保吸引高水平的活动。大部分情况下，优先策略和标准被明确定义并写入预订政策。

一系列诸如场馆的经验目标和愿景、市场以及社会与经济环境、社区人口、活动的数量以及场馆的承载力的因素，都能会展场馆的日程安排提供指导或参考。如果试图举办不适合场馆及社区的活动，或与场馆主要租户发生冲突，都可能给会展场馆带来负面影响。

建立优先政策的关键在于特定场馆对应专属活动的使用。例如，演艺中心理所当然考虑为本社区内的艺术活动服务，包括交响乐、芭蕾舞和戏剧团体。那么场馆方在进行时间安排时就应该优先考虑给此类活动时间。会议中心应优先考虑大型会议，而不是那些展销会。

了解会展场馆的目标或使命还可以帮助解决预订优先级与场馆收入发生冲突时产生的问题。以 ×× 会议中心为例，该会议中心就优先预订事宜进行了活动预订的优先等级划分：

第一等级给予那些在活动期间至少使用会议中心 1500 个房间及以上的，并且不向公众开放的协会会议、贸易展览，公司会议及类似活动。

第二等级给予那些活动期间，使用超过 100 000 平方英尺，但使用不到 1500 个房间的协会会议、贸易展览或消费类展览以及公司会议。第二优先是至少租赁 48 000 平方英尺的展览空间并租赁至少容纳 600 人宴会厅的活动。

第三等级优先考虑小型消费类展览、地方公司会议、节庆活动、宴会和其他主要吸引或吸引公众和当地参与者的活动。

第二等级的活动预订不提前超过 18 个月确认；第三等级的活动预订不提前超过 12 个月确认。

值得注意的是，会议中心预订业务相比于其他会展场馆更复杂，因为在整个操作过程中牵涉更多利益相关方。会议中心的总经理、会议观光局（Convention and Visitor Bureau，CVB）以及地区酒店代表的战略合作是极为重要的。通常情况下，会议观光局是大型活动的推广机构，负责推广会展中心的日程表，安排 18 个月及以上的活动，而场馆管理团队则专注于短期预订。另外，CVB 或酒店将安排活动参与者团队的住宿。这个过程确保了在会议、活动以及贸易展览在特定日期的出席者的必要住宿客房。基于酒店、CVB 和会议中心之间的这类相互协作关系，一些大型活动或会议的安排可以提前 7~10 年预订。

最为重要的是，会议中心总经理如同所有场馆管理者，承担与社区其他场馆或单位进行合作的职责，以确保社区的长期规划与目标得以实现。与此同时，场馆管理经理致力于开展场馆建设目的的传统活动有条不紊地举办。大部分情况下，优先考虑的是根据活动对当地酒店房间夜数的影响来安排日期，因为会议代表需要大量的住宿客房。因此，大型会议在场馆预订的优先等级要高于小型会议及小型展览。

社会的需求不断发生变化，场馆经理必须不断观察这些变化，并相应地做出场馆安排的调整。此外，随着社会兴趣和行业标准的不断改进，场馆经理需重新审视和制定会展场馆的使命宣言，以反映当前市场的需求。

第二节　会展场馆预订流程

一、场馆预订时间表

会展场馆的类型千差万别，各类场馆举办各类活动。而每一类活动对场馆都有不同的要求，如究竟最晚在什么时候进行场馆预订，尽可能地预订到合适的场馆，这些情况不一而足。大型体育场馆一般要求音乐会的预订在活动举行前的十八个月确认，会议中心的小型会议提前三周确认即可。

对于那些有租户的场馆，如运动队或常驻表演艺术公司，优先确保日历上的活动如期举行。随后，预订经理才能将空闲的时间作为其他活动预订。一般而言，各类型场馆的预订提前期如表 5-1 所示。

表 5–1　各类场馆预订提前期

序号	场馆	提前期
1	露天剧场	3 个月 ~2 年
2	演艺 / 文化中心	3 个月 ~3 年
3	会展中心	3 个月 ~7 年
4	剧院	3 个月 ~2 年
5	体育场	6 个月 ~2 年
6	展览馆	6 个月 ~10 年

一些超大型活动的提前计划期更长，如全国大学生运动会、奥运会以及一些政治性会议，可能需要提前五年或以上确认。

二、活动预订过程

所谓预订是指为活动确定适合的场馆，联系活动发起方，并参与谈判并达成合同的过程。从会展场馆经理和活动发起者双方的角度来看，预订的过程就是双方针对场馆使用时间、面积以及成本的达成初步的意向。

如前所述，预订经理的职责在于密切监测各种变化，利用日程表或软件程序，在场馆日程安排的"预订"项，进行活动增加或删减。采用计算机软件能够帮助尽量避免重复预订，有的软件还会提供其他服务功能，诸如票务、会计、安保以及调度等。不管使用什么预订系统，"人多误事"的老格言也非常适用于场馆预订。也就是说，当场馆预订过程涉及多个人，那么在这些人之间必须进行良好的沟通与协调。

即便只有一到两个人参与实际预订过程，还是要采取以下这些措施以确保预订的准确性：

- 通过电话 / 电子邮件提供使用信息（即场馆的可用日期）
- 向潜在客户发放标准租赁申请表
- 对客户进行背景调查
- 发布标准租赁协议
- 确保按要求及时按时收到执行协议、所需存款和保险证书
- 回答潜在客户的例行问题

首先，确定场馆是合适的、可用的，并且在经济上可行，活动发起者才会与场馆方签署合同。同样地，展览会主办方不可能在无法确定展览会举办日期、地点和费用的情况下招募参展商。活动的举办和实施还要包括广告、票务、市场营销、人员配置以及服务供应商。所有这些对于活动的成功至关重要，同时预订过程也取决于这些因素。一旦预订过程完成，活动的举办正式开始。活动预订过程根据最新的场馆日历进行，一般包

括以下步骤：

（1）活动发起者对场馆信息查询。

（2）活动发起者对场馆可使用日期查询。

（3）活动策划方的场馆设备设施要求。

（4）同类竞争活动查询。

（5）活动发起者对举行日期的要求。

（6）确认活动执行者。

（7）活动合规。

（8）租赁条款谈判。

（9）确认发起者在场馆举办活动的日期。

（10）场馆方发出租赁协议。

（11）选择售票活动的销售日期。

（12）场馆方接收已签署的租赁协议和保险证书。

（13）活动营销。

以上步骤是场馆预订过程的理想顺序，但是经验丰富的预订经理会根据具体情况灵活调整，确保场馆出租率和产出效率的最大化。例如，可能有最后一分钟预订活动的机会，活动发起者可能不熟悉预订过程，或者发起者可能是场馆的老客户。

三、活动合规

场馆预订过程中的关键步骤是对那些可能举办的活动进行合规。无论是场馆自己举办活动（场馆方根据合同约定承担活动举办所有财务风险），还是与合作营销方共同举办的活动（与合作营销方按合同约定共同承担财务风险），抑或仅仅是场馆租赁（向租户 / 发起者提供场馆租赁空间，无须承担任何直接的财务风险），场馆预订经理必须回答以下几个常见问题：

（1）活动发起者是否具有一定的经验，权威和财务资源？

（2）活动的主题或内容与场馆的使命宣言或经营目标是否一致？

（3）活动所要求的日期、时间段和空间是否可行？

（4）从场馆预订期望的角度考量，该活动是否适合？

（5）场馆是否能容纳活动的举办？

（6）场馆是否能满足活动发起方对员工、市场营销、物业等配套服务的要求？

（7）活动是否会对场馆经营产生负面的影响？

（8）场馆日程表上是否有类似的活动，是否会混淆公众对活动内容认知？

预订经理有责任确认潜在客户是否合法，并根据以上的问题回答决定是否将场馆进行出租。基于商业的公平性和可持续性，场馆管理应该有租赁申请程序，确保所有新的活动发起人或潜在租户 / 客户是合规。对于场馆的老客户而言，不一定需要经过租赁申请程序，但建议场馆管理方对新客户进行资格验证。

此外，还可以通过活动发起方的银行和财务证明，通过其主办过的活动，向之前租赁场馆的经理进行询问，来帮助确定活动发起人的场馆预订资格。在此过程中，活动发起方所要求的日期仍可暂时保留，但所有预订要求的最后期限必须满足。

场馆经营成功与否很大程度上取决于与其接受业务的流程。经验丰富、信誉良好并且财务状况良好活动发起者对场馆经营的成功至关重要。然而，一些发起者不能满足必要的要求。场馆方为取得最佳利益需要有效地进行资格预审，以尽量减少与可能失败的活动发起者的合作风险。以 ××× 会议中心为例，是在活动发起方递交租赁申请时需要提供《租赁申请信息表》。

【案例】

场馆租赁申请

××× 会议中心租赁申请表

请阁下提供以下资料，以协助审阅及考虑场馆租用的要求。以下所提供信息的准确性和完整性是非常重要的，这些信息将是考虑您申请的关键因素。请尽可能详细和具体。在管理层正式批准此申请并正式签署协议之前，场馆方和租赁申请人之间不存在任何法律或约束力的承诺。

活动名称：________________

活动类别：□消费类展览　　□会议

　　　　　□贸易类展览　　□其他（请在以下具体描述）

活动描述：________________

____

预计日客流：________________

场馆租赁面积：________________

场馆租赁时间（进场 / 撤场（日））________________

活动进场 / 撤场具体日期________________

是否为付费活动　□是　　如果是，请列明票价________

　　　　　　　　□否

活动举办方：________________

地址：________________

城市________　　国家________

联系方式________

活动负责人＿＿＿＿＿＿＿＿＿＿＿＿＿＿＿＿＿＿＿＿＿＿＿＿

请问您是通过何种方式知道本会议中心？

＿＿＿＿＿＿＿＿＿＿＿＿＿＿＿＿＿＿＿＿＿＿＿＿＿＿＿＿＿＿

银行与信用担保

银行＿＿＿＿＿＿＿＿＿＿　　账号＿＿＿＿＿＿＿＿＿＿

已经举办过的活动（请列出活动名称、类别、举办日期、所租赁场馆的名称与联系方式）

1.＿＿＿＿＿＿＿＿＿＿＿＿＿＿＿＿＿＿＿＿＿＿＿＿＿＿＿＿

2.＿＿＿＿＿＿＿＿＿＿＿＿＿＿＿＿＿＿＿＿＿＿＿＿＿＿＿＿

3.＿＿＿＿＿＿＿＿＿＿＿＿＿＿＿＿＿＿＿＿＿＿＿＿＿＿＿＿

其他补充：＿＿＿＿＿＿＿＿＿＿＿＿＿＿＿＿＿＿＿＿＿＿＿＿

＿＿＿＿＿＿＿＿＿＿＿＿＿＿＿＿＿＿＿＿＿＿＿＿＿＿＿＿＿＿

签字人＿＿＿＿＿＿＿＿　　职务＿＿＿＿＿＿＿＿　　日期＿＿＿＿＿＿＿＿

有很多原因可以解释为什么潜在的活动发起者或会议策划者在缺乏主办权的时候申请场馆租赁。虽然这些原因大部分情况下是合法的，但场馆经理所需要谨慎对待的是因疏忽大意而作过多承诺的日期，以防止会展场馆因为那些虚拟的租赁而被占用。

预订经理需要对所有与递交租赁申请的活动的风险和可信度进行评估。例如，这些活动是否可能会在社会上引起争议？然而潜在的争议不应该成为拒绝的理由。在美国，根据管理机构运作相关的法律和法规，场馆管理机构拒绝认为不当的活动可能是非法的。此外，如果发起者在法院寻求帮助，场馆为证明拒绝举办该活动的合法性可能更多的时间、精力以及金钱，并有可能对会展场馆声誉带来负面的影响。一般情况下，预订经理在进行预订决策时，需要回答以下三个问题：

（1）所要举办的活动是否安全？

（2）所要举办的活动否符合法律法规？

（3）如果不是，是否可以通过补救来符合相关法律法规的安全要求？

即便这个有吸引力的活动是安全的，符合所有法律法规要求，同时符合会展场馆的政策和程序，预订经理也应向申请者提出同样的问题。

场馆预订不仅仅是简单地接听电话。场馆预订是作为活动发起者可信赖的合作伙伴，具有一定的责任。预订始于发起人员联系场馆的预订经理，了解场馆信息和可用日期。预订经理有责任通过培养潜在的活动发起者来确保场馆未来的业务。工作能力强的预订经理将寻求创建新的和/或替代的机会来将场馆日期安排尽可能填满。

场馆方应向活动利益相关尽可能提供利润最大化、风险最小化的环境。培育和维护活动发起者和场馆管理者之间关系的基本要素，包括保持与这些个人的密切联系，不断了解潜在的会议和贸易展览的客户。此外，创造信任感和建立牢固的关系对于有效的长期合作关系至关重要。

在维持预订的成功率中，声誉和个人关系变得至关重要。不道德的活动发起人通常会承诺和宣传具有吸引力的活动或者演出，但实际上提供的是不太受欢迎的活动。因此，预订经理需要确认活动的内容或是表演者是很重要的，这可能需要预订经理直接联系旅行社或代理商以验证预订举办日期的活动发起者的合法性。

四、主要租户和年度活动

许多场馆会根据多个主要租户制定年度和长期的活动时间表，例如：

- 芭蕾舞团
- 家庭剧场
- 歌剧
- 体育赛事
- 交响乐团
- 年度贸易类和消费类展览

主要租户通常要求的举办时间，可能会大于实际需要的时间段。一旦主要租户的日期确认，场馆就可以开始其他活动的预订。如果不能有效管理，主要租户实际需要的时间段确定太晚的话，场馆就无法进行其他活动的预订。

对于演艺 / 文化中心和一些场馆的特许经营，活动主办方要求场馆封闭至赛季季后赛日期，这个预订过程变得更加困难。对于职业联赛，如果球队直到季后赛被淘汰，体育馆可能都没有足够的时间将场馆租赁给其他赛事。

主要租户对于大部分场馆的经济效应是非常重要的，因为他们能给场馆带来以下好处：

（1）保证每年在场馆中举办一定数量的活动。

（2）显著提高场馆某些方面商业价值，如冠名权、饮料许可权、广告标识牌以及高级座位（套房、俱乐部座位、包厢、派对套房等）。

（3）通常是辅助活动收入的最佳和最可靠的驱动因素，如特许经营和停车。

大部分场馆每年举行多日家庭表演、大型音乐会、贸易或消费展览或特殊活动。此信息必须提供给主要租户，以协助其确定其最终日程。同样，艺术场馆经理将保留商业巡回演出的黄金时段，同时仍举办非营利表演艺术组织的季度性活动。

五、举办日期

活动发起人一般根据场馆可使用的日期将其分为三个等级：暂定的、确认的（但尚未签署合同）以及签约的。虽然不同的会展场馆可能对于这些级别有不同的名称，并且一些可以具有中间级别，但一般按这三个类别划分。预订代理中介试图安排好活动（以最快速和经济的方式从地点到地点的日期排序的过程），一般会请预订经理在场馆日历上暂定开放日期。这一试探性的暂时预订只是告诉预订经理，推广方对租赁场馆很感兴趣。

一旦预订经理同意具体的日期，活动发起方就可以进行以下假设：

- 活动可以在该场馆某一特定的时间举办
- 与场馆时间表上的其他活动不发生时间上的冲突
- 该场馆具备举办该活动的能力
- 该时间段将继续保留，未经活动发起方同意不得重新分配

预订经理通过将此日期设置在场馆日历上，相信活动发起者：

- 认真执行整个活动或者表演
- 有权力预订日期
- 具有举办活动的财务能力
- 如果认为不再可行，将立即释放并空出该段时间

高效地将这些活动安排到各区域的场馆是一项艰巨的任务。许多活动要素必须组合在一起。尽管场馆管理者对于举办日期过程内置的自动切入是谨慎的，但当活动发起者提出延长场馆使用时间时，场馆管理者也应当表现出积极的态度。这有利于维护与活动发起者之间良好的关系。

一旦活动的确切时间被预订，预订经理要立刻意识到其他未被占用的时间段应尽快释放到市场上。活动预订一旦确认，场馆方将发出一份合同，合同内容包括合同签署的最后期限、所要求的租金以及搭建时的押金等等条款，如表 5–2 所示。

表 5–2　预订时间确认

步骤	流程
暂定的	询问： ● 日期是否可获得？ ● 有没有活动？ ● 潜在使用者合规吗？ ● 是否同意合同的基本事项？ 如果对以上回答都是“是的”，可以开始确认具体的日期
确认的（尚未签约）	● 活动发起者合规 ● 合同事项协商 ● 合同谈判 ● 对日期的再次确认
合同签署	● 合同签订并寄回 ● 支付订金 ● 设备合同签署 ● 票务准备

六、日期保护

不同的活动发起人极有可能向会展场馆方预订同一日期，以符合活动参与者的习惯或便利。这种情况不仅不利于会场场馆的运营，同时也会令公众对活动感到困惑。例如，在同月举行两个大型马戏活动，或在同周的同音乐厅举办两场大型音乐会，通常被认为是不明智的做法。同样，在同一会展场馆中，类似主题的贸易类展览或消费类展览不宜举办时间靠得太近。为了避免这种冲突并保证财政可行性，一些地方管理机构制定了调度标准，要求在类似活动之间有合理程度的分离。这种政策被称为“保护政策”，保护会展活动的利益相关方。以 ××× 会议中心为例，该场馆管理方详细地列出了保护政策。

【案例】

××× 会议中心保护政策

日期保护适用于本场馆 20% 或以上类似参展商参加的活动，并 / 或对公众开放，而不限于通常属于行业或专业协会的明确界定的人员。

租用整个宴会厅或总建筑面积超过 3 万平方英尺并积极争取专业和特定本地市场的类似活动，应在第活动日和最后活动日之前保持以下间隙期。

- 45 天：公众 / 消费类展览（例如，游艇展览、家居类展览等）
- 30 天：艺术类 / 手工艺品类展览（例如，古董展览、拍卖活动、婚庆展等）

不属于上述任何一项的活动将由场馆自行决定。虽然有预订和保护政策，但场馆经理应按场馆的使命宣言对场馆日历和决策做出最终决定。

明确概述和适当强制的保护政策是促进活动成功的有效工具。但在一些情况下，保护政策可能会面临一些挑战。例如，预订经理采用两周保护期的策略，为会场预订小型活动，如摔跤活动。不久之后，场馆总经理获悉，场馆有机会举办大型国家职业摔跤比赛。为了举办更大型的活动，提供给小活动的两周保护期将不得不受到影响。那么管理者是遵守保护政策，放弃举办较大型的活动？还是忽略政策，同时安排这两场活动呢？这就需要场馆管理者表现出极具创造力的灵活性。解决方案之一——场馆管理者提供以较低的租金率重新安排小型活动，或是将小型活动外包出去。

预订经理意识到保护政策可以保护场馆内的活动，但不一定针对整个市场举办的活动。多数情况下，如果活动在同一地区的会展场馆结束，并不能禁止该活动在其他场馆举行。例如，每年的秋季是婚庆展览的高峰期，这段时间，可能每隔 1~2 周，在上海就有一场婚庆展。从这个角度看，会展场馆管理者只能在同类活动中，尽可能地选择优质的活动发起者，以提高场馆的声誉。

第三节　会展场馆租赁合同

一、租赁合同内容

合同是当事人或当事双方之间设立、变更、终止民事关系的协议。广义合同指所有法律部门中确定权利、义务关系的协议。狭义合同指一切民事合同。最狭义合同仅指民事合同中的债权合同。《中华人民共和国民法通则》第 85 条：合同是当事人之间设立、变更、终止民事关系的协议。依法成立的合同，受法律保护。《中华人民共和国合同法》第 2 条：合同是平等主体的自然人、法人、其他组织之间设立、变更、终止民事权利义务关系的协议。

一旦活动发起人与会展场馆方达成一致，并且确认保留，预订经理将签发合同。场馆租赁核对的具体细节应简明扼要地列出，大致包括以下内容：

- 举办活动的名称和内容概述
- 举办活动的日期和具体时间
- 活动所需租赁的场馆面积
- 财务条款和注意事项
- 合同返回的截止日期
- 进场日期
- 加班费用的支付方式
- 销售代理权归属及费用
- 设备设施服务及相关参考
- 预期基本绩效的沟通

在签订合同之前，场馆的项目经理或预定经理会向活动发起者提供一系列关于本场馆各类报价和场馆设备设施参数的表格，供租赁方参考和选择，涵盖了活动发起方签订场馆租赁的一套 6 张表格，包括：

- 表 A–1　× × × 场馆中心会展技术参数表
- 表 A–2　× × × 场馆经营服务价目表—活动场馆租赁
- 表 A–3　× × × 场馆经营服务价目表—会议场馆租赁
- 表 A–4　× × × 场馆经营服务价目表—音像及电源设备租赁
- 表 A–5　× × × 场馆经营服务价目表—厨房清洁费用
- 表 A–6　× × × 场馆经营服务价目表—各类服务

会展场馆管理者向活动发起者发出合同即构成要约行为。在合同具有法律约束力之前，接受方必须针对提议进行磋商，双方达成共识。此外，活动在举行前，还可能就活动的内容、安保措施等向地方相关部门递交申请，并等待审批回复。

二、合同要点

一旦正式合同签署之后，场馆方对租赁方所有的合同条款将开始生效。因此，在合同磋商的过程中，各类条款、各种细节要不断确认，避免在合同执行过程中发生不必要的纠纷。一些设施使用合同或许可协议中采用标准格式，使用“填写空白”类似的格式。这些设施使用合同，在签订过程中采用流程简化，并以标准化的模式完成。

合同的磋商以及协议的达成需要更进一步的准备工作。对于原始标准设施文件来说，必须经过律师的审核。私人活动合同审核是否需要律师由场馆经理决定，除非这类活动有相关规定必须要律师签字。除了一些场馆租赁通用的模板信息之外，在协商之前还必须解决几个方面的问题。必须制定一份全面的清单明细，列出主要事项。在基本信息的基础上，场馆租赁合同谈判双方可以专注于特殊条款、条件和双方将获得的利益等项目进行集中磋商。

合同是平等的当事人之间设立、变更、终止民事权利义务关系的协议。合同作为一种民事法律行为，是当事人协商一致的产物，是两个以上的意思表示相一致的协议。所有的合同必须满足以下四项基本要求：

（1）双方同意所有合同条款。

（2）当事人必须具有订立合同的法律权利和能力。

（3）所有缔约方必须对服务或规定做出适当和公平的考虑。

（4）提供协议条款。

合同的订立必须有合法的目的和合法的方法。在法律上，合同是双方或多方为建立、变更或解除法律关系而达成的协议。会展场馆经理必须明确合同的主要目的是对以下利益相关方的权益起到保护作用：

（1）会展场馆的所有者。

（2）使用会展场馆设施的组织与个人。

（3）活动参与者。

会展场馆租赁合同里必须包含一些最基本的但也是非常重要的要素。几乎在所有情况下，这些项目都将被视为基本合同形式的一部分：

（1）法律文件的形式——例如，是以合同、执照、租赁协议或是许可证的形式。

（2）会展场馆设施描述——包括场馆的名称、地点、城市、州（省）邮政编码、联系电话和传真号码等。一定要包括法律术语，如市政公司、股份有限公司、合伙企业、合资企业等。

（3）使用者描述——包括签订合同组织的商业名称、地址、城市、州（省）、邮政编码、活动联系人、电话号码和传真号码等。

（4）活动描述——活动名称、活动具体租赁面积以及各租赁空间在活动过程中的具体用途。

（5）活动日期——活动使用的日期，包括进场日期和离场日期。

（6）活动时长——活动举办需要的时间，包括进场搭建的时间和离场撤展的时间。

（7）活动时间表——具体列明活动期间，在特定的日期 / 时间内所发生的项目。

（8）会展场馆描述——列明准确租赁的场馆空间。这对于那些拥有各类不同设施的场馆特别重要。使用者（租赁方）必须知道，其所租赁的是某一特定的空间，而非整个会展场馆。除非是合同列明，使用者（租赁方）的确是租赁了整个会展场馆的所有空间。确保声明还包括本组织将或不将使用公共区域进入和退出活动。

（9）租赁费用——说明租用场馆的具体金额或门票销售的百分比，或是基本租金与门票销售的百分比的组合。其他用户的费用包括：设备租赁使用、劳动力、特许经营权、停车费、食品 / 饮料、招待、鲜花、音响设备等。

（10）支付时间表——说明具体的费用支付时间节点，包括：合同签署后的订金、最低租赁费用、服务人员费用、设备租赁费用等。

（11）保险——包括确定保险范围的准确类型、责任限额和范围以及设施要求的合格保险公司。注意在活动开始前多少天，设施将要求出具一份保险证明。

（12）赔偿条款——包括特定的语言保持设施及其经理、雇员、代理人和客人免受因用户的行为或不作为而引起的法律行动的伤害。

（13）撤销条款——必须有明确说明在任何一方取消的情况下，各方之间的风险分配。

（14）律师费用——多数律师支持在诉讼中，非胜诉方必须向胜诉方支付律师费和诉讼费。

（15）不可抗力——这项条款将说明在发生天灾、火灾、内乱、罢工、停工、洪水、战争或场馆方无法控制的其他情况时，场馆方将不承担任何责任。

（16）非合伙人——除非特别说明，一般情况下，租赁方与场馆方之前不存在合伙人关系。

（17）通畅说明——包括关于保持活动人流和物流通畅的细节，例如，人行道、坡道、入口、门、走廊、门厅、大堂、楼梯、电梯、走道、车道、消防水带柜、采暖和空调通风口、照明设备和消防喷水灭火系统，以确保顾客的安全。未经会展场馆管理层事先书面同意，租赁方不得对设施进行任何改造。

（18）签名行和公司盖章——在文件的末尾应有足够的空间，以便用户签名。如果用户是公司，还需合同双方要加盖公司印章。

（19）会展场馆提供的基本服务——作为租赁协议的一部分场馆方通常提供以下服务：热、光、空调、清洁、水、下水道和天然气。合同里需明确哪些服务包括在基本费用里，哪些服务需要另外收取费用以及如何计费。

（20）场馆控制权的明确——必须在合同里明确，任何情况下，场馆经理都是场馆的控制方。这一条款必须在合同里特别说明和明确。

（21）修改协议——协议或合同有任何地方的修改，必须得到所有签署方的同意。

以上列出的是场馆租赁合同的一些基本条款，针对不同的活动，根据不同的活动发起者，合同内容会有所不同。很重要的一点是，在合同起草之后，必须通过律师的审核，确保合同符合国家法律和地方相关法规的规定。

【小结】

会展场馆预订过程旨在最大限度地保护场馆的两个重要商品：时间和空间。这两大要素的有效管理对活动预订数量最大化和潜在收入最大化是至关重要的。场馆日历的成功编制需要考虑到场馆的使命宣言以及社会的需要。会员场馆预订的优先级必须始终考虑主要租户和主要年度活动。这些活动是构成了会展场馆时间表的多样性和动态化。在此基础上，通过添加额外的活动来形成一张完整的会展场馆时间表。

作为预订过程的一部分，发起者对特定日期设置暂时保留。一旦场馆销售人员和预订经理确定活动的举行，活动场馆将进入确认状态。同时向活动发起方发出合同，该活动时间段在场馆日历表中进行保留，不能再被预订。

一旦场馆管理者和活动发起者就场馆使用条款和内容达成一致，应通过法律和约束性合同将细节以书面形式承诺下来。在合同中应涵盖协议的所有具体细节，使之成为法律上可执行的文件。会展场馆租赁合同表明了场馆管理与活动发起者之间的业务关系，并应根据需要将合同具体化和详细化，以保护双方的利益。

【复习思考题】

1. 简述会展场馆预订流程。
2. 简述活动合规的重要性及其方法。
3. 什么是会展场馆预订优先级？举例论述预订优先级的排序。
4. 什么是会展场馆租赁合同的要素？就各要素简要说明。

第六章

会展场馆市场营销与销售

【学习目标】

1. 掌握会展场馆市场营销的特点
2. 掌握如何运用营销工具推广场馆
3. 了解活动策划在场馆营销中扮演的角色
4. 通过了解参加会展业展览会进行场馆推广

【章前引文】

会展场馆经营的成功与否，很重要的一点在于场馆方的市场营销能力和活动促销力度。市场部作为会展场馆面向大众的声音，在整个场馆的运营过程中扮演着十分重要的角色。市场部必须把场馆的各关键信息及时有效地传递给场馆需求者，包括活动组织者、社区以及相关利益方。会展场馆为展览、体育、娱乐、会议及文化活动提供安全和舒适的举办场所。其建造的主要目的之一是为推动地方经济发展的同时，提高社区生活质素。会展场馆在运营过程中满足经济诉求和社会需求。成功的活动营销包含以下关键要素：

- 持续不断的推广
- 业界的认可
- 通过门票销售支持活动的市场
- 以广告、促销和活动赞助的方式与媒体及当地企业合作
- 主管部门的支持

● 有效的场馆管理

市场和销售包含很多领域，从会展场馆管理的角度以及本书的写作目的，本章节主要集中在会展场馆营销和销售部分。

会展场馆营销方面：

（1）通过场馆的营销及其承载力吸引活动。

（2）通过广告、促销、对外宣传等方式操纵门票销售。

（3）参与者场馆现场评估体验。

（4）促进公众、媒体和社区等场馆相关利益方之间的关系。

会展场馆销售方面：

（1）长期合同义务收入的商业权利，如活动冠名权、优选座位、广告牌、传播权、食品饮料冠名权、纪念品等。

（2）活动赞助，以产生额外的收入基础上的单个活动赞助，如展览会现场的比赛等。

随着各地方越来越多的会展场馆投入建设，场馆之间的竞争日趋激烈。场馆的竞争不仅是同一地区，更多的是场馆所在目的地之间的竞争，特别是对一些大型活动的吸引。因此，谨慎的场馆经理都知道，坐等业务只能是获得非常有限的场馆时间表。只有通过需求者广泛深入研究、与产业建立密切的联系、积极寻求产生经济效益和社会效应的标志性活动是成功经营的场馆所具备的应有特点。因此，为实现会展场馆的成功运营首先要有全面的营销战略计划。本章聚焦于如何发挥会场场馆管理营销或销售部门功效，为实践提供参考。

第一节　会展场馆市场与销售概述

一、会展场馆市场与销售部门职责

会展场馆市场与销售部门的职责涵盖以下内容：

（1）管理会展场馆品牌，并向所有利益相关方进行品牌推广。

（2）进行会展场馆年度营销计划，包括广告、促销、宣传策略等。

（3）制定营销部门预算并进行有效监管。

（4）安排有关场馆及活动的全行业宣传，提高公众和业界对场馆的积极认知。

（5）构建内部广告代理机构，协助会展场馆的广告活动、营销以及推广。

（6）投放与活动相关的广告。

（7）向行业投放场馆广告。

（8）向市场出售广告牌、赞助、优选座位、命名和传播权以及其他商业权利。

（9）保持积极不间断的宣传，与媒体和社区保持密切的关系。

（10）进行客户满意度调查。

（11）进行数字营销活动，包括网站、电子邮件内容 / 设计以及社交媒体活动。

（12）协助设计和分发宣传册及其他活动宣传材料。

（13）管理和执行任务外部各项营销相关的服务合同。

（14）监测地区场馆的各类活动。

（15）追踪当前社交媒体发展趋势并适当地使用它们。

（16）进行常规的数据库管理、数据挖掘和分析。

（17）进行团队票销售。

（18）与当地 CVB 及其他相关部门协调市场工作。

（19）应活动发起者的要求，协助活动预订工作。

任何会展场馆，无论规模类型，都需要有营销战略计划。营销战略计划为整个场馆的运营提供了战略定位，可以最大程度上挖掘场馆商业潜能，同时实现本场馆的使命宣言。客户和活动发起者享受着不断增加可自由支配进行选择。这些额外的机会增加了可供举办活动的场馆和消费者之间的竞争水平：各个场馆作为其营销策略的一部分，必须提出几个问题，这些问题关系到其竞争地位的核心，包括：

（1）是什么让该会展场馆不同于它的竞争对手？

（2）是什么使活动发起者和组织者预订该场馆而不是其竞争对手？

（3）通过何种有效策略可以实现门票销售和活动出席率最大化？

（4）会展场馆的优势在哪里？劣势有哪些？

（5）会展场馆的竞争威胁可能是哪些？

（6）有哪些潜在的竞争机会？

会展场馆市场营销计划的目的与该场馆的使命宣言共同指导和树立场馆的市场馆位并实现经济目标。场馆经理需要切实可行且适用于不同的商业环境的计划。最重要的是，该计划必须完全符合本地特色的市场。市场营销和销售部门所有工作的最终目的就是通过有效的营销策略提高场馆的收入，提升场馆的业务。

二、会展场馆市场与销售负责人

任何场馆无论大小，应至少有一人重点负责场馆营销和销售。市场与销售总监的主要职责和技能包括：

（1）全面了解和掌握市场营销战略和各类销售策略。

（2）全面了解本地市场。

（3）具备良好的场馆票务营销能力。

（4）对场馆客户和数据库的有效分析能力。

（5）建立与活动发起者或主办方之间的互利关系。

（6）建立与地区或国家媒体之间积极的关系。

（7）为传统和数字平台制作创意推广活动。

（8）建立、监控以及定期更新场馆危机沟通计划。

（9）与相关利益方保持密切联系，如当地会议与观光局（CVB）、旅游文化局、各商会、协会以及体育委员会。

（10）全面严格执行市场营销计划。

卓越的市场与销售总监需具备各类技能，且多才多艺。他们扮演场馆的全部任务中关键角色，并且在很大程度上帮助场馆内活动成功举办。

三、会展场馆营销要素

场馆的营销能力很大程度上取决于活动发起人，而获得持续成功关键因素包括场馆管理能力和与行业建立密切的联系。所有成功的会展场馆都有一些共同的特征，包括：

（1）拥有一支素质良好、行业知名度高的销售 / 预订团队，为场馆内举办的各类活动提供专业的服务。

（2）稳固并且不断强化与活动预订方之间的关系，如艺术家代表、中介机构、活动承办方以及展览主办方等。

（3）与地区场馆利益相关方维系有效的工作关系，如会议与观光局（CVB）、各行业协会或商会以及其他组织等。

（4）与本地媒体和业务合作伙伴发展良好的关系，以实现更有效的营销传播，进行促销活动从而提高活动的出席率和门票销售。

（5）为租户和客户提供优质的服务，从而提高客户的满意度，吸引更多的回头客。

（6）活动竞争日趋激烈，会展场馆必须持续努力，吸引活动发起者，并找到潜在的新业务来源。市场营销部必须通过创造性的方式来吸引新的活动销售注意，同时保持现有客户的忠诚度。场馆经理和市场部通过直销和行业广告两种方式来获得活动发起者的关注。

（7）直销或个人销售是一种可以使卖方与产品的最终用户建立直接销售关系的营销策略（Boone&Kurtz，2002）。场馆管理过程中，直销有助于加强活动承办方对场馆积极态度。一些直销技巧包括参加会展行业会议和颁奖典礼，拜访活动发起者和中介机构，或是活动邀请承办方和会议策划者的场馆所在城市，参加一些特别的活动以及游览目的地，都能大大提高销售能力直销的最终目标是与活动承办方和会议策划者获得一对一的交流机会，进而吸引他们对场馆产生兴趣。

（8）广告旨在创造和维持人们的意识（Shank，2009），包括任何关于组织或产品的付费的、非个人的通信，目的是告知或说服特定受众的成员（Boone&Kurtz，2002）。广告在吸引活动发起人和会议策划者的关注方面也很重要，特别是那些对会展场馆不太熟悉的客户。为了吸引活动，会展场馆总是寻求各种机会创造知名度，并向市场传递本场馆的积极属性，吸引各类活动。例如，营销部门可以在行业出版物上投放广告（电子版），创建场馆网站，建立微信公众号，并通过各类社交媒体接触潜在客户群。

第二节　会展场馆的活动营销

一、内部广告机构

各营销部门的主要目标之一是通过制定和实施成功的营销计划，支持推广方实现活动门票销售最大化。场馆营销部门经常代表活动推广方，充当内部营销机构。虽然活动发起者对自己的活动有比较全面而具体的认知和了解，但一旦换个目的地，情况就会发生很大的不同。例如，一场张学友的全球演唱会，巡演至上海，其票务及售票方式与在伦敦的情况可能完全不同。为了让推广人员对活动的可行性做出正确的决策，他们需要准确的市场人口统计信息、可接受的票价、首选活动日期以及活动开始时间以及预计的活动出席率等重要信息。活动营销部门开发自己的内部广告代理机构，可以通过降低成本或增值服务向促销人员提供以下产品：

（1）本地及地区媒体刊登广告。

（2）通过与当地媒体的批量采购建立与场馆之间的关系，从而降低广告费。

（3）参与媒体和当地商业合作伙伴的活动赞助。

（4）通过获得广告以换取赠票来减少现金支出。

（5）创造适用于特定活动、营造积极公共关系的故事。

（6）根据场馆客户数据库分析预售门票能力。

（7）有潜力获得企业赞助，进一步降低广告和促销的成本。

（8）有能力向活动推广方提供一份清晰、有文件证明的媒体协议。

虽然一些场馆通过广告位和其他服务来获得收入，但提供内部广告机构的初衷是为那些使用场馆的人提供增值服务。有效的内部广告机构在场馆吸引活动时将被认为是一种竞争优势。内部机构通常为他们的服务收取 10%~15% 代理佣金。内部广告公司应该向推广人员展示热情和诚实的努力，以成功地推广活动。

二、活动广告和促销

如前所述，市场营销可以帮助特定场馆达成目标。虽然每个场馆的目标不一，被公认的目标是通过租金、门票销售（例如，租金是基于门票销售的百分比）和辅助服务提高收入。通过广告和促销的有效营销是实现这些目标的关键。

有效的广告宣传策略是实现门票销售目标的关键。比较典型的代表如活动发起者向当地营销人员给出广告预算，营销人员根据这个预算将广告活动方案进行合理分配。计划一旦获得认可，当地的营销人员在指定的媒体区域执行计划。

营销经理进行广告计划时必须充分考虑以下几个问题：

（1）活动的目标受众是谁?

（2）活动的开始时间？活动的结束时间?

（3）广告应该什么时候在媒体上播放?

（4）直接营销是否应该包含在广告计划中?

（5）如何运用数字媒体?

（6）社交媒体扮演怎样的角色?

1. 目标受众

媒体购买的目标受众通常由以下几种组合确定：年龄、性别、种族、地域、收入、教育程度和兴趣领域。目的是在预算限制范围内实现尽可能高的覆盖范围和频率。营销经理应确定什么样的媒体组合才能使营销活动在最高频次到达最大的目标受众。各媒体机构的媒体销售代表可以提供有关其领域的具体数据。场馆营销经理也使用该信息估算哪类媒体产品和哪类设计将能向目标受众带来最高的曝光度。然而，要注意的是，媒体销售代表在整个过程中尝试出售他们的广告，谨慎的营销经理将权衡所有选择的价值。

2. 广告运作周期

营销经理决定广告活动什么时候开始和结束。广告运作周期的制定基于两方面考量：预算和活动销售历史。例如，广受欢迎的活动可能在广告代销日期之前仅需要几天就销售一空。而有的活动的销售时间可能会持续几个月。营销经理在决定广告运作周期时，要尽可能了解销售模式。除此之外，营销经理还应研究其他市场的活动销售模式和广告计划。

3. 选定的媒体上播放广告

决定传统媒体的广告投放时间的同时，个人广告也被安排在特定的节目时段或电台、电视台的时段进行播出。事实上，传播时代和“触屏时代”的来临，更多的广告被投放到新媒体上。印刷的广告的尺寸和位置要确定下来。在评估这些决策时，重要的是要考虑到创造性与可操作性兼顾。此外，不同的媒体销售代表会根据手头的资源有所倾向，如媒体销售代表的电视广告资源强大而电台广播资源相对薄弱，可能会选择做较多的电视广告和较少的广播广告。这样的情况下，最佳方法是要求媒体销售代表制定建议的时间表，为预算提供尽可能高的覆盖范围和频率。在时间表的基础上，稍作调整以满足活动方对吸引目标受众的诉求。

4. 直接营销

直接营销是指通过广告邮件或广告邮寄直接传递到潜在目标受众手里。过去的行为能够帮助较好地预测未来决策，会展场馆的客户数据库是最佳资源。发送电子邮件通知或直接邮寄广告到在过去曾经参加类似的活动参与者手中，通常是回报最高的营销活动给这些潜在客户提供预售的同时也提供了将如何展开销售的早期信号，通过社会热点产生早期动力，并进行数据分析。

5. 数字媒体

随着数字媒体的持续增长，传统媒体渠道，包括报纸、广播、电视对于年青一代消费者已经失去了吸引力。如今场馆营销人员可以在网站上插入跟踪装置，网站访问者离开场馆网站后通过互联网来追踪他们。这就是为什么消费者在逛商品网站后会看到的同样的广告或搜索关键词重复出现在其推送网页上。这种广告模式被称为"重新定位目标"。

搜索引擎营销也是必不可少的。采用购买搜索引擎中可能被搜索的词，当客户搜索"演出"或"娱乐活动"诸如此类关键词时，场馆的信息和链接会根据付费情况依次呈现。其他数字指标允许对门票销售反馈进行跟踪。一些移动广告的最新技术允许广告商特定的地理区域内进行"地域推广"。例如，可以宣传提供给每个人一天旅行 5 千米的场馆售票处的特别折扣。

6. 社交媒体

社交媒体方面，数字营销人员选择广告投放在社交媒体平台上。越来越多的经验和案例显示，使用社交渠道来制造知名度和轰动效应，而不是硬卖广告，那么社交渠道是最有效的。创建有效的社交媒体对于场馆及其活动来说，在场馆营销方面是最为重要的。技术的复杂性和所有的事物快速数字化，场馆应考虑与数字营销专家进行定期咨询。

正如前面所讨论的那样，营销部门的主要目标和职责之一就是提高门票销售。反过来讲，这对辅助收入的提高也有积极影响。辅助收入主要来源包括停车、食品和饮料的销售以及商品销售。营销工作还可能涉及许多其他的策略，包括活动中价格比例、动态的票价、团体门票销售、促销包、折扣以及奖励。营销部门也可以通过协助当地慈善机构举办活动，进而帮助推广本场馆举行的活。这些策略不仅有助于增加辅助收入，也通过接触不同类别的活动找到潜在目标群体。

三、媒体渠道选择

目标市场一旦确定，营销总监必须决定哪些媒体会最有成效地进入市场。如广告预算、开展前的时间长度、市场中竞争活动和可用广告库存等因素将影响这个决定。最常见的媒体形式包括社交媒体、广播、电视和报纸。

1. 社交媒体

社交媒体的出现及其在宣传中的使用，极大地改变了场馆宣传其展会活动的方式。不断变化的媒体允许艺术家和活动承办方以表演者的身份在特定地点举行活动。因为其低成本和可达到数千或上万的潜在客户的能力，社交媒体是几乎可以用于所有类型产品广告宣传活动的工具。与其他形式的广告一样，营销总监为了确定最有效的社会媒体形式而识别目标受众变得极为重要。使用社会媒体渠道至关重要。为了使其有效，市场营销人员必须投入大量的时间提供新鲜并吸引人的内容，如帖子。许多场馆正在开始尝试招聘专门的社交媒体经理，监测该领域的工作。社交媒体不断发展，因而场馆营销人员也可以考虑与数字和社交媒体营销专家进行定期咨询来跟上当前的趋势。

2. 电台广播

随着卫星广播的发展，活动营销中的广播广告仍然是有效广告工具，尤其是一些艺术家的音乐会。广播的主要优点包括：广播电台通常以流程化的方式吸引特定的市场，很容易识别哪个节目符合该场馆的活动。媒体排期表是指为一系列广告设置时间和排序（Boone&Kutz，2002）。这些广告信息的频率和长度以及选择安排运行广告的最佳时间，是发展促销计划的重要考虑因素。调度运行时间表（ROS）是电台的商业播出时间留给广播站的决策权。将广告固定在广播的特定时刻或时间段，或在特别的节目通常需要支付额外的费用。许多广播电台通过电台音乐节目主持人（DJ）推荐和广播促销活动，提供强有力的销售支持。对于一些会展活动，此类推广支持是非常宝贵的。

3. 电视

随着数字影像记录仪（DVR）的普及，越来越少的人观看电视直播。尽管如此，活动中电视仍不失为一种为广泛吸引力和强烈视觉创造性的广告形式。这种媒介运用视觉、声音和动作来传递广告信息。对于有着强烈视觉冲击力的活动，如家庭秀和体育赛事来说，电视是最有力的传播媒介。电视广告的劣势在于费用昂贵，尤其是黄金时段节目的广告权时。买家可以通过比较电视广告和广播广告的费用和影响力进行判断，这两种广告形式哪种广告形式在范围和频率上影响力最广。通常来说，广播广告会便宜一些。也可以考虑有线电视节目广告，如名厨演示的美食类节目的现场，可能最好通过食物网络来做广告。像广播，调度运行时间表（ROS）也是指电台的商业播出时间留给广播站的决策权。在特定时间或者在某个特定的节目中插播的电视广告通常需要支付额外的费用。

4. 报纸

虽然报纸的阅读量一直在下降，报纸仍然具有它的优势：灵活性、社会声望、覆盖面广以及对广告信息的控制能力。对于年逾 40 的消费者来说，报纸是最有效的广告形式。检查发行量以及权衡发行量及被引用的广告率是很重要的。ROP 指的是报纸中某个广告的安放或者杂志留给出版商的决策权。广告放在特定的位置或特定的页面通常需要额外的费用。大多数报纸也会提供网上广告作为它们广告业务的一部分。当进行投放决策时，重要的是看阅读网上的内容是否被收费墙所限制，如果是，那么又有多少的订阅者能够阅读到广告出现的地方。大部分报纸也会参与到国家数据广告网络里，就像百度和新浪一样。

5. 其他媒体

其他媒体形式包括电子广告牌，这种电子广告牌可以是固定的，也可以是移动的。两种广告牌都能够灵活地、更加频繁地更新信息，还有可能以比传统广告牌更加合理的花费接触到更多的受众。其他的媒体还包括人行道粉笔画以及传统的引导标识和海报等。

活动营销令人激动的是富有创造，且最终能够让人们买更多的票的促销活动。在活动发起方代表的帮助下，市场营销部门总是能够利用与活动有关的资源。促销活动可包括赠票、赠品、“买一送一”、展位空间折扣、艺术家亲笔签名纪念品等。这些只是围绕活动展开的促销的一小部分。富有创造性的促销活动能让活动发起方或者场馆方节省开销。市场营销部门运用社会媒体通过互动推广，吸引更多的潜在消费者，如一场与活动有关的能够赢得门票的寻宝游戏。在有限的资源和激烈的消费者竞争环境下，市场营销部门必须表现得富有创造力和革新性来获得成功。

四、数据分析

现代商业社会，数据分析已成为重要的组成部分。所谓数据分析，是指通过分析某些特定的数据帮助进行商业决策的一种行为。会展场馆管理中，通过数据分析来追踪营销活动的投资回报率。场馆管理方及其票务合作方，通过网站点击率追踪数据，并跟进那些在购买完成之前放弃的客户。商业数据分析也可以被用来追踪或确认网站流量和访问方法的发展趋势。通常场馆管理更倾向于专注长期趋势，因为网站流量可能因为活动公告、现场销售以及活动日期变得富有戏剧性。例如，某大型活动社交媒体的浏览量或网站访问量，可能在一星期内增加2000%，但接下来的一周下跌1 500%。虽然专业运动队和其他体育或娱乐组织使用数据分析已经很长一段时间，但对于会展场馆采用这种方式是相对比较新，场馆管理者必须确定如何将这些数据变得更有价值。

另外一个较为重要的数据来源就是场馆自有客户数据库。客户数据库在进行推广活动中已经成为一项普及的工具。活动主办方往往希望场馆营销部门授予进入的客户数据库的权利以促进展会活动。场馆数据库可以帮助通过电子邮件提醒客户关于即将来临的展会和可能提供授权的售前和特殊优惠。

票务系统根据预先确定的时间表将现有购票者自动下载到数据库中。营销总监明确客户是否提供了明显的选择加入或退出数据库。数据库也能通过在场外选择性加入机会。为提高沟通效率，营销总监通过创建动态的电子邮件来吸引客户。最后，营销总监采用灵活的方法通过数据库与客户进行沟通，包括内容、频率及其目标数据库是否基于过去的采购历史或客户的偏好。场馆数据库还可以通过电子邮件提醒客户关于即将来临的活动和可能提供售前和特殊优惠。

五、公共关系

作为会展场馆的发声部门，营销部门必须策略性地在当地媒体和行业刊物上刊登与场馆及其活动相关的正面报道。“公共关系就是在组织和公众之间建立互惠关系的战略沟通过程”（PRSA，2014）。当营销人员与媒体保持积极的关系时，他们往往更有效地获得报道。

几乎每场活动都会有人情味的故事。在活动中表演的艺术家可能与社区有联系，营销部门可能会安排马戏团小丑去当地的儿童医院，或者让来访的专业运动员给他以前就读的小学的学生朗读。这些都可能吸引当地媒体报道故事。一旦媒体进行了报道，也就给活动进行了宣传。

市场营销部用来传达活动或地点信息的一种工具是新闻稿。新闻稿往往是广告伪装成的新闻。一份有效的书面新闻稿可以促使当地媒体产生与即将到来的活动相关的报道。当地晚间新闻上的一则有趣故事，可能会比晚间八点档的30秒付费广告吸引更多的潜在客户。随着相机和电脑编辑技术的进步，场馆营销经理也应该考虑制作原创视频和音频内容发布到社交媒体频道。

六、商业权利出售

商业权利是指会展场馆从出售某些资产，多数是无形资产中获得非活动收入的机会。这些权利对公司和企业来说是一种价值，它们可以从场馆、租户和活动的从属关系中获益。这些资产的销售代表长期的、合同约定的收入来源，可能包括以下内容：

- 冠名权
- 饮料垄断权利（独家和非独家）
- 食品和饮料产品品牌
- 赞助
- 广告牌（静态和电子）
- 额外的广告机会
- 纪念品

理想情况下，在场馆进行商业权利销售之前，需清点所有权利、赞助、广告招牌（电子和静态）、提及媒体、品牌关系和贸易 / 易货等。这里的清点是为了帮助建立：

- 大小 / 尺寸
- 位置
- 可能的独有性的类别
- 合同条款
- 价值 / 定价
- 满足买方要求（例如，门票、优选座位、停车和贵宾设施 / 访问）

一旦库存确定，就可以确定代表每个资产价值的价格以及相应的履行义务。基于这个过程的重要性，场馆管理者可以专营库存估值的第三方来寻求帮助。

场馆有义务履行商业权利协议中所述的需求。比如，××× 公司以每年200万元人民币的价格购买 ××× 球场的十年冠名权。虽然这种方式被视为营业收入，但收入的一部分可以用于履行合同的要求。通常情况下，冠名权赞助商会提供一份履行福利套餐，其中可能包括免费套房、俱乐部席位、标识牌和停车特权。如果这些条款的估值达到20万元人民币的话，那么此时冠名权带来的收入被当成是180万元人民币。

场馆商业权利的销售取决于场馆的销售部门、市场部门或专门从事商业销售权利第三方承包商。无论责任在哪里，重要的是要确保商业权利客户是高兴的、满意的，并倾向于在适当的时候续签合同。

1. 冠名权

冠名权的出售是资助新建筑或场馆恢复活力的关键组成部分，也可能被视为营业收入。此外，在某些情况下，冠名权也是吸引或保留在越来越多场馆特许经营的大联盟或小联盟体育项目经济组合的重要组成部分。所有类型的场馆都有机会通过利用命名场馆或个人空间内的场馆作为收入来源。冠名权协议的时长和范围取决于许多因素，包括场馆大小、类型、地点和租户。

在出售场馆冠名权时必须充分考虑时间和实现成本。常见的误解就是冠名意味着所有权。然而，品牌可能包括整个场馆的标识、员工制服、附属材料、信笺及其他与销售和营销相关的工具。当冠名改变后，管理层必须考虑更换的时间和重新冠名品牌化场馆的必要费用。

2. 饮料垄断权

饮料垄断权是指饮料生产商或经销商在特定的场馆、展会活动或机构销售的独家权利（Oxford Dictionaries，2013）。和冠名权一样，饮料垄断权协议也可能会包括清点比如标识、高级座位和促销活动等。饮料供应商通常会对这些元素进行溢价，以获得“独家”的灌装权，排除其竞争对手。饮料垄断协议通常是提案请求（Request for Prorosal）过程的结果并且通过竞争性招标来决定的。大型软饮料公司对这一过程非常熟悉，通常会根据它们用来生成提案的销量制定收入公式。

酒类饮料一般是被排除在外的。无论是否拥有零售酒类许可证（有代表性的特许权获得者）都不能被同个人或者公司征求酒精饮料的赞助，通常是场馆管理者。双方之间必须有合法区分。尤其是啤酒公司，如果可以的话，他们将寻求某种形式的独家广告。与所有独家新闻一样，重要的是要尽可能狭义地定义它们，以便使该类别的收入最大化。

3. 食品和饮料品牌

为将食品和饮料销售最大化，许多场馆寻找与当地或该国流行的产品作为指定品牌来增强竞争力。品牌产品一般基于提供给场馆的财政激励措施来进行选择。食品和饮料业务是否内部生产或外包、特许权获得者也可以转租给第三方供应商来获取他们收入的一部分（Steinbach，2008）。虽然大多数业内专家一致认为爆米花、热狗、花生和其他球场主食占场馆特许总收入的2/3左右，但消费者仍然希望看到场馆方提供有品牌的产品。

4. 赞助

场馆尽可能地提供各类赞助机会。营销部门的主要职责是确定这些赞助所能提供的收入的潜力。可进行场馆赞助的方面包括：售票处、票务系统、美食街、信息问询处以及其他室内或室外空间，或虽然整个场馆上有它的名字但有特色的标题赞助。

赞助商也希望将自己的名字与特定的活动密切联系。这些机会可能包括标题内容或可能与媒体赞助商一同展示赞助商名称。在大多数情况下，场馆虽然不直接受益于活动赞助所产生的收入，但这有助于维系与活动承办方的关系。

5. 广告牌

广告牌可能是最传统形式的商业权利，除了静态或电子的广告牌以外，场馆的广告牌还可以是：

- 记分牌
- LED（发光二极管）板
- 电子留言板
- 背光展示柜
- 户外顶棚
- 出入口广告标识
- 广场电视监视器

这些区域的广告牌定价相对容易承受，进而吸引更多的中小企业。对场馆广告有针对性的典型的业务种类包括以下：

- 航空公司
- 汽车
- 银行
- 通信（无线）
- 酒精饮料公司 / 经销商
- 保险
- 媒体
- 房地产
- 科技

某些情况下，主要租户团队可以与场馆方共享广告位。在某些情况下，场馆和团队通过销售团队以结合库存和销售的方式合作。这个系统既降低实体的成本，又为买家提供了更广泛的、可以根据他们的具体需求而决定的选择。

6. 其他广告机会

除了上述提及的广告收入以外，以下领域的销售也可成为场馆扩大广告收入的其他来源：

- 门票（纸质或电子版）
- 活动项目
- 场馆通信
- 戏单和戏剧季手册
- 座位图表
- 活动日程安排

- 场馆网站
- 商品
- 促销赠品

通过市场营销或广告渠道筹集额外资金是无止境的，过度的广告可能引起受众的反感，产生负面影响。只有通过营销部门的员工质素来进行一定的限制。市场部必须小心地抵制销售太多的广告，这可能产生混乱，减少场馆的吸引力或者降低其价值。此外，过量的广告投放可能使场馆内的客人很难回想起广告信息，能够使客户回忆起广告商的程度对公司寻求获得在他们的广告投资中的回报是非常重要的。客户对广告商的记忆程度对于场馆经理寻求吸引新的或保留当前的广告商也是很重要的。精明的场馆经理应当实施定期的调研分析，以确定他们招揽回头客的能力。与现有或潜在广告商进行谈判时，这些结果数据将会非常具有影响力。

7. 纪念礼物捐赠

捐赠方计划旨在吸引个人或企业在财务上或通过提供商品和服务来协助场馆建设。捐赠与赞助的不同之处在于，捐赠所做出的贡献往往是利他行为。捐赠者试图赋予家庭成员或者艺术赞助者荣誉，通常不再给捐赠人任何额外的利益。捐献者的好处是能通过纪念被认可，如在长椅或席位上的纪念奖章等，以会议室或酒店区域进行命名的捐赠或委托作品。除此之外，捐赠项目也许会为捐赠者的礼物提供减免税款。纪念礼物通常不计入年运营收入的来源中。

高等教育机构针对校友、商界、慈善组织以及公众，开发出一系列的捐赠项目当寻求来自基金会的贡献、捐赠者、企业希望支持的社区时，场馆可以研究开发类似的捐赠项目。尽管捐赠项目看起来不像赞助协议那么能带来短期利益，但这的确可以协助捐赠者服务树立良好的声誉。

第三节　会展场馆业务信息来源

一、会展场馆线索数据库

所谓“线索”是指一种个人、业务或组织，可能对业务提供的产品或服务感兴趣。新的销售引领着大多数企业的生命线。收集业务线索，把握他们，然后跟踪他们，并将其转换成现实的客户。这是任何公司想要找到新客户的一项正在进行的和非常必要的工作。而这是一项需要技能、资金和时间三大资源的任务，图 6-1 以图的形式显示这一过程，被称为“购买漏斗”，也称为销售漏斗或决策漏斗。这是一个说明通过后续流程中每个阶段潜在客户数量不断减少的框架。

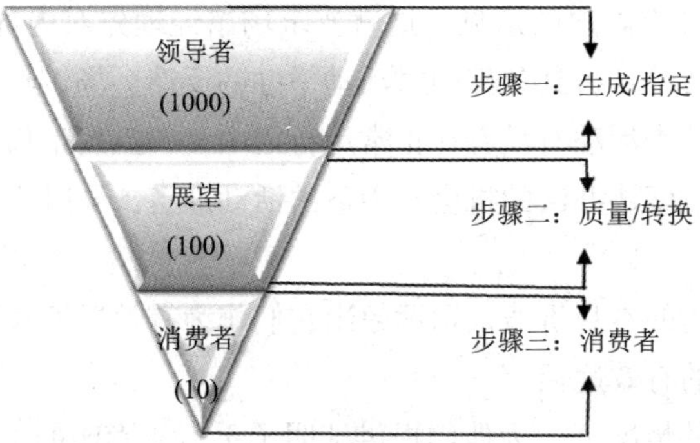

图 6-1　购买漏斗

资料来源：Davidson R. & Hyde A.（2014），Winning Meetings and Events for Your Venue，UK，Goodfellow Publishers Ltd.

整个购买漏斗过程中，从生成业务引导开始，积极收集潜在客户信息，并进行整理，同时在电子数据库中以作为销售和营销过程的一部分来管理线索的方式存储。需要记录的信息要素包括：

- 名称
- 标题
- 公司名称或组织电话号码
- 电子邮件地址
- 是什么使个人或公司成为线索

然而，这些只是每项线索引领所需的最基本信息。如果需要进一步，应记录每一项线索的综合信息，包括活动的数量及类型、组织活动的频率以及代表市场的部分（企业、协会、政府等）。事实上，关于线索的任何额外相关信息都是有用的，可以帮助转换成客户信息记录下来。也可能会延伸到个人信息，如客户是否喜欢打高尔夫球，甚至是他们的生日，或者他们孩子的名字。所有这些信息在与线索建立关系上都是有用的。

由大量商业线索组成的、广泛而最新的数据库是场馆的无形资产，也是其销售人员的宝贵资源。这种资源，不仅需要创建，更需要管理。所谓管理就是不时地“清理”、消除过时的线索，或者更新它们的细节。这种形式的数据库管理是一项耗时的活动，一般场馆有专门员工或者实习生负责这部分的工作。显然，在场馆销售过程中，这是有效创建运营和管理数据库的关键一步。

二、会展场馆已知受众

在探索场馆的线索的多种资源之前，需要密切关注那些已经与场馆销售人员接触过的客户，现实情况是他们潜在业务往往被忽视。

客户活动结束后与场馆方的后续会议，是非常关键的环节，目的是回顾该活动是如何进行的。为了最有效的会议，这些会议应该鼓励双向交换意见，场馆向客户提供反馈，并在场馆表现上征求客户的意见。这就要求场馆经理先对内部员工进行意见征集，包括餐饮、安保、接待等，得到各部门对活动举办的反馈。场馆经理管理者要在一定程度上接触客户，以便检查活动有没有在正常运行之中，一旦发生任何问题，活动结束后的后续会议为双方提供解决办法的机会，为下次活动准备，同时也彰显场馆管理方的专业素养。

后续会议这种行为的本身价值，远远超出它们作为有效反馈来源的重要性。这也是提高场馆客户满意度的有效途径。

（1）在客户许可的情况下，为他们提供证明（手写或影印的），在网站上发布，并用于其他营销材料。

（2）客户将来还需要做的其他业务，并约定与客户联系讨论场馆的时间。

（3）对推荐人。他们是否会提供他们认识的任何策划活动的人的联系方式，无论是在其他部门或分支机构，还是在自己的组织或其他组织。

三、会展场馆的老客户

赢得之前没有定过场馆的客户的业务是可喜的，老客户作为潜在来源业务常常被忽视——客户在活动经历后不再预订场馆（展览场馆一般很少发生此类情况），或者出于某种原因停止与场馆方的长期合作协议。

有效的客户管理包括：调查那些客户停止使用场馆的原因，而后尝试重新激发他们的兴趣。客户终止场馆业务的原因有：

（1）活动主办方在场馆的使用过程中未达到预期效果。

（2）对接人员发生变化，即原来的预订场馆人员离开或更换。

（3）活动发起者组织内部发生变化，搬迁或者离开原有区域。

（4）活动规模扩大需要更大的场馆。

（5）活动只是一次性举办。

（6）场馆销售人员更换，新经理没有意识到这个客户。

此外还有一些场馆内部的一些常见原因：可能是场馆并未及时跟进互动，没有满足客户的需求等。无论出于什么原因，场馆方都应积极联系老客户，尝试说服对方再次使用场馆。老客户在一定程度上可以给场馆方节省人力成本和时间，因为已经举办过活动，对场馆的信息都比较了解。

如果是上一次与场馆合作后，相隔时间较久，客户应及时了解场馆内的新项目开发，如场馆改扩建、设施翻新、新产品或特别优惠等。这些元素都可以为成功的客户再次合作提供机会。客户管理的关键要素是销售人员与老客户的面对面交流，讨论各类新开发的项目，以及老客户的最新需求发生了怎样的变化。这样一次会面的目标就是通过有效的沟通，场馆经理提出可供客户使用场馆，如老客户之前可能在场馆内举办了年会，却不知道场馆新增了晚宴项目。

四、未实现的业务

大多数场馆会建立潜在客户数据库，这些客户的业务是没有实现的，被场馆方拒绝的活动（被称为“拒绝的业务”）。可能是因为场馆没有可用的预定日期；或是询问者的要求不太适合这个场馆；或者询问者的预算太低了。在任何情况下，拒绝的理由都应记录在数据库中，这是今后谈判进行时有用的资料。如果问题是潜在客户想要的日期是否可用，那么该时间取消原预定活动时，就应该联系他们，以确定该潜在客户是否仍在寻找场馆。

场馆方可以联系这些客户，这接触是着潜在业务的宝贵来源。因为此类客户已经对场馆进行了初步的询问，表达对场馆感兴趣。因此，有必要联系他们，确定可能还有什么其他活动以及他们是否可能被说服未来预订场馆。

场馆数据库中已经存在的这些联系人可以成为卓有成效的业务来源。但是所有的企业都需要不断地在他们的数据库中添加新的线索，以打开新的市场。

五、新线索的来源

购买现成的名单是给数据库添加新线索最快捷的方式，此类数据可以从多种渠道获得。

（1）商业公司。“牵头经纪人”和“牵头公司”提供线索，将这些卖给寻找新业务来源的公司。对于任何选择以这种方式补充数据库的场馆来说，必须与信誉良好的公司合作，以避免浪费时间跟踪不合适或过时的线索。

（2）会展行业出版物。许多会展行业出版物创建了接收第三方通信订阅者的数据库。例如，在英国会议和奖励旅行（M & IT）杂志拥有超过 16 000 个在英国和海外会议和活动买家的电子邮件地址数据库。如果付费，它允许用户根据地理位置或买家类型联系新线索公司。

（3）行业协会会议。会展行业有各类行业协会，行业协会会员的好处之一是可以访问他们的数据库。例如，ICCA（International Conference and Congress Association）的协会数据库列出了 13 000 多个国际协会定期会议的细节。它给出了每个会议的历史概况，创建完整的历史记录，记录了这些会议过去的选址以及为未来选择的目的地。该信息还包括本地关键联系人的几个联系地址以及满足场所要求、决策程序和未来可能符合条件的目的地。MPI（Meeting Professional Internation）的成员提供了访问全球 22 000 个会议行业专家的方式。

（4）商会和专业协会。本地企业名单可以向商会购买。有些可能是根据系统来组织的，如该系统允许在特定的地理参数中识别标题为“活动经理”。一些专业协会收取访问会员数据库的费用。通过这种方法，可以联系培训经理和人力资源经理等人员。

大部分场馆管理人员普遍认为，使用购买的数据库可以有效地找到大量新线索。但是，新线索需要投入大量的员工时间，因为这些名单上的联系人通常都是“冷漠”的，与名单上的购买者没有任何实质上的联系。

六、网络工具

以本地市场为目标的会展活动场馆，当地或地区媒体可以成为有用的信息来源，包括新开业和扩张以及重要人士晋升。例如，在场馆附近开设的新企业可能需要会议室来面试和培训新员工。

1. 互联网搜索

互联网为场馆提供了非常有价值的工具，用于对特定细分市场或个别公司进行搜索，以扩展他们自己的数据库。例如，场馆工作人员可以在网上搜索。

（1）不同的细分市场，如制药、信息技术公司、金融服务和其他相关协会。

（2）特定公司细节和联系信息以及在活动中使用的场馆类型。

（3）一些公司有权选择场馆的经理。例如，对于想要在当地培训人力资源专家的培训场所来说，互联网可以是非常有效的搜索工具。

2. 社交媒体

随着微信、微博（国外 Facebook、Twitter）和领英（Linkedin）等社交网站的出现，商业社交网络的世界既是传统的面对面线下聚会，也是在线互动的过程。

例如，使用 Linkedin 的高级搜索功能是为领导一代提供的最强大的免费工具之一——用于寻找新的线索，或者简单地定位可能已经跳槽到新公司的前客户。通过添加适当的搜索标准——例如，“活动” + “策划者”以及相关的地理范围，可以立即生成匹配这些标准的 Linkedin 订阅者列表。这些线索可以被添加到场馆的数据库中，以便通过 Linkedin 或其他交流方式进行跟踪。更进一步说，Linkedin 高级服务可以提供以下特征：

- 功能
- 资历
- 利益
- 经验
- 公司规模

3. 会展场馆网站

有调查显示，过去十年里，活动策划者在寻找和评估潜在的会展场馆时，已出现向线上快速靠拢的发展趋势。如果他们正在对某一地点进行实时的搜索，那么线上新兴点往往会首先出现的地方。作为对这一趋势的响应，许多场馆不再使用印刷宣传册，而是寻求最大限度地提高其在线展示的有效性，特别是通过场馆的官方网站和使用电子手册，国内开始使用微信公众号方式。网站成为大部分场馆网上的门面。精致而人性化设计的网站可以增加点击率，建立场馆的线索数据库。一般采用以下技术来吸引访问者浏览：

（1）对促销活动的响应，如电子邮件营销活动和广告活动地点的网站（包括场馆方的联系方式）。

（2）发布研究报告。更进一步说，一些场馆发现可以委托第三方研究就够发布行业报告，满足计划者的兴趣，吸引他们可以在网站上下载各类资料。

（3）通过第三方网站。大部分会展场馆发现，在第三方网站增加本场馆网站链接，是非常行之有效的增加点击率的方式。因为活动策划者会经常直接访问这些第三方网站，进行他们的地点搜索并输入搜索标准。满足这些条件的场馆将在搜索中出现。例如，Cvent Supplier Network（www.cvent.com）为全球20多万个场馆提供公共数据库。无论人们访问该网站的动机是什么，如果可能的话，尽可能鼓励他们留下自己的电子邮件地址和其他信息，这样就可以将这些信息添加到场馆的数据库并追踪，但确保访问者知道这些信息的用途是非常重要的。

考虑到这一点，会展场馆的官方网站显得尤为重要，特别是在保持已有客户和吸引潜在客户方面，注意并说服他们进行预订的关键因素。受欢迎的会展场馆网站一般具有以下基本特征：

（1）网站界面保持简单和清晰，以便访问者能够快速浏览网站并找到他们正在寻找的信息，过多的文字会减慢访问者的搜索速度。

（2）网站访客首先应该看到的细节是场馆的位置。为显示场馆的位置，可以在主页面甚至是所有内页的侧边栏中添加地图。

（3）访客可以在网站上下载他们需要的所有材料——平面图、参展商手册、健康和安全条例等等。

（4）各类证书（经许可）——这对客户非常有说服力，因为活动策划者倾向于相信其他活动策划者对场馆的看法，比他们相信场馆销售人员说的更有用！简短的证明可以是书面的（一段通常足够长），甚至可以是个视频证明：活动策划者用一分钟的视频来表达他们对场馆的满意。

（5）已在场馆举办的成功活动案例展示。对场馆最近举办活动的详尽描述，可有效地展示场馆受众范围，以及场馆在规模、客户细分等方面灵活安排各种活动的能力。案例展示可通过主办活动图片，活动组织者甚至参与者的证明来强化效果。

（6）场馆虚拟参观。制作精良、360度的会场内外视频不仅引人注目，而且能让潜在客户在电脑和其他设备上探索会议室和公共场所。当观看视频的人可以使用键盘上的控制来控制他们的行程时，这种影响就会增强。

（7）表格在线填写。网站访客通过完成简单的表格，可以获得所有问题的答案。可以采用下拉框的方式进行，其中有部分用于附加注释。

七、营销联盟和会展场馆协会

除建立正式的推荐系统之外，许多场馆还联合起来创建属于自己的营销联盟，为活动策划者提供中心咨询点，通常是网站或会员名录，联系联盟成员。这类场馆通常彼此有一些相似之处，这首先提供了创建联盟的基础，如英国的威斯敏斯特联盟（www venues-london. co. uk）已是位于伦敦威斯敏斯特教堂、伦敦交通博物馆和帝国理工学院等 47 个标志性场馆的有影响力的营销联合体。该组织的营销支持服务旨在向其成员场馆提供各类营销活动，生成新业务线索。为此，联盟网站为活动组织者和机构提供在线场馆查询服务。

有兴趣以这种方式与类似场馆合作，但找不到合适联盟的场馆总会选择创建新的场馆——即使它只从三个场馆开始。

会展场馆协会有共同特点的场馆聚集在一起，这是其成员的另一线索来源。如欧洲历史会议中心（www.hcce.com）是一个以市场为中心的协会，在 13 个欧洲国家的传统建筑中推广 26 个会议和会议中心。这种联系通常具有更广泛的作用，而不仅仅是简单地向潜在客户推销其成员并充当咨询点。例如，对其成员的教育和培训、对标、员工交流项目或代表其游说政府和其他决策者。正是它们成为新业务的宝贵来源的潜力鼓励了许多场馆成为会员。

国际会议中心协会（www.iacconline.org）是场馆协会的例子，它为会员提供一系列行之有效的销售和营销支持服务。全球 300 多个场馆符合国际室内空气质量保证标准，并享有广泛的优惠，包括在协会网站上提供一份全员的名单，并提供与会议策划人连接的提案申请，方便会议策划人员查询；以及 IACC 全球会员名录中的一份清单，该名录每年在全球范围内分发给 14 000 多名高级会议策划人。

第四节　发展与客户的关系

一、客户关系管理系统

为了将线索转化为场馆实实在在的业务，场馆销售人员必须对线索进行有效的管理。对于每个场馆销售人员来说，跟踪客户和潜在客户在销售周期的重要活动。场馆销售与其他业务一样，需要正规而标准化模式对销售过程进行监测。

客户关系管理（CRM）系统是有效的管理工具，可靠的客户关系管理系统对于任何场馆销售活动的成功运作都是至关重要的。此类系统通常由场馆管理人员构建，作为一种工具，该工具允许通过 Microsoft Windows 的软件包，国外专门开发了基于 Goldmine（www.goldmine.com）的 CRM 系统进行有效的客户数据管理；或者使用基于 Web 的系统的 Salesforce（www.salesforce.com\crm），也可以使用共享的 Excel 文档系统。

无论采用什么技术来驱动场馆的 CRM 系统，都应该在记录关于数据库中每条线索的所有相关信息，前文列出的基本信息在进入数据库的初始阶段捕获。对于那些有资格成为场馆潜在客户的线索，应系统地记录场馆与活动承办者的所有交易，以及与这些交易有关的所有行为。这样所有员工都可以随时登录 CRM 系统，并获取最新的信息。

建立会展场馆 CRM 系统的目的是组织场馆的销售过程，增强销售团队成员和经理之间的沟通，通过提高效率为员工留出更多时间完成销售任务。CRM 不仅仅是技术在场馆客户管理方面的应用，更是与客户建立更牢固关系的整体策略。

二、重要客户管理

会展场馆采用 CRM 系统进行客户管理的另一大优势是重要客户（VIP）管理。所谓重要客户（VIP）是指那些被认为是最有价值、最真实、最有潜力的客户。例如，会展场馆可能有 10 个重要客户，这些客户的产出占场馆销售总额的 60%。通常情况下这些客户被称为“大客户”或是“重要客户”，可能是企业客户、协会或机构。不管他们代表的是会议和活动行业的哪个部分，显然这些客户是场馆最具有价值的客户群。因此，针对重要客户的管理是场馆销售活动的重要内容之一。

大客户意味着更多的产出、更高的回报，场馆销售团队都会投入大量的时间和精力来建立和培育这些客户。体量大的场馆可能会雇佣关键客户经理（KAM），专门负责与场馆前 10 名客户或前 5 名客户的合作。针对这些重要客户，KAM 致力于建立一种亲密的、个性化的关系，使他或她体验“一站式服务”——在场馆内拥有指定联系人。

对于每个大客户，KAM 提出明确的销售目标，而前提是 KAM 对重要客户的业务有深入的了解。例如，通过与重要客户的互动，KAM 将会了解到他们每年会举办 10 场培训活动。基于这个已知的信息，目标可以被设定，在这 10 场培训中场馆可以获得多少产出。无论目标为何，都将给 KAM 提供一个定量的、可以衡量的目标。此外，有效的大客户开发计划不仅包括销售目标，还包括 KAM 如何在一段时间内（通常是一年）与大客户来往的细节。例如：

（1）KAM 为维系和巩固客户关系一年有多少次与重要客户会面。

（2）每年多少次邀请重要客户到场馆现场观摩。

（3）一年之中重要客户将会被邀请参加场馆举办的活动。

所有这些互动都是 KAM 极力增加与重要客户进行有价值的面对面交流的机会。例如，探索是否其他部门，除了关键客户的部门，组织举办活动，如果他们这样做，他们是什么类型的活动：培训课程，颁奖典礼，接待活动等。进一步的目标可能是查明大客户组织的其他分支机构——或它们的姐妹公司——是否也需要举办活动的场所。在获得了重要客户组织中其他支持者的详细信息后，KAM 安排与客户的会面，以使他们符合资格并探索他们的需求。这样，大客户作为客户的全部潜力就可以真正实现。

三、潜在客户的谈判

会展场馆代表与正在为某一特定活动寻找场馆的潜在客户进行会谈时，谈判这一行为将随时展开。场馆代表如何通过各种要素，有效地赢得潜在客户的信心，并说服他们成为真正的客户。

成功谈判的能力是所有场馆销售经理都应具备的关键技能。谈判通常发生在场馆销售经理与代表买方组织的潜在客户之间。当然，谈判也可能涉及中介机构，即代表前景客户工作的中介机构，下一节中将进一步论述。

场馆方和潜在客户或代理之间的谈判可以在不同的地点进行，但通常是以面对面交流的形式开展的。如行业会议或展览现场，或是潜在客户在场馆现场实地参观。

1. 与潜在客户进行谈判准备

成功谈判的关键在于充分的准备，即双方会谈前做好充分准备。互联网时代，比以往任何时候都更容易做到这一点，场馆方抑或活动承办方通常会在其网站上发布使命宣言、利益相关者、价值观、角色等方面的有用信息。网站也会提供负责人或者代表的人员简介。通过 Linkedin 查询，所有信息一目了然。通常如果是外部会议，活动的细节可以在机构的网站上找到。包括之前在哪里举办的信息，那么现场销售经理会发现价值场馆询问要求活动是如何运行，客户的优先等级，以及任何可能发生的问题，这些信息非常有用，且大部分场馆乐意分享此类信息，尤其是在不同城市的非竞争场馆之间。

不仅要查阅机构官网上的自我评价，更重要的是其他人对该组织机构的评价。如，对机构的新闻报道进行审查可能会发现，该机构正面临严重的财政困难，或正受到公关困境的影响。此类信息有助于场馆销售经理在与潜在客户的谈判中占据更有力的地位。

2. 谈判过程

在判的过程中，场馆销售经理将会提供大量的信息。值得注意的是，谈判的方式以自然的交谈为主，而不是以提问的形式。有效的谈判包括对潜在客户的目标和举行其活动的动机的详细讨论。现在，没有人为了开会而开会。场馆销售经理的工作就是找出这些动机和需求。当然，有时候活动承办方或发起方并不能清楚地阐明他们的目标是什么。潜在客户只是偶尔需要组织活动，比如秘书或人力资源经理，或者自愿组织协会或慈善活动。在这种情况下，场馆销售经理会问一些问题，如“你想从这场活动中得到什么？”“你怎样才能知道活动在多大程度上是成功的？”

重要的是要记住，成功的谈判是信息的交换。潜在客户也将有自己的问题要问。这些问题的数量和类型根据代表潜在客户的谈判人员的经验水平而有所不同。例如，有经验的内部会议策划者或机构，会对他们所要寻找的东西有很高的理解。他们可能已经使用了所讨论的场馆，他们有兴趣听取自上次在那里举办活动以来发生的任何变化，如建筑物基础设施或关键员工的变化。如果没有，他们将会有具体的也许是技术问题的列表。没有经验的、自愿的或偶然的会议计划者需要更多的解释和场馆能多大程度适应他们的需求的说明，甚至可能需要场馆销售经理指导，探索活动计划的详细要求。非本地会议规划者，无论他们的经验水平如何，场馆销售经理可能会发现，他们不仅要推广场馆空间，还要向其营销所在的目的地。

大多数谈判中，参与者最多只能有一到两名来自会场的销售人员和一到两名来自潜在客户的代表，但在某些情况下，可能需要其他人出席。对于某些类型的活动——如技术上精心设计的产品发布或需要高度安全的政治会议——客户可能希望详细了解场馆的音响设施或安保安排。在这种情况下，场馆的总技术人员或安保经理会参与讨论。如果高级经理会在场，甚至连场馆的总经理都可以参加讨论。

整个谈判过程中，重要的是场馆代表方尽可能阐述场馆优势，并且将这些优势与正在讨论的实际活动联系起来，可以使用类似的过去活动和客户的评价。

3. 价格的共识

从本章节已经讨论的内容中可以看到，谈判远不止于双方在价格上达成一致。价格问题往往是大部分客户的关注点。价格方面的谈判有两个要素：客户准备支付多少和场馆收费是多少。

（1）潜在客户的预算。谈判过程中如果潜在客户拒绝透露预算时，场馆销售经理必须使用他们的扣除权力来估计预算。这种客户通常会显示出他们的预算规模。一般来说，协会部门往往比公司部门更注重成本。对于协会来说，通从这个活动中获利是比较重要的——或者至少达到盈亏平衡。就连政府和企业会议部门也在有限的预算范围内运作，尤其在经济低迷时期，它们可动用的资金一般都较少。

近年来，多数客户预算管理的方式发生了显著变化。在过去，他们中的许多人未能（或不需要）考虑到，除了基本场馆租用的商定价格之外，视听设施、停车和衣帽间服务等项目还需要追加费用。但越来越多的客户有一个固定的预算，这意味着他们没有空间为额外的服务支付额外的费用，而这些服务可能是他们没有预料到的。

（2）场馆的限制。场馆代表方进行谈判时，在客户能够接受的价格上有一定的自由裁量权。然而，他们也明白，对于租用任何特定的会议或活动空间的最低价格，通常都有重要的参数。了解这些参数是必要的。场馆管理者需要知道他们需要达到的确切的 DDR（day delegate rate），他们需要根据最少的代表人数来实现，以获得实际的利润。除这些参数之外，费率方面可能有一些灵活性，这些费率将根据谈判进程确定。

（3）价格因素。场馆的价格参数——每个会议活动空间所达到的最低价格，是由它的收益管理计算决定的。这些计算不仅考虑了场馆保持财政稳定所需的收入，还考虑了市场通常准备支付的金额。

场馆如何为他们的会议室定价？许多人相信，这种计算是场馆经理凭直觉和经验给出的。但还有其他更客观的证据可以为这些计算提供依据。

①竞争对手分析不仅涉及到类似的场所，还涉及在同一市场上竞争业务的所有类型的场馆。场馆之间共享这些信息并不罕见。也可以以“神秘顾客”的身份联系竞争对手，了解对方场馆的价格。当企业将价格设定在与其竞争对手相当的水平时，这被称为“中性定价”，通常被认为是最安全的定价策略。然而，中性定价缺陷在于，场馆方可能无法实现利润最大化，因为这种策略纯粹是基于市场，而不是基于销售或雇用的产品或服务。

②场馆的历史数据过去一周的不同日子，一年中的不同星期，每一次会议活动空间能赚多少钱？这些费率可以作为有用的指南，指导场馆在未来从同样的空间中实际赚取什么。每个空间的占有率也是在产量管理计算中考虑到的重要统计数据。有必要建立和维护一个有效的系统来记录和存储这些数据。

③掌握最新和准确的市场趋势知识，可以为了解客户可能愿意支付的价格提供有用的指导。如宏观经济状况对商业信心等因素有直接影响，商业信心反过来又会影响组织为其使用的场所能够支付的价格。了解特定市场部门的业绩也能作为一项有效定价工具。例如，当准备与汽车行业的客户进行谈判，这将有利于现场销售经理注意到部门目前正在如何表现——在蓬勃发展的汽车行业形成“感觉良好”因素需要准备多少钱。

所有与价格有关的谈判中，场馆代表都应该对客户保持透明和诚实。通常情况下，向潜在客户解释场馆需要收取客房租金的原因是合理的，如场馆有管理费和其他费用。

4. 展示增值服务

在任何谈判过程中，都不完全没有降价以赢得业务，尤其是销售人员缺乏经验的情况下。但在任何情况下，降价都不能作为一种市场推广的策略。降价会降低利润率，降低服务质量，降低员工士气。最不幸的结果可能是价格战，即竞争对手为了保持市场份额而进行报复。价格战，即“底价的竞争”，可能会让普通消费者感到困惑，他们可能开始怀疑，他们是否从供应商那里获得了同样的服务质量，而这些供应商已经明显降低了价格。此外，当场馆大幅降价以填满他们的场馆时，不可避免地使他们难以再次提高价格，因为返回的客户希望得到类似的折扣。事实上，大多数客户明白，如果他们寻求的服务能够得到长期可靠的提供，那么支付更高的价格符合他们的最大利益。他们发现，如果他们经常使用的场所由于价格削减而破产，或者由于缺乏维护或员工培训而导致恶化，那么他们就需要冒着将业务转移到别处的风险。

会展活动市场上，大部分买家往往是价值导向。在某种意义上，他们会选择更高的价值服务，如果他们认为真正的价值，或者可以理解通过使用特定的场所，而不是竞争对手，他们将可能实现目标的活动。与降价相比，场馆销售经理在谈判中更有效的方法是展示增值服务，从而将谈判的焦点从价格转移到价值问题上。

例如，当越来越多的客户有固定的预算，并且没有支付额外的空间时，可以在谈判过程中把他们的吸引力放在不额外收取费用的附加设施上，如视听设施或衣帽间，尤其是在竞争者对此额外收费的情况下。以这种方式增加价值的成本对场馆方通常可以忽略不计，因为这些设施通常已经是准备好了的。

在寻找附加价值上，场馆经理应该尽可能创新，充分利用场馆可提供的免费或低成本的服务。例如，位于伦敦市中心的 Ironmongers Hall 为游客提供了参观这座建筑的历史体验。

【案例】

伦敦的品牌博物馆的和广告

为客户的活动增加价值，提供一项测试作为团队建设的附加练习。

位于伦敦的品牌博物馆可以被视作非标准场，其主要功能是向公众展示超过 12 000 品牌产品的永久陈列，涵盖了150年的消费文化。从玩具、杂志、科技到旅行，从维多利亚时代到今天的纪念品和时尚用品，这些物品涵盖了日常生活的方方面面，构成了罗伯特·欧派（Robert Opie）的私人收藏。该博物馆于2005年在伦敦诺丁山地区开放，为游客提供了深入了解品牌演变和品牌动态的视角。

博物馆专用的会议室俯瞰风景如画的院落，用于各种不同的活动，从创新会议、研讨会到午餐。它可以容纳多达70人的剧院风格，35个酒店或24个会议室。博物馆本身可以在开放给公众的时间举办外面的活动（星期二—星期六，10：00–18：00；星期天，11：00–17：00）。以博物馆收藏的展品为背景，它可以为多达55位客人举办晚宴，也可以为多达120位客人举办酒会、产品发布会或派对。

该场馆成功地建立在其独特的品牌集合之上，赢得会议和活动。该博物馆将自己定位为“把品牌和设计视为其业务不可分割的一部分的公司的理想选择”。因此，场馆的许多客户包括品牌所有者、零售商、创意机构、营销人员和广告商。一些企业客户使用这个场所是因为它为他们的参会者提供了在活动期间发现自己公司品牌历史的机会。品牌博物馆也经常被企业用于产品发布会和新闻发布会，届时参观博物馆对受邀者来说是一种额外的吸引力。

2013年2月，在博物馆内部的月度营销会议上产生了这个想法之后，博物馆推出了一项为参会者提供测试的附加活动。此项活动希望实现四大目标：

（1）让活动参与者更多地了解博物馆的藏品。

（2）作为一项团队建设练习。

（3）在与会者的心目中，博物馆作为文化景点和会场的双重角色之间提供了联系。

（4）为以前使用过场馆的客户提供一些新的东西。

该测试提供给所有会场的客户，对于接受测试的客户，与会者将被分组，并给出问题列表。测试可以作为午餐活动或一天结束时进行，或者，对于晚上的活动，它可以在晚餐前作为破冰工具进行。

A：猜猜这些品牌是什么时候推出的？

1. 雀巢速溶咖啡是哪一年在英国推出的？ 1929/1939/1949

2. Mars 酒吧是什么时候到达英国的？ 1932/1948/1957

3. Frosties 早餐麦片是哪一年在英国推出的？ 1954/1964/1974

4. Pot 面条是什么时候在英国推出的？ 1971/1975/1978

5. 沃特尼七人党是什么时候出现在英国的？1963/1968/1972

B：品牌是市场营销的重要组成部分，看看你能辨认出多少。

1. 电视广告于1955年首次在英国播出。

2. 那个经典品牌在1886年作为一种热饮推出。

3. 有“避免下沉感”的口号。

4. 多年来，它被称为Liebig Extract of Meat，1910年作为一块立方体被发现，给这个品牌带来新生的更时髦的名字是什么？

5. 说出1913年来到英国的澳大利亚鞋油品牌。提示：发明者的妻子。

6. 来自新西兰。

7. 哪个受欢迎的茶品牌是在20世纪30年代以“Pre — Gestee”的名义推出的？

C：在空白处填写用于下列标语的品牌名称。

a）Ten to one it's____ time

b）Exceedingly good cakes____

c）A glass and a half____

d）Someone's Mum doesn't know what someone's Mum ought to know. That____ washes white.

e）Probably the best beer in the world ____

为了得到这些问题的答案，参会者必须通过博物馆的收藏，研究展品，尽管有些问题的答案取决于参会者对品牌的个人了解。测试平均需要30分钟才能完成。

活动组织者决定向获奖团队颁发奖品时，博物馆会以折扣价从礼品店中提供物品，这样参会者就有了博物馆的纪念品（礼品店中的所有物品都与博物馆的收藏相关）。对于场馆来说，这带来了额外的收益，为博物馆创造了更多零售收入。

场馆系统地从客户那里收集反馈信息，并向活动组织者反馈测试的结果。这一反馈是通过电子邮件收集的，并形成了一份简短的调查问卷，该问卷是在他们活动一周后发给组织者的。反馈问卷涉及的其他方面包括服务、餐饮和设施。在发布会开始后的前几个月里，有30%~35%的会场客户接受了为参会者举办活动测试的邀请。阻止这一比例上升的主要因素是这种活动的时间限制。很多活动安排得很满，没有时间进行额外的活动，如测试。在博物馆开饭的头几个月里，所有的反馈都是100%的满意度，包括测试的长度和问题的难度。这一点在普遍的调查问卷中是非常难得的。

5. 提供解决方案

各种行业中，比较流行的一种做法是让销售人员不再充当“订单接受者”，而是使其乐于充当“解决方案提供者”或“解决方案创造者”的角色。场馆部门也不例外。“订单接受者”关注的是他们想要销售的产品或服务，而不是他们的潜在客户想要达到的目标。他们可能非常了解自己产品的特性和好处，但他们的观点完全来自于他们自己、供应商、买方和供应商之间的关系。另外，“解决方案提供者”关注的是客户在使用相关产品或服务时将获得的结果和效果。通过这种方式，他们为客户创造价值，为他们提供改善业务的机会。当谈判遇到障碍时，这种方法尤其有效。

成功的销售经理将其成就归功于他们与潜在客户合作，为谈判中发现的问题找到互利的解决方案。从这个意义上说，他们与其说是代表买方与供应商关系一方的销售人员，不如说是潜在客户的合作伙伴，努力为相关利益相关者找到解决方案。

例如，如果房间出租的费用是与客户在有限的预算中达成协议的障碍，场馆销售经理可以探讨该活动的日期是否真正确定，或者是否说服客户考虑更便宜的日期。或者是否可以通过缩短客户使用场馆的时间来降低价格。他们真的需要一直要求的所有房间吗？在他们的活动之前，他们需要更多地设置时间吗？场馆经理可否建议更有效地使用场馆设施？

如果客户同意签订一份多年的协议，那么场馆可能会接受较低的会议室出租价格。例如，如果在接下来的三年里预订同一场馆，就可以获得折扣。或者，如果客户预订了三场年度活动，场馆可能会同意在未来三年保持费用不变。这种多年的交易对场馆很有吸引力，因为它们在较长一段时间内提供了重复交易的安全性。

另一种金融模式甚至可能采取场馆和客户之间的利润分享的形式，这是被认可为对已售活动有效运作的公式（例如，协会会议和商业协会通过会费产生收益）。场馆可能会在降低比可接受空间更小数量的基础上提供更少的空间，如果客户达到了这个最小值，场馆会提供更多空间，或者分享门票额外的收入。在这种财务模式下，如果客户的门票销售水平大大超过了约定的最低水平，那么他们就会获得场馆的利益。这种类型的协议代表了场馆和客户之间一种有吸引力的风险分担形式。

值得注意的是，对于那些利润用于慈善事业或支持艺术场馆，可以在谈判过程中作为独特的卖点加以强调。场馆结构的这一方面可能有助于说服人们就拟议的价格达成一致，因为许多组织在知道其中一些资金将用于有价值的事业时，他们更愿意花钱。这样，他们在租用场馆上的支出就可以被视为企业社会责任（CSR）政策的一部分。事实上，由于许多公司现在都有自己需要遵守的政策，这些企业自身的企业社会责任认证本身很可能有助于回避这笔交易。

6. 更灵活的报价

活动策划者对场馆出租最常见的抱怨之一，就是提供的产品或服务缺乏弹性，例如，场馆的餐饮和饮料套餐是完全没有商量余地的。代表会场进行谈判的解决方案提供商理解，在本例中，如果会场准备制作一份更符合预算或与会者要求的定制菜单，可能会对潜在客户产生吸引力。例如，尽管场馆固定发布的菜单可能适合许多项目，但有时也需要一些灵活性和想象力，以适应客户的预算。会议地点是否同意为注重成本的会议策划者减少一次咖啡休息时间？或者是将不同菜单中的项目组合在一起？

另外，与潜在客户进行更慷慨的预算谈判的情况下，包装的食品和饮料成分可以提供提高销售的机会，用培根三明治和咖啡代替饼干，或者专门为他们的活动主题定制菜单。

灵活性是成功谈判的关键因素，这就是为什么代表场馆进行谈判绝不能简单地照搬一套照本宣科的规则。通过上述方式探索替代方案，并展示灵活性，场馆销售人员可以与客户合作以达成满意的解决方案，加强了合作的重要性。

7. 处理反对意见

无论场馆有多出色，有多适合于客户的需求，在谈判过程中，客户几乎总是会提出异议并表示怀疑。销售过程中，反对意见的潜台词是“潜在客户给出的为什么他们不准备购买你的产品或服务的理由”。销售场馆的背景下，反对可能包括：会议中心非常大的，参会代表将不容易找到地方。

- 缺乏交通工具与会场相连
- 缺乏当地的设施，如住宿
- 缺乏逃生通道
- 没有足够的自然光
- 没有室外空间

成功达成一笔交易取决于场馆销售经理预见并处理此类异议的能力。为了做到这一点，至关重要的是，代表场馆进行谈判的人充分认识到局限性和以前提出的反对意见，并有令人信服的解决办法来处理这些问题。

缺乏经验的销售人员有时会害怕反对意见，但事实上，这样问题会受到欢迎，因为这证明了客户对获得产品的进一步信息感兴趣。让客户自由而充分地表达异议是重要的。经常有必要重申客户的反对意见，以确保对客户的理解是正确的。然后，场馆销售经理应该承认这个反对意见，即使是毫无根据的。这表明了对客户提出的观点的尊重，产生了一定程度的同理心，比立即反驳客户，并冒着在讨论中制造冲突气氛的风险好得多。

接下来，销售经理应该为反对意见提供解决方案，如果可能的话，甚至是推荐场馆对过去客户所做的实际例子。例如，“我明白你为什么这么想，因为其他会议策划者也表达了同样的担忧。但当他们看到我们如何使用路标和工作人员在会场周围引导与会者时，他们意识到这不会成为成功活动的障碍”。

8. 处理失败的谈判

面对提到的责任，客户和销售经理可能没有选择，只能在没达成一致的情况下，放弃谈判。当客户的要求和场馆的功能不能匹配时，这是很常见的，或者可以发现没有双方都可以接受的价格。这可能导致客户与竞争场馆展开业务，所有事情都是等同的，价格、设施等，他们想回避风险，更倾向与熟悉的场馆合作。同之前合作过的客户熟悉的力量是不可估计的。但是整体而言，谈判失败最常见的原因是销售经理没有问恰当的问题，或者没有提供有效的解决办法。

第五节　与中介机构合作

一、会展中介机构作用

中介机构在销售过程中扮演着重要角色的第三方，将买家和卖家聚集在一起，搭建贸易伙伴桥梁。中介机构在市场体系中的作用，被理解为通过弥合各种“分离”或“差异”来增加价值，这种差异阻止商品或服务供应商与其潜在客户之间的联系。

要想满足买卖双方的需求，首先需要解决市场中存在的“差异”（McInnes，1964）。时间、信息和空间是可能阻止供应商向最终用户销售其产品或服务的市场分隔的主要因素。Shaw（2013）采用制造企业的案例阐述了这些差异，给予更好的理解。

（1）空间差异，制造商存在于数量有限的空间，而需求方分散在各处。

（2）信息差异，制造商有供应，住户有需求，双方都须知道对方的存在以及在哪里找到对方。

（3）时间差异，制造商生产一些季节性商品，如鲜果，但住户整年都需要这些产品，而另外一些全年都可生产的商品如圣诞树等，住户只在某一特定的时间点需要。

买方和卖方之间的这些障碍、分离或差异，为中间商或中介机构进行市场活动提供了机会。通过充当供求之间的桥梁，中介机构对企业和客户之间的关系至关重要。特别是在买卖双方没有直接联系的情况下，中介能够影响商业关系的性质。从这个意义上说，其他双方都依赖于中介的表现。会展活动市场中，存在各种类型的中介，可以有效地将会展场馆与潜在的客户连接起来。从场馆的角度来看，这些中介可以被认为是他们自己销售队伍的延伸。

二、会展中介机构类型

大型协会、机构和企业都有自己的内部活动部门，负责组织各类活动并为其找到合适的场馆。但有时候仍然需要外部中介机构的协助，比如公司规模不大或者举办活动不是很频繁，或者仅仅是处于内部成本控制的原因，不设立专门机构部门。采购在公司会议和活动采购过程中发挥的日益重要的作用，也增加了对公司使用代理机构的重视。

企业采购部门越来越多地参与到企业活动的供应商和场馆选择过程中。越来越多的企业在选择场馆时必须使用指定机构的服务。

客户和代理之间的关系采用客户和唯一代理之间的“首选”协议的形式，也可以通过客户与一些代理合作。例如，有的客户会通过一家公司来找活动场馆，然后雇用另外一家机构进行活动的策划与执行。在任何情况下，机构的客户都是负责活动及其实际内容，包括活动主题、演讲议题、演讲者的选择等。中介机构只是负责处理部分或所有其他细节，包括寻找场馆、谈判合同和处理现场活动管理等方面。当然，越来越多的机构以战略性的方式与企业合作，协助企业方进行整体活动策划，而这些机构的职责延伸到了规划实际内容。

因此，从场馆方的角度出发，中介机构是关键的中间商，他们将自己与潜在用户联系在一起，并成为有价值的额外销售部门。中介机构一般根据所提供的各种不同的服务进行分类。虽然许多人只局限于场馆布置——为客户的活动确定合适的场馆——但其他人也提供更全面的服务，如酒店预订、活动管理和委托注册等。只提供场馆安排服务的机构通常被称为场馆搜寻者或场馆搜寻机构；虽然这些机构在为客户的活动提供更广泛的后勤服务时，可能会使用“活动管理机构（events management agencies）”“协会管理公司（association management companies）”“独立会议策划师（independent meeting planners）”或“专业会议组织者（Professional conference organisers，PCOs）”等名称。此外，当机构提供创造性的、以技术为基础的解决方案来增强客户活动的效果时，他们会使用标题“活动制作公司”（events production companies）。活动制作公司的服务包括任何形式到内容，从集合设计、构造、演讲者培训以及活动策略方面的咨询等。

会展活动中介机构可以小到个体经营；大到国际性组织机构，机构规模不拘一格。有些中介机构可能专门研究某些类型的活动，如医疗会议、政府活动或汽车活动。大型中介机构可能有不同的团队，在这些特定领域有不同的专业和专门知识，其他机构专门为协会和会议市场规划和运行活动。

从客户的角度出发，场馆过程选择中，中介机构的主要作用在于通过专业的场馆知识为客户节省宝贵的时间。场馆的需求方——客户只需提供要求和标准，如日期、活动参与者数量，是否需要住宿以及任何特殊要求，如高尔夫球场或SPA。

中介机构将客户的需求与他们数据库里的场馆进行匹配，并向客户提供合适场馆的简要列表。可以通过向客户询问场馆的各类问题，完善自己搜索目标。问题可以诸如“活动的目标是什么？”“参加活动的团体的情况如何？”这类问题的答案对那些机构也有特别的帮助，他们甚至会就会议的战略性使用和内容向客户提供建议。

各机构从各种渠道了解场馆，包括会议行业新闻、会议行业贸易展还有互联网，并且不断地熟悉新场馆和数据库上现有场馆的变化，及时更新自己的场馆数据库。

三、会展中介机构报酬

如何支付机构薪酬？虽然许多中介机构的场馆服务由他们推荐的场馆支付佣金。但其他机构，包括那些代表其客户承担更广泛任务的机构，可以通过多种方式服务得到报酬。活动领导协会（Event Leardership Institute）最新调查显示，会展中介机构报酬分五类：佣金、预算百分比、按小时过天数计费和固定费用（Hatch，2013）。加成和佣金对会展中介机构和客户而言是最不受欢迎的定价选项。主要归咎于场馆租赁价格日益透明。对于加成和佣金，支付给会展中介机构的价格对客户并不总是透明的。

从理论上讲，中介机构受到激励增加客户在为他们的活动租用场馆上的支出，以便该机构能获得更高的佣金。然而，现实商业社会，几乎没有证据表明存在这种做法，因为机构在向客户推销其服务时使用的主要论据之一是，它们能够（通常也确实如此）与场馆协商更好的价格。

活动领导协会调查中，支付给中介机构的费用占活动总预算的百分比的方式仅仅比作为加成和佣金更受欢迎。收费比例从预算的 10%~30% 不等，平均为 18%。23% 的调查对象发现，中介机构以小时计酬或每日收费的形式获得报酬的方式是“大部分”或“始终”被使用的，其中大多数人每小时收费低于 100 美元。

但在同一项调查中，评级机构及其客户更倾向于采用固定收费的定价方式——23% 的人经常使用固定收费，30% 的人多数使用固定收费，34% 的人有时使用固定收费，只有 12% 的人从不使用固定收费。但是报告还指出“如果客户和策划者都同意，任何定价方法都是可以接受的”。给定的项目中可以采用多个定价模型。该报告指出“策划人员可以通过佣金支付其工作范围的选址部分，通过固定费用进行项目的后勤和执行。”

四、场馆如何与中介机构有效合作

对于会展场馆来说，与中介机构保持积极的关系是非常有利的。会展中介机构能为场馆方带来大量潜在的业务。整个合作过程中，场馆管理者以互利双赢的方式管理及维系其与会展中介机构的关系变得十分重要。

场馆方、中介机构和客户之间的有效沟通，对于整个活动过程的顺利进行至关重要。专业的中介机构是场馆和客户之间有效的沟通渠道，销售过程更顺畅，对各方都有利。这些机构主动向客户推广场馆的优势及其增值服务，而不是简单地告诉他们场馆租用的价格。

为了让代理人员了解场馆的好处和特点，场馆销售经理应该定期与代理机构见面，将他们的场馆的各类信息与更新及时呈现给客户，就像他们将场馆直接呈现给潜在客户一样。这些会见可以是在这些机构自己的办公室里进行，也可以是在会场内进行展示，这相当于场馆方的一项重要投资。只有各中介机构了解场馆如何真正满足客户的需要，才能以适当的方式推荐场馆。

在双方共同努力下，与中介机构合作对场馆有很大的好处，充分考虑到最终客户的需求。在这个供应商—中间商—买家的供应链中，场馆经理的挑战在于，通常与最终客户没有直接接触。这意味着他们要依靠中介机构来了解客户的需求，促使活动取得成功。由于在场馆和最终客户之间有了中介机构，场馆经理通常无法直接询问各类与活动相关的问题。而专业富有经验的中介机构了解客户活动，并根据客户的实际情况和目标选择场馆。但缺乏经验或效率低下的中介机构，如果不能提出适当的问题，不能充分挖掘客户的需求，将会成为场馆成功的障碍，而不是支持性的合作伙伴。

一些中介机构甚至不愿意透露他们的客户或潜在客户是谁。对于那些不知道客户是谁的场馆来说，可能存在这样的挑战——通常是需要避免冲突，在同一场馆举办由两家相互竞争的金融机构举办的活动。场馆与中介机构另一项重要的合作关系就是财务方面的，特别是在中介机构给场馆带来业务而收取佣金的情况下，会有不同的薪酬模式，例如：

（1）许多场馆都有一份他们愿意支付更高佣金的中介商名单（比如 15% 而不是 10%），作为回报，这些中介机构会优先考虑这些场馆。

（2）也有系统的“搁置协议”（酒店常用的），如果代理商给场馆成功介绍了预先签订的业务，场馆会给他们奖励金。

（3）场馆可以与一些机构建立合同费率 / 优惠费率体系，为这些机构提供较低的 DDRs，作为回报，这些机构将在一年内为场馆带来最低业务量保障。他们的客户更有可能通过他们预订，因为通过他们获得的价格比其他没有合同优惠利率的中介机构要低。

第三方介入时，场馆预定过程中，与场馆和机构之间的金融交易会出现各种问题。例如，由于客户已向多个中介机构发布了其活动，因此场所可能会收到来自不同代理的相同询价。在这种情况下，透明度是极为重要的。场馆方应向第二个机构表明，已经收到另外机构的询问。关于哪个代理收取佣金，最明显的答案是，无论哪个代理，第确认预订的，都要支付佣金。

也可能出现这样的情况：一家中介机构带客户的询问来到了场馆，但是同样的客户直接来到了场馆。场馆方必须决定是否通知代理商以及是否支付他们的费用。在这种情况下，可以参照大部分国外场馆的做法，即如果客户是由中介机构介绍给场馆方的，那么只有向他们支付报酬才是公平的，并且是保持与机构关系积极的有效方法。然而，回头客的情况是（例如，客户的年度会议），当客户最初是中介机构介绍来的，但之后直接来到场馆，后续活动就不付给代理商报酬了。但即便是在这种情况下，如果某场馆试图与该中介机构建立积极的关系，也可能考虑是否需要支付佣金（或减少佣金）。大多数场馆都是根据具体情况做出决定。

一般而言，场馆和中介机构之间的在公开透明的氛围中效果最好。从场馆方的角度出发，中介机构是一种有效的赢利方式，因为中介机构已经与需要场馆的客户进行了联系，这意味着没有必要去寻找他们。当中介机构与场馆合作时，他们代表了有价值的预订来源，也是场馆自身销售团队的强大延伸。从中介机构的角度出发，出于保护自身企业的商誉以及客户的利益，也为极力维系与场馆方的双赢关系。总部位于英国的中活动中介机构 Trinity Event Solutions 的总经理 Jacqui Kavanagh 给出了该机构的观点：“当我们作为代理商接触场馆时，我们不仅仅是在寻找空间，更是在寻找能够确保客户活动成功的场所。从最初的电话中评估场馆销售人员的专业水平和知识，测试他们做决定的能力，这些决定将会在价格和合同条款等问题上支持客户。”

（1）从场馆方为客户活动的提议，希望看到客户的需要是否被理解并且很好地执行，并且能够得到提升。

（2）希望客户的现场访问能被认真对待，且有周密的计划。

（3）希望客户安排在可靠的人手中，并得到及时反馈。

（4）希望整个关系是信任和开放的，不管是额外的费用、佣金还是取消，整体过程是一致的。

最后，从客户的角度来看，很明显，当客户看到场馆方和中介机构作为整体在合作，以帮助完成成功的活动时，这个三方体系才是最有效的。

【案例】

Chudbus 暑期旅游

利用创新和独特的路演经验，向酒店预订代理商展示 Sundial Group（以下简称 SG）的场馆。

Sundial Group（www.sundialgroup.com）是一家位于英国的家族经营酒店集团，在英国拥有并经营着三家乡村酒店，分别是萨里郡的巴内特山（Barnett Hill）、安普敦郡（amptonshire）的高盖特酒店（High gate house）以及沃里克郡（Warwickshire）的伍德赛德酒店（Woodside）。SG 主要目标市场是商务会议和管理培训，核心客户是国家和跨国组织。

英国的酒店预订代理（HBAs）是专门为客户提供住宿、会议和活动设施和服务的中介机构。SG 意识到其核心客户——国际组织越来越多地通过 HBAs 为他们的会议租赁场馆。然而，SG 也发现 HBAs 主要与规模较大的酒店品牌打交道，这些场馆和地理分布更适合大多数大型组织的采购政策。基于这个原因，SG 的经验中，像他们这样的小供应商想要进入大 HBAs 的预订团队通常是比较困难的。因此，SG 提出了“暑期路演”这样一项活动，来吸引 HBAs 的目光。

路演的目标——提高 HBAs 对 Sundial 品牌、场馆、独特个性、历史和价值观的认识，从而增加 SG 从他们身上获得的业务的价值。

路演策略的原则是：

（1）人们与他们联系并信任的人做生意。

（2）品牌如果有独特的个性和明确的不同点，就会令人难忘。

（3）在一顿饭和精彩的故事中相遇是令人难忘的。

SG 希望基于个人层面上与场馆预订方建立联系，并向他们表明，并非所有的会议中心都是一样的。每年 HBAs 从所有类型的场所获得大量的报告，所以使 SG 脱颖而出、迷人、难忘，是建立和其他场所之间不同的关键点。

通过为HBAs举办熟悉场馆的旅行，这些证明，一旦建立了更强的认知度和信任，SG就会从熟悉旅行参与者那得到更多的业务，这些参与者对SG的产品的认知也将大幅提高RFPs（初始查询）。

在财务方面，SG的目标是将从HBAs增加10万欧元的收入，最初的询盘成功预订的比例增加10%。

计划开始于路演前的冬季，SG的代理销售经理Mia Butler通过路演活动创造了兴趣和刺激，使HBAs的展示预约大大超过了通常提供给SG这样规模小供应商的业务。

内部资源的主要来源，支出达到10 000英镑的预算覆盖翻新的路演用车，户外饮食设备、燃料成本、营销和耗材，如为客人准备的食品和饮料以及小礼物——上面写着“Sundial Group”的小贴纸，通过这些小礼品与暑假的主题保持一致。

在Sundial内部网上创建了共享的约会日志来协调团队。路演活动的每一天都需要对预算、时间、供应和后勤的细节给予细致的关注。希望每一位HBAs的观众都觉得这是他们的特别访问。同时利用公关、媒体和社交媒体策略为路演造势，确保了最大的关注度和媒体报道。这为Sundial Group创造了更广泛的品牌知名度，带来了额外的好处，对实际路演的影响超过了持续时间。

作为一家有多年的经验和独特的价值观的家族企业，Sundial的高级管理团队，通过讲述故事贯穿活动始终：SG集团董事总经理Tim Chudley扮演司机和讲述者的角色，代理销售经理Mia Butlerf担任旅游经理，集团执行总厨师Jerry Toth在每个目的地都做料理。SG高级管理团队成员都参与了路演，这是建立个人关系和信任的关键因素，通过实现路演目标。

路演所用的车辆是一辆双层巴士，被称为Chudbus，如图6–2所示。最初的故事是在 Gaumont新闻短片上讲述的，该短片现在发布在YouTube上（http：//www. youtube. com/watch?v = TfRpegkyuGw）。20世纪50年代末，Tim Chudley父母带着他和他的五个兄弟姐妹去美国度假，他们买了一辆公共汽车，专门为家庭度假改装。虽然最初的Chudbus故事早于Sundial的形成，但是我们觉得它给我们公司增添了一种迷人的个性。当2005伦敦双层巴土车队退役时，我们购买了其中一辆，作为展览车和偶尔的会议空间。创造性地使用一辆巴士，这是真实的和有记录的连接到了Chudley家庭和Sundial集团，提供了独特的和难忘的设定，其中谈论的经验，哲学和价值观支撑场馆产品和服务。Tim Chudley讲述的年轻的孩子的故事在新闻片中增加了真实性和兴奋点。

最受欢迎的1963部电影“盛夏假日”，讲述了歌手克里夫李察和一群朋友在欧洲附近开一辆双层巴士度过假日的故事，这为盛夏假期之旅的路演提供了名字。Chudbus全部翻新，展示最先进的会议设施和技术，生动地向HBAs客人展示了Sundial的会议环境。

图 6-2 Sundial 路演宣传

资料来源：Rogers T. & Davidson R.（2016）. Marketing Destinations and Venues for Conferences，Conventions and Business Events. Routledge.

此外，为客人提供的烹饪示范和新鲜的食物的味道刺激了他们的感官，展示了 SG 的餐饮质量。通过这种方式，路演活动的创意和质量直接向 HBAs 客户可以展示了可以从 SG 场馆期待什么，并为我们的品牌建立了与众不同的亮点。

在每次参观之前，都会用海报和社交媒体宣传活动来激起人们的兴趣，促进 HBAs 参加进来。每次访问开始，都把 Chudbus 停在 HBAs 办公室前门外的预留空间里。Jerry 煮了大蒜、洋葱，准备白葡萄酒，作为准备大餐的第一步。在他们的办公室里飘荡了半个小时的香味，让所有的 HBA 都不想错过参观我们的巴士的机会！

从 6 点到 12 点，会场的观众们一窝蜂地停下来吃午饭，朝车站走去。在拿了他们的食物之后，这些人聚集在巴士的下甲板上，坐在 SG 提供的高档会议椅上。1959 年的 Gaumont 新闻片被展示在电子大屏幕上，Tim 谈论 Sundial 集团的发展和使它成为赢得赞誉的特点。在此之后是 Mia 做的演讲，她讲述了 SG 承办过的活动，吸引顾客的关注点。

在这些演讲之后进行的非正式对话使 Tim、Mia 和 Jerry 能够了解更多关于 HBAs 客户的信息，并确定商业发展的机会。他们还在 Sundial 集团管理层和 HBAs 之间建立了个人关系，使 HBAs 参观后可以很容易地与场馆预订人员保持联系。通过使用有趣的比赛，也可以扩展与预定者的接触。这包括向所有在路演期间登上巴土的人发放竞赛参赛表格，并邀请他们创造标题。最佳入围者的奖品必然是度假，这也是获取他们联系方式的一种有效途径。公共汽车的上层装有 SG 的推销材料和工具，活动结束后，我们的客人愉快地把小礼物带回了他们的办公桌。

路演效果评价及其结果：

（1）评估指标是由 Sundial 的 CRM 和预订系统产生的，通过比较路演前后的查询数量和 HBA 来源的收入。

（2）为了测量每一次路演的影响，对每日的查询进行监测和跟踪。

（3）路演生成的额外曝光程度用来和由代理介绍客户时的 HBA 数据比较，这个比较结果将作为暑假之旅的结果。

（4）监控 Twitter 和其他社交媒体以及所有行业特有的媒体，以得到 Chudbus 的提及次数，并监控驱动@ sundialtim 的新“关注者”数量的增长。我们从媒体收到的关于编辑或评论新闻稿件的数量也会追踪。

路演活动成果分析：

（1）暑期路演带来了额外的 374 000 英镑的 HBA 收入，为 Sundial 集团增加了 60%。10k 英镑的预算有 37 : 1 的 ROI。

（2）当天询盘就超过 55 000 英镑的价值。

（3）RFP 和确认之间代理业务部分降低了 35%~350% 的目标。

（4）在一些重要的机构中获得了预定者，这些预定者在我们的目标名单中名列前茅。

（5）机构选择伙伴关系与英国最大的 3 个国家间机构达成协议。

（6）这次旅行被推特转发和再转发了 300 多次，传播了诸如“为我找到会议”“特别的 # ff @ mia_butler @ sundialtim @ jochudley 可爱的人，可爱的场馆和可爱的海鲜饭”，还有“谢谢你的精彩展示！”“感谢您上周为团队午餐所做的巨大努力。大家的反馈非常好，请把我们的感谢传达给所有参与这辆车的人！”这样的电子邮件。

（7）@ sundialtim 增加了 250% 的关注者，而贸易编辑和新闻报道至少有 8 次获得成功。

（8）Tim 的 博 客 http：/sundialtim blogspot.co.uk/2011/05/chudbus-on-tour。html 收到了数百个页面视图。

（9）有四家旅行社甚至在第二年的 Chudbus 之旅公布前就要求再次预订。

（10）Chudbus 之旅已成为人们热切期待的年度活动，受众对象已扩展至访问直接的企业客户办事处。

场馆不断尝试创新的方式在市场上推广自己。只要忠于自己的产品和品牌，客户和潜在客户就会永远珍视一种原创的方式以传达他们的信息。这是 Sundial 的目标，它的目的是提供 Chudbus 的夏季假日路演，我们发现它是非常有效的联系我们的目标客户的方式。此外，企业背后往往有有趣的故事。有了 Chudbus，SG 讲述了一个属于自己的故事，一定程度上具备营销的主动性。有效的 CRM 是基于个人层面的互动，所以讲述一个好故事的企业，可以通过个性来吸引品牌的价值。

五、会议观光局的作用

会议观光局（CVBs）是场馆租赁的重要的中介，在促进目的地营销、吸引会议和其他活动方面发挥关键作用。作为目的地营销机构，CVBs 是活动领域重要的信息经纪人和传播者。大多数 CVBs 在城市层面上运行，但也有国家 CVBs 的例子，负责将整个国家作为商业活动的目的地。

在他们为目的地招揽会议的过程中，CVBs 的主要作用是建立品牌，并向那些负责选择会议和活动目的地的人推销他们的目的地。但许多 CVBs 向会议策划者提供服务，以刺激他们的兴趣。Polivka（1996）详细介绍了 CVBs 为会议策划者执行的各种任务。例如，他们可以为会议策划者者组织家庭活动，以刺激他们对目的地的兴趣；可以在目的地提供可靠和恰当的服务提供商，从 DMCs 和餐饮服务提供商到住宿和场馆。他们也可以以请求的形式将信息传播到场馆，这些要求直接来自那些对在目的地举行活动感兴趣的组织。

其他与会议服务有关的 CVB 活动包括：

（1）“出席人数”——活动的推广，增加出勤率。

（2）协助为会议代表寻找住宿地。

（3）提供现场登记和信息。

（4）一些 CVBs 也可以提供资金支持协会把他们的会议带到目的地。

根据 Vallee（2008）的观点，CVB 最常见的实现目标的方式是：

（1）征求、获得资格并确认小组在其所代表的地区举行会议、会议和贸易展览。

（2）协助通过出席会议和会议服务确认的小组。

（3）通过建立品牌意识和管理客户关系来管理目标品牌。

（4）通过有针对性的促销和销售活动，为休闲旅游行业和个人旅行者提供市场。

（5）促进会议经理与旅游行业买卖双方的关系，卖方一般由提供产品和服务的本地企业组成。

（6）服务客户，包括会议代表，在目的地鼓励他们停留更长时间，看到更多的地区。

从会议策划者的角度来看，CVB 是“一站式服务”。他们往往更喜欢使用 CVBs 提供的服务，而不是其他机构，因为 CVBs 的服务可以满足他们对场馆和其他供应商的客观信息的需求。CVB 网站通常作为目的地在互联网上的官方存在。这些网站提供了关于 CVBs 服务的广泛信息以及关于会议设施和服务的有用信息、酒店住宿等。

【案例】

“与柏林一起旋转”——2013 年柏林英国路演

“与柏林一起旋转”呈现了一种会议观光局与场馆方合作的全新方式。柏林—德国首都作为会议目的地是成功的。多年来，柏林一直是被 ICCA 认为是开展国际协会会议最成功的 5 个城市之一。柏林对英国旅游市场的吸引力显而易见。

根据 visitBerlin 2013 年发布的统计数据来看，英国是柏林最重要的海外游客来源地市场，拥有超过10%的过夜市场份额。对于英国企业的企业会议而言，伦敦也是最具吸引力的城市之一。

柏林会议办公室（Berlin Convention Office，BCO）自2001年7月1日起担任柏林会议的官方代表。自那以后BCO因其出色的业绩获得许多著名的奖项，包括：

2010年，全球领先的商务旅行杂志《商业目的地》（business destination）颁发给德国2010年世界旅游奖（World Travel Award2010）。柏林获得西欧最佳会议目的地。

2011年在“商业目的地奖”（Business destination Awards）上，柏林旅游局（Berlin Convention Office of visit Berlin）在两大奖项中名列前茅。它获得了“欧洲性价比最高目的地”和“欧洲最佳酒店景观”的奖项。

BCO作为visitBerlin的重要部门，是一种公私合作伙伴关系，得到了柏林市政府的支持。在促进柏林作为会议和活动目的地的过程中，BCO与包括visitberlin伙伴酒店和visit Berlin首选机构协会在内的一些城市战略合作伙伴以及柏林的参议院（政府）合作。同时也是数个国际联盟和协会的成员，如BestCities全球联盟、ICCA、GCB、ECM、Eventia、MPI和SITE。

BCO通过在英国组织年度活动，将BCO战略合作伙伴的面对面代表与英国买家聚集在一起。第一次这样的活动——“柏林邂逅伦敦”于2008年在伦敦的想象画廊举行，随后的活动在360度Soho画廊、医院俱乐部和伦敦电影博物馆举行。

2013年BCO尝试了新的活动方式：在英国骑自行车旅行，中途停下来，在他们工作的地方与主要的代理商见面，即“与柏林一起旋转”。

该计划是在2013年3月在伦敦举行的M & IT产业颁奖活动上正式启动的，由CAT出版社主办。会议上BCO负责人海克·马哈茂德（Heike Mahmoud）表示：“我们要求所有英国会议策划者给我们机会。告诉我们在哪儿见你，我们就顺道过来花点时间听听我们想为柏林实现什么，支持我们的企业，以及我们支持的慈善事业。我们选择骑自行车，这是最环保的交通方式，以支持柏林是绿色、可持续和活跃的城市的理念，并向规划者们展示这是会议、会议和奖励旅游的完美目的地！”

该计划的目标是让路演的参与者每天骑自行车大约120千米，代理商会遇到的骑行中的策划者，会鼓励他们骑自行车，并在参加“与柏林一起旋转”的活动。

从2013年6月10日至13日，BCO及其酒店和场馆部分的代表在英国各地巡回向13家英国机构宣传宣传他们的城市和场馆。柏林之旅始于利兹，结束于伦敦，途经德比（Derby）和米尔顿凯恩斯（Milton Keynes）等城市，在英国主要的会议和活动机构停留，三大目标为：

（1）建立联系。

（2）将柏林作为会议和奖励旅游的目的地。

（3）为两个慈善项目筹集资金：英国的Meeting Industry Meeting Needs和柏林的Hand-in-Hand慈善机构。

BCO 路演的合作伙伴由会议场馆、酒店及其他服务和设施供应商构成，包括：

a）柏林 Andel's 酒店

b）柏林 Ellington 酒店

c）Estrel 柏林

d）柏林君悦酒店

e）好莱坞媒体酒店

f）柏林王宫酒店

g）柏林丽晶酒店

h）Scandic Potsdamer 广场

i）普尔曼柏林 Schweizerhof

j）AXICA（场馆）

k）BESL（场馆&机构）

l）会议和旅游（机构）

m）汉莎航空（航空公司）

n）visitBerlin 旅游局办公室

BCO 的媒体合作伙伴是 CAT 出版。他们从头至尾报道了路演，并支持与之相关的慈善活动。PR 和社会媒体活动在实际活动开始之前三个月就进入了工作。

为了准备骑行之旅，参赛者在路演开始前几个月就开始接受训练。计划是让所有的参与者两人一组，共用一辆自行车，这样每个人都有“自行车伙伴”。通过这个系统，我的伙伴开始轮流骑自行车，而他们的自行车伙伴则在休息。

2013 年 6 月 10 日，这些参与者从柏林飞往伯明翰，在那里他们被旅游团的教练接见。被涂成红色的，并清晰地出现在柏林的天际线的口号：“柏林，为会议而生的地方。”

在各机构办公室的每一站，路演参与者都受到热烈的欢迎，柏林的场馆和酒店也表达了极大的兴趣。各机构对这种与柏林会议设施供应商见面的新奇方式表示赞赏，在旅途的每个阶段，他们对柏林自行车爱好者来访的反应都非常积极。例如，在参观了一家机构后，他们的一位会议策划者在 twitter 上写道：“独特的、另类的见面方式！很高兴能更好地了解目的地以及它所提供的一切。”在该组织在利兹的停留处，该机构的整个团队都出来欢迎街上的自行车手。

毫无疑问，在社交媒体上的报道而言，此次活动超出了所有参与者的预期。这是 BCO 在英国举办的第一次年度活动，并为此创建了博客，使公众能够在整个活动期间，从准备阶段到结束阶段，跟踪这次旅行的进展。扩大了围绕活动的宣传范围，使不同的观众可以进行更多的互动。该博客的链接被转发了 187 次。它被提到 291 次，并赢得了@ Ber linmeetings 的 109 个新粉丝；11 个访问的机构在 Twitter 上，其中绝大多数与@ Berlinmeetings 互动，并发布了关于 # spinBerlin 的推文。一些机构的代表也使用他们的私人推特账号就“与柏林一起旋转”发文。

在骑行期间，柏林会议行业的代表看到13个英国顶尖机构，他们看到比他们预期很多的会议策划者：总计超过一百，超过他们先前在伦敦做过的活动的策划者数量。这些会议策划者是真正的决策者和有影响力的人，通过这种方式接触到他们，对于将柏林作为会议的目的地资产传播出去是极其有效的。

六、场馆如何与CVB有效地合作

场馆与CVBs之间的合作有许多重要的优势，前提是需要花费大量的时间与CVB充分沟通。多数CVBs有成员，通过支付年费会展场馆就可以成为当地CVB的一员，这使其在活动和焦点上具有一定的影响力。但许多场馆犯的错误是只支付费用，坐等结果。更开明的场馆认识到，作为积极的成员和努力建立建设性的关系是至关重要的，这样他们就可以与他们的CVB合作，为客户提供独特和有吸引力的解决方案。

CVB能提供给本地场馆哪些服务？

（1）许多CVBs编辑和发布——要么在他们的网站上，要么在印刷品上，列出正在寻找场馆的成员。

（2）CVB提供查询服务，通过这个服务，收到来自组织的请求，他们会在目的地寻找场所。大多数拥有会员结构的CVB会优先考虑那些完全付费的、符合问询者标准的场馆，先将这些RFPs发给他们。然而，场馆管理人员需要不断采取措施，确保当地的CVB员工收到RFP时，他们会记得将其发送到他们的场馆。为了成为潜在预订的有效来源，CVB员工需要对每个场馆的特点、容量以及翻新和扩建等相关发展有清晰和最新的了解。场馆经理有责任让CVB随时了解这些发展，例如定期邀请CVB员工到场馆参观或参加社交活动。

（3）大型CVB销售代表永久驻扎在有主要需求来源的世界各国，他们的角色的主要方面是给潜在买家推荐场馆。

（4）CVB定期举办销售活动。如欧洲的CVB组织到美国城市的销售代表团，与美国国际协会的经理会面。CVB通常会带一些选定的合作伙伴一起向客户做销售报告。这些场馆通常会为这一机会支付额外费用，但其优势在于，与潜在买家约见的是CVB。

（5）CVB还组织其他类型的活动，便于其成员与潜在买家面对面。这些活动包括以预约为基础的讲习班，通常以桌面会议的形式进行；或者是简单的社交活动，让买家和供应商在更非正式的社交场合聚在一起。

（6）CVB定期发布时事通讯和其他出版物，并将它们发送到潜在客户和其他利益相关者的邮件中。这为场馆提供了传播有关其设施和有关活动的最新资料的机会。

（7）大使计划越来越受欢迎作为CVB领导的发起者，利用当地科学团体、学术界或商界成员的力量，将会议带到它们所在的目的地。CVBs通常是建立和管理大使方案的催化剂。例如，从当地大学招募学者和研究人员，优先考虑那些国家和国际协会的成员。CVB 随后采取措施，鼓励这些当地的“大使”游说他们的协会把他们的会议带到目的地城市。大多数大使项目是长期的投资，而很少有连续的成果。但至少场馆可以参与其中，如参加社交活动和 CVB 为大使举办的教育活动。场馆甚至可能用在没有大使项目的地方创建项目的方式接近 CVB。

目前在我国虽然还没有设立会议观光局（CVB）这样的机构，但是越来越多的文化旅游局或是地方博览局承担了目的地营销的一定职责。作为场馆方，应积极与这些组织机构互动，参与到目的地营销的过程中，借助平台，更好地对外进行场馆营销。

【案例】

海牙世界司法论坛——与 CVB 合作，赢得论坛

世界论坛（www.worldforum.nl）是荷兰海牙市的会议中心，被称为“和平与正义之城”。该场馆为海牙市所有，由法国公司 GL Event 管理。GL events 管理着全球 35 个会议中心，从巴塞罗那到上海，会议组织方面有着多年丰富的经验。机构成立于 30 多年前，目前在五大洲均有业务，员工人数超过 3 500 人。

国际刑事法院（ICC）和禁止化学武器组织（OPCW）等已在此地点举行的会议是国际关系和法律最高级别的对话。

2009 年，世界论坛成功地举办了自第二次世界大战以来在荷兰举行的最大的和平会议：联合国首脑会议。来自世界各地的 73 个代表团出席了这次会议。

除了这些引人注目的会议，世界论坛还举办企业活动、协会会议、招待会和展览。场馆面积 15 000 平方米，其中 10 000 平方米可作为展览场馆。从 10 人的会议室到可容纳 2 161 名代表的礼堂，它的 27 个会议室的容量各不相同。礼堂被 26 个会议室包围着。

目的地营销组织：海牙会议局

海牙会议局（www.thehaguecongress.com）是非营利组织，负责推动海牙市成为商业活动的目的地。它是海牙营销（Den Haag Marketing）的部门，是海牙及其两个海滩度假胜地—— Scheveningen 和 Kijkduin 的综合营销和促进组织。海牙公约局的经费来源有两个，海牙市及其成员国支付的年费。它有三组员工。除了目的地营销的作用外，海牙公约局还为城市的供应商和会议策划者提供了一些有价值的服务。

（1）针对相关设施、服务和选定供应商提供量身定制的建议。

（2）组织潜在组织者和供应商之间的社交会议。

（3）组织场馆参观及熟悉之旅。

（4）建立和协助投标程序。

（5）就社会方案、奖励和伙伴方案提供咨询。

（6）分发宣传材料。

客户：世界正义项目。

活动：世界正义论坛，2013 年 7 月 8 日至 11 日

世界正义项目是一个独立的、非营利性的组织，在世界范围内推进法治来发展机会和公平的社区。该组织与全球各国领导人合作，以推进法治。它的主要目标是鼓励政府改革，通过制定切实可行的实地方案，增进人们对法治对人民和他们生活的社区的重要性的理解。世界正义论坛（WJF）是由世界和平组织举办的年度全球会议，旨在通过与商界、政府、民间社会、学术界和其他领域的领导人合作，发展实用、多学科的方案来加强法治，以改善世界状况。该活动为所有学科的领导者和变革者提供了平台，探讨和讨论关键的法治问题，重点是共享学习和协作。为期三天的论坛期间，来自 100 多个国家的与会者参加了正式的全体会议和积极的突破会议，在会议上他们学习创新的法律法规。他们在研讨会时间与研究人员和学者互动，并与来自不同学科的其他领导进行网络交流。该论坛还提供了讨论和辩论世界司法项目《法律索引》的结果的机会，这是一种创新的评估工具，衡量各国在实践中遵守法治的程度。

http：//worldjusticeproject.org/world–justice–forum–I've/home

赢得海牙世界正义论坛

2012 年 2 月，世界正义工程与世界正义论坛第一次接触，这是在海牙市政当局和安全司法部进行政治讨论之后。在收到 WJP 的正式请求后，海牙会议局联系了市政当局，就关于是否值得尝试举办世界正义论坛询问他们的意见。直到这个时候，海牙公约局还没有参与市政当局和 WJP 的讨论。当市政当局告诉他们，他们想在海牙有 WJF 时，海牙公约局和世界论坛开始竞争赢得活动。

2012 年 3 月，海牙会议局和世界论坛召开会议，讨论了场馆的可用性，以及如何在场馆和整个城市组织 WJF。他们一致认为，最好的策略是让两家机构在投标中携手合作，与当地的酒店合作，并得到市政当局和司法部的支持。作为准备对提议的回应工作的一部分，他们要求当地酒店为 WJF 的提议日期提供房间。

2012 年 5 月，很明显，来自另外两个潜在目的地：巴塞罗那和伊斯坦布尔的竞争非常激烈。

2012 年 6 月，当 WJP 主席访问荷兰时，一方面 WJP 间的会议成功举行，另一方面海牙会议局与市政局也进行了成功的会议。在那次会议上，海牙提交了投标书。

2012 年 7 月，世界正义项目宣布选择海牙作为 2013 年世界司法论坛的目的地。

在与海牙市举行的会谈中，世界正义项目与海牙会议局的经历开始了，HCB 的行动队将世界正义论坛带到那个城市的决定起到了重要的作用。HCB 的客户经理巴特·克拉弗（Bart Klaver）：协会可以进行多次电话交谈，因为我们正在考虑把这个城市作为我们的活动场所。2012 年 7 月，当我们决定将 WJF 带到海牙时，HCB 的战略营销官戴维博多（David Bodor）为首次实地访问做了所有安排，包括酒店预订和与海牙市场部的会面。我的实地考察包括与交通和旅游供应商的会面、为特别活动而参观饭店和导游一起骑自行车

游览这座城市。在接下来的几个月里，当我有许多需要回答的问题时，大卫的反应能力和高质量的指导对我们会议的成功和我内心的平静是非常宝贵的。对我们来说，相当大的好处是 HCB 的免费照片库，这对我们的在线营销和会议打印材料的吸引力和有效性是真正的资产。HCB 还提供了直接的帮助，在城市周围布置宣传 WJF 的标牌，并为没有使用的部分安排了公共交通通行证和退款。他们还提供了专门的现场工作人员，在论坛期间提供旅游服务、建议和材料。这与过去的活动有很大的不同，让我们的参与者在这个城市感到受欢迎。HCB 甚至还提供了儿童护理服务提供商的服务——这只是他们的工作人员不断超越职责的例子。虽然在论坛开始的时候，几乎所有的事情都安排好了，但我知道，如果我们在任何时候需要任何东西，我有整个城市的资源支持我们。对于像我们这样的小型组织，在举办全球会议时，这是相当大的安慰。世界司法论坛如图 6–3 所示。

图 6–3 世界司法论坛

资料来源：Rogers T. & Davidson R.（2016）. Marketing Destinations and Venues for Conferences，Conventions and Business Events. Routledge.

与世界论坛的合作

如果对世界论坛的管理没有绝对的信心，WJP 就不会在海牙举行这次会议。他们从我们的评估和规划过程一开始就提供给我们的信息是完整的，易于浏览的。世界论坛管理部门与 HCB 合作提供给我们有竞争性的定价结构，这使我们有可能在有限资源的情况下，承诺到会场。在我实地访问期间，被介绍给世界论坛各部门的经理，他们将与我们合作，提供现场服务。这些会议不仅使我了解现有的情况，而且也使我赞赏将在会议中心创造和支持活动的工作人员的专业精神。世界论坛的项目经理达芙妮·弗瑞堡（Daphne Vreeburg）在会议开始时就给了良好的基线计划，甚至重新调整了她的报告，让我更容易理解。BEO 的格式和清晰性对我来说很受用（BEO：Banquet Event Order 宴会活动顺序：一份文件，概述了所有的细节，作为场所执行和沟通物流所有必要的部门的指导）使得最后的审查非常快速和容易。几个月来，达芙妮非常耐心，我推迟了对这个服务计划的审核。当我最终决定最终敲定细节时，她在发表中表现出了高度的反应和创造性。虽然我们创造出世界级的体验的预算有限，但她还是帮助我们设计出尽可能好的平台。我们议程的性质——有多个小组——扩展了会场的能力，但达芙妮想出了如何在不同的地方，以不同的方式，在不同的方式下，移动会议，传递我们需要的东西。她是所有员工和供应商的重要桥梁，帮助我们解决问题，确保活动顺利进行。与我共事的每一位员工都是友好、善良、高执行力、高效率的。这个会场本身不仅是吸引人的设施，而且是个难以置信的管理良好的企业，它的质量轻而易举地超过了我在过去 20 年的国际会议中工作过的任何组织。

综上所述，我想说的是，通过与 HCB 和世界论坛合作，我们所经历的最突出的好处是服务和响应能力的高水平（专业性），他们有能力使我们信任，以及可以给的折扣（竞争性成本）。

第六节　参加展览会

一、展览参观者

展览是现代市场的一种形式，为场馆销售人员提供了面对面销售机会。他们可能被认为是“自我选择的”，因为这些商务活动的参观者是自愿选择参加的，对展会上展示的设施、服务或产品有特定的兴趣。从场馆销售人员的角度来看，专业展览提供了环境，让提供能够面对面地接触潜在客户的机会。

吸引潜在客户的展览一般都是 B2B（Business to Business）的活动。此类活动中，场馆方发现自己与各种各样的组织和供应商一起参展，如会议观光局、酒店和其他住宿供应商，运输公司、视听服务和口译，以及会议相关商品的供应商、分销商、从代表徽章到会议袋都是他们的产品。

参观这些展览的人一般都是对展台上的设施、服务和产品有专业兴趣的人士，他们需要熟悉这些设施、服务和产品，有效履行他们的专业职责。尽管展览访客包括范围广泛的专业人士包括会议行业记者、专家顾问，专注于活动管理或商业旅游的学者和学生。大部分的参观者——和那些参展商最感兴趣的群体——是会议和活动的规划和运行的专业人士。对这些参观者来说，展览是机会，与可能作为他们组织的活动地点的目的地和场保持同步。

他们参加活动是为了寻求未来活动的信息、想法和建议，也有机会与负责吸引客户到场馆的专业人士见面和接触。在许多会议行业展会上，一些参观者是“接待买家”。

展会组织者一般认为这是有价值的会议策划者，积极为他们的活动寻找目的地和场馆。他们参加展会所花费的旅费和住宿费由展览组织者支付。作为回报，接待的买家必须参加一定数量的与参展商的预约。观众可根据展览目录提供的资料，选择他们希望与哪些参展商会面；但参展商也可以要求与他们特别指定为潜在客户的托管买家预约。这些预约可以采取参展商与主办方买家一对一的会面形式，或者参展商对展位上的主办方买家群体进行预约。

当场馆作为会议局管理的展台的一部分展出时，通常由相关的会议观光局而不是单独由场馆进行集体展示。但当场馆管理自己的个人而独立的立场，他们可以向接待他们的买家群体做出自己的表态。

二、展览会地点选择

有些旅游展览可能在行业会议主题有独特的展示部分，或者单独一天的活动，也有专门致力于会议产业的一定数量的、专业展览。

这些可能有几种分类方式。一种是根据具体的展览场馆类型划分。有专门的、独特的、只展出一种场馆类型的展览。伦敦的学术场馆展览会（Academic Venue Show）是典型例子，英国大学场馆汇聚于此。与此类似，在戛纳举行的国际豪华旅游市场（International Luxury Travel Market）等展会上，参展商中也包括一些极具声望的场馆，比如城堡、宫殿和寺院。

最常见的会展分类系统是行业展会的目标覆盖地域市场。巴塞罗那的 EIBTM 和法兰克福的 IMEX 等少数展会覆盖了全球会展行业市场，吸引了来自世界各国的参展商和参观者。另一些则聚焦于特定区域例如墨尔本的 AIME 覆盖了澳大利亚和东南亚，阿布扎比的 GIBTM 覆盖了中东；在维尔纽斯召开会议的目标是波罗的海地区。许多展会在全国范围内有参展商：例如，巴黎贝都克沙龙（Salon Bedouk）吸引了来自法国各地的参展商；佛罗伦萨的 BTC 主要针对意大利市场。最后，一些会议行业的展览有地方重点。这种活动的例子是德国展览，Locations，每年在四个城市举行，每个城市都位于德国的不同地区：莱菌—内卡尔、斯图加特地区、莱茵—鲁尔和莱茵—公海。世界主要会展行业展览列表如表 6–1 所示。

表 6–1　世界主要会展行业展览列表

展览会	简称	中文译名	覆盖区域	所在城市	网站
Best of Events International	--	国际最佳活动	德国	多特蒙德	https://10times.com/best-events-international
Conventa IT	--	——	南欧	卢布尔雅那	www.conventa.si
East Mediterranean International Travel& Tourism Exhibition	EMITT	东地中海国际旅游展	土耳其	伊斯坦布尔	www.emittistanbul.com/en

续表

展览会	简称	中文译名	覆盖区域	所在城市	网站
Feria International de Tourismo	FITUR	西班牙国际旅游交易会	南欧	马德里	www.ifema.es/fitur
Salon Bedouk	--	会议及旅游展览会	法国	巴黎	www.salon.bedouk.com
Meet Central Europe	MCE CEE	遇见中欧	中欧	布达佩斯	www.europecongress.com
International Travel Exhibition	BIT	国际旅游展览会	意大利	米兰	www.bit.fieramilano.it/en
Meetings Africa	--	遇见非洲	南非	约翰内斯堡	www.meetingsafrica.co.za
	AIME	澳大利亚奖励博览会	澳大利亚	墨尔本	www.aime.com.au
Destination International	DMAI	国际目的地展览	美国	华盛顿	www. destinationsshowcase.com
International Confex	--	国际展览会议展	英国	伦敦	www.international-confex.com
Moscow International Travel& Tourism Exhibition	MITT	莫斯科国际旅游展	俄罗斯	莫斯科	www.mitt.ru/en
International Business & Tourism Meeting (Gulf)	GIBTM	国际商务及奖励旅游展（阿联酋）	阿联酋	阿布扎比	http://www.ibtmarabia.com/
Ukraine International Travel and Tourism Exhibition	UITT	乌克兰旅游展览会	乌克兰	基辅	http://www.uitt-kiev.com/en-GB/
Incentive Travel & Convention, Meetings	IT&CM China	中国（上海）国际会奖旅游博览会	中国	上海	www.itcmchina.com
IMEX-Frankfurt	IMEX-Frankfurt	法兰克福国际会奖旅游展	国际	法兰克福	www.imex-frankfurt.com
International Business Tourism Meeting（America）	AIBTM	国际商务及奖励旅游展（美国）	美国	奥兰多	www.aibtm.com
Incentive Travel & Convention, Meetings India	IT&CM India	国际会奖旅游博览会	印度	德里	www.itcmindia.com
International Business & Tourism Meeting（China）	CIBTM	国际商务及奖励旅游展（中国）	中国	北京	www.cibtm.com
Incentive Travel & Convention, Meetings Asia	IT&CMAsia	亚洲国际会奖旅游博览会	亚洲	曼谷	www.itcma.com
IMEX-America	IMEX-America	美国国际会奖旅游展	美国	拉斯维加斯	www.imex-america.com
Venues + Events Live	--	--	英国	伦敦	www.venuesandevents.co.uk

多数国际展览是“由目的地主导”的，在某种意义上，展台是按照世界区域来划分。大多数情况下，活动策划组在选择场馆之前选择目的地，区域系统简化了展览参观者的任务，使其可以更容易地在区域定位并找到他们的需求。

但无论展览会规模大小或位置如何，展览的成本代表对任何场馆的重大投资，包括考虑展示空间的费用、员工交通和住宿、保险以及设计、施工、储运站本身的费用。在这些支出之外，还必须加上工作人员离开工作地点和其他职责的机会成本。必须在有足够数量的场馆工作人员和不忽视办公室的正常工作之间取得平衡。

基于以上原因，很少有场馆能够负担得起每年三个以上的展览。许多场馆每年只参加展览会。因此，展览地点的选择是所有场馆经理考虑的主要因素。展览地点的决定必须从根本上取决于场馆的销售和营销策略，更具体地说，取决于可用的预算和场馆所针对的市场的地理区域。

一般而言，负责选择展览地点的场馆经理必须在决定是否在那里投资之前尽可能多地收集关于展览的信息。如今，参展人员通常由独立机构进行审计，以避免组织者夸大参展人数和参观者的性质。观众的数据通常是根据展览组织者的要求提供的。不仅要合理准确地估计每年的访客数量，还要根据他们的责任水平和他们的消费能力，以及任何现有的买家系统的细节，对他们的个人资料进行分类。

然而，这样的数据只能显示展览的部分信息，许多场馆经理希望补充他们的分析。展览主办机构所提供的资料，首先是以参观者身份出席任何他们正考虑举办的展览。在展位附近徘徊并且很快就会发现参展商与观众互动所产生的共鸣，某种程度上代表着一场成功的活动。与参展商进行深入细致的讨论，可以帮助确定他们对所接待的参观者的数量和价值的满意程度，以及对由主办方进行的展览的总体规划、后勤的满意程度。

三、展台展示

在决定参展后，场馆面临的早期决策是与其他参展商共用展位，还是拥有自己的展位，每种模式都有自身的优缺点。

1. 与会议观光局合作

一种常见的场馆参展模式，在当地或国家会议观光局旗下，与同目的地的其他供应商共享展位。如前所述，会展行业的大型国际展览是由目的地主导，并根据不同的大洲和国家进行安排。因此对组织活动感兴趣的活动策划者，如波兰往往会寻找波兰会议局的展位，他们希望可以找到会议局的代表，位于这些城市的场馆，以及其他供应商，如DMCs。

除了方便参观者使用外，场馆亦可与有关的会议局共用展位，享有多项额外优势。

（1）费用一般会低于单独参展，因为展位的设计、运输、施工、储存以及租用参展空间的费用将由几个参展商分摊。

（2）会议观光局为吸引参观者前来参展而进行的展前宣传投资，令各场馆直接受益。

（3）由会议观光局组织的任何活动（招待会、派对、鸡尾酒会等），可能是由展览场馆赞助（增加展览场馆的品牌曝光度）将使场馆受益。

（4）与前来参加会议局专题讲座的买家团体接触。虽然这些演讲通常以目的地为中心，但有时场馆经理也有机会在整个演讲中占有一席之地，介绍自己和设施。许多会展机构也为他们接待的买家团体提供午餐，这给场馆经理提供了进一步的机会，与这些重要的潜在客户进行沟通和交流。

2. 与协会或营销联盟成员合作

对于场馆协会和营销联盟的成员们来说，选择是在组织的保护下，和其他场馆共享展位。例如，在一些大型会议行业展览、欧洲历史会议中心营销联盟为他们的成员租赁展位——一般场馆坐落在类似修道院或歌剧院的历史文化场所。

缺点是，展览场馆与它所在的特定国家的联系被打破了，因为国际营销联盟，顾名思义，已经打破了国家之间的界限。

3. 独立的展位

场馆可以单独购买展位进行参展活动。然而，大多数场馆会拒绝在大型国际会议行业展览中采用这种方式，以便从与会议局合作的优势中获益，如上所述。他们也可能希望避免在大型展台面前显得渺小，而这些展台往往会主导此类活动。此外，仅为场馆租用展位的成本可能高得令人望而却步。

但是，大型场馆集团和大型连锁酒店在国际展会上拥有自己独立的展位并不罕见。因为它们有多种资产要展示，以及足够的营销预算来支持这种水平的参展投资。

然而，在规模较小的、全国性的或国家级以下的展览中，选择独立的参展有很多优势。最主要的好处是，摆放着合适品牌信息的独立展位能够提升场馆方在市场上的形象。在展位上的谈判也更加深入，因为没有其他参展商参与竞争，他们可能会无意中听到参展商和参观者之间的讨论。当参展设计者选择使用标准展位时，在小型展览会上的展览可更符合成本效益。这种“平等主义”的展台设计和分配方式意味着，每位参展商租用的展台都是相同的，因此每位参展商在展台上的重要性都是相同的。

虽然整体上不那么引人注目，但这个模式大大降低场馆方的参展费用。此外，另优势是，无论展台的大小，展前营销计划的好处是一样的。展览会选择提供多种系统。例如，伦敦的广场餐饮场馆和活动展览提供较大的展台空间，也为参展商提供了小型的展示空间。

场馆可以有上述三种不同的选择。规律有据可循，在国际性展览会上，场馆方可以与其他参展商共用展位；在区域性或小型展览上，一般会使用独立的展位。

四、展台设计

在那些需要独立展位的场馆中，很少会考虑自己设计和建造的可能性。搭建展位时要遵守的健康和安全规定，也会让他们难以独自承担这项任务。实际上，大多数场馆的营销销售人员都与创意公司合作设计展位，创意公司则与承包商合作，负责后勤事宜。这些机构是生产可以在不同展览中反复使用的高效展位的专家。

在过去的几十年里，展台设计有了很大的发展现在更多的是知道什么使展位有效地吸引游客和使他们有愉快的参展体验。

（1）展台的形状应该具有视觉上冲击，严格符合场馆的品牌定位。向参观者表明：参展商是会议和活动的场所、具体区位、主要特点，如大小、建筑风格、独特的卖点。然而，所有这一切都必须以最少的实际字数来实现，并且要明智地使用精心挑选的图片。

（2）设计应该足够灵活，以便年复一年地使用。确保这点的一种方法是确保形状可以更改，以反映未来展览中由展台图形传递的信息的任何更改。设计灵活的展台也允许结构在不同的展览适应不同大小的空间。

（3）从远处看，这个展位应该是可见的，很容易定位。可以通过悬挂横幅，或者把充气的地球仪直接挂在他们的展位上方的天花板上。当这些设备被贴上展览场馆的名称和标识时，它可以使展位更突出，因此更容易找到。

（4）展台的布局应该是开放和吸引人的，无论规模大小。不应该有任何形式的障碍或阻碍，阻止游客走向看台或阻止他们接近工作人员。

（5）现代展位布局通常包括专门的空间，参展商可以坐下来开会，甚至与潜在客户谈判，远离干扰和其他参观者的展位。在更精致的“双层”展台的情况下，这个私人空间可能位于上层。

（6）展台背面摆放宣传册等材料，鼓励参观者进入展台，让场馆工作人员有机会与他们交流。也不鼓励材料被“手册食客”消耗，“手册食客”是一种古怪的展览游客，他们参加展览的唯一明显目的就是尽可能多地收集小册子、笔和其他赠品。

（7）在展台上加入一些引人注目的“吸引人的东西”，可以让路过的人有理由停下来花点时间参观，这反过来又给了那些在展台上工作的人与他们交流的机会。它可以是像抽奖一样简单的东西，游客可以把他们的名片放在碗里（这些可以用来扩展场馆的数据库）。任何形式的移动都倾向于吸引路人的注意，因此，许多场馆在其展位上或多个屏幕上循环播放自己设施的视频。幽默可以是另一种吸引注意力的有效方式。VisitSweden 成功试验使用一名喜剧魔术师，在 EIBTM 和 IMEX 的展位上，他的娱乐节目定期吸引观众。在展会期间，瑞典的参展商通过向观众分发营销材料和收集名片的方式来“使群众起作用”。伦敦的卫理公会中央大厅令人印象深刻地聘请了位“酷似”女王陛下的人出席展览，吸引了大批游客前来参观。

最后，展台的位置是决定展览能接待多少参观者的重要因素。每个展览场馆的参观者流量是不同的，这在很大程度上取决于平面图。这是参观展览的场馆经理要决定是否投资的另因素。

展览的一些区域自然会有更多的交通流量，但这些地点通常收费较高，而成本效益更高的空间可能位于展览场馆较安静的部分。同样值得注意的是，一些有大量客流的地方也可能非常嘈杂。例如，站在用于展示或娱乐的舞台旁边。

五、参展之前

参展失败的原因之一就是参展方对未来的规划不够积极。那些只付了展位费的参展商，在展会的第一天就出现了，他们很有可能会对展会上的观众数量感到失望。为了避免这种情况，场馆经理可以采取许多行动，每一项行动都有助于提高他们的投资回报。提前沟通是准备任何展览的关键要素，包括外部沟通和内部沟通。

1. 外部沟通

经理们可以利用展览组织者提供的所有展会前营销机会。这些机会总是清楚地列在组织者在预订展位时发送给参展商的材料中。参展商需要将他们的详细信息（场馆名称、简短描述、联系方式等）提交到展览目录中。最重要的是，参展商必须完全正确地理解这个描述，因为正是这个描述驱使许多接待的买家和其他参观者来到展位。但大多数会展行业展览会组织者将为参展商提供进步的营销机会，如有机会向他们发送有关展会的新闻项目，他们可以在展会前的宣传活动中或在展会上出版的日报上刊登这些内容。这些机会总是有时间限制的，因此场馆经理要确保他们符合组织者设定的所有相关截止日期，以便将要求的材料发送给他们。

参加展会的有效的前瞻性规划还包括场馆经理使用他们自己的数据库，联系他们的潜在客户和客户，告诉他们场馆将在展会上展出，（至关重要的是）他们将宣布一些新的东西。（场馆经理甚至可以使用展览组织者创建的参观者数据库进行定向电子邮件发送——尽管他们通常需要为这项服务付费）。客户和潜在客户更有可能去参观场馆的展位，如果他们事先被告知，这样做会发现场馆的一些新东西——翻新、扩建设施，或者只是一些令人兴奋的未来计划。营销经理的职责是决定哪条信息或故事最有效地激起观众的兴趣，并吸引观众前来观看。对于新场馆来说，传递哪条信息的问题是完全直接的，因为场馆本身就是独家新闻。

要联系大量的潜在客户和客户，电子邮件是最直接的方法。然而，值得记住的是，在展会前的几周内，这些接受者很可能也会收到来自其他竞争场馆的类似信息。将信息与其他所有标记区分开的一种方法是在“主题”行中使用收件人的名字对其进行个性化处理。这可能会降低其不被读取就被删除的概率。对于 VIP 客户更个人化的做法是，场馆工作人员单独打电话给他们，邀请他们参观展览期间的展位。

到会场的展位上参观的请柬可以是开放的，可以随时来访；或者是在特定的时间参加特殊的活动，如酒会。场馆经理甚至可能会决定为前来参观展览的重要客户或潜在客户举办一场特别的晚会，如在餐厅享用一顿精选晚餐。这些举措是大客户管理和与客户和潜在客户建立关系的重要方面。

场馆也可以选择通过在行业媒体的会议上做广告来宣传他们在即将举行的展会上的

存在，通过花钱在他们所阅读的杂志上做广告。一方面，这种方法的优点是能够接触到大量的读者，并且通过有效地使用图像和图形，使广告在视觉上具有吸引力；但另一方面，这是一种散漫的方式，缺乏个性化信息所能带来的个性化接触。

2. 内部沟通

内部沟通包括两种形式：一是展会前的培训和简报，二是展会现场评估。

展会前的培训这对场馆新员工或首次在展台工作的新员工尤其重要。这可以采取简单的“做什么和不做什么”列表的形式，以指导缺乏经验的参展商如何在工作场所的展位上最有效地工作，见表 6–2。

表 6–2 场馆员工参展要求列表

做什么： 1）看起来有活力，精心打扮。 2）穿一件能清楚表明你在展位工作的衣服，如一件印有场馆标志的 polo 衫。 3）从展位出来吸引游客的注意。 4）风度翩翩，用笑容，眼神交流和良好的握手欢迎参观者。 5）向每一位来访者致谢，即使你正在与另一位来访者交谈。 6）问问题并提出解决方案。
不能做什么： 1）离开展位，无人值守。 2）保持固定站位。经常四处走走，看看其他展位上都在做些什么。 3）过度沉迷于围绕展览举行的聚会和招待会。 4）在展位上吃或喝，除非是在场馆举办的招待会上。 5）宣传册或名片准备不充足。 6）展览开始后到达或结束前离开。

首次参加展览的工作人员可能需要如何与参观者互动的指导。虽然给他们预先确定“脚本”来执行通常是不可取的，但一些基本的指导方针可以让没有经验的员工在这个角色上更有效。至少，应该建议他们避免使用“你预订活动吗？”等听起来既业余又缺乏灵感的对话。相反，员工应该受到鼓励，与来访者进行场听起来更自然的对话：“你好吗？”“你今天过得好吗？”“你知道我们的场馆吗？”自然、友好、热情地交谈，听起来不像是假的或事先排练过的，会增加参观者与展台上的参展商接触的可能性。”

展览前的简报会亦会向所有在场人士介绍在展台工作的讯息，以及展览的目的。目标可能包括：品牌化活动（增加场馆在市场上的知名度）、建立新联系、确定将被邀请到场馆进行现场视察的人员、扩大（或在新场馆的情况下，建立）前景数据库以及产生新查询。

在展会前，场馆经理应告知所有参展人员一些关键的、可衡量的参展成果，这些成果将用于计算投资回报。这些目标应该进行讨论并达成一致，而不是强加于人，这样所有参展团队的成员都能订阅这些目标。

展示可衡量的结果的例子可能包括：

（1）发现的新线索的数量，简单地建立场馆的数据库。

（2）产生的“温暖”线索的数量，其中“温暖”可以定义为具有即时或迫在眉睫的潜力的线索，并将由场馆销售人员迅速跟进。

（3）收到的查询数目（可进一步细分为协会代理商公司行业类别，视场馆的整体业务计划而定）。

（4）所收到查询的价值。

（5）已预约的销售预约数量或已预订的实地视察 / 出差次数。

（6）业务价值确认。这可能要到展览结束后很久才会实现，但只有在每次询问都被记录为某一特定展览的线索时，才会被跟踪。

六、参展现场

1. 场馆方参展人员沟通

为了审查场馆工作人员的性能作为整体达到设定的目标的程度，内部沟通的形式在展览现场包括每日跟踪和每日简报。这些活动应在每天早上观众到达展览之前进行，但有很多是在每天展会结束之后马上进行的，因为团队的表现在他们脑海中还是新鲜的。他们提供了机会来发现任何问题，并讨论任何必要的战术变化，以考虑到在展览中不可预见的发展。

重要的是场馆工作人员能够对观众进行资格审核或分类，并准确地记录对每个观众的行为。在这方面，参展商致力于将观众从他们的展位变成实际的领导，并为他们在展会结束后返回工作地点所要做的工作做准备。对观众进行有效的询问将有助于决定他们所处的阶段，包括他们对场馆的熟悉程度以及他们对即将举行的活动的计划。

通过现代技术的应用，可以简化整个过程，并节省宝贵的展览时间。参观者的胸卡一般会显示条形码，通过将胸卡与报名参加展览时提交的个人信息联系起来，识别他们的身份。参展商可以访问这些信息，包括许多场馆需要了解的基本信息：观众名字、公司、联系方式、组织活动的规模和类型、预算、通常用于活动的目的地等。

许多场馆通过在一张卡片或一张纸上创建他们自己的访客分类列表和采取的行动，每都用不同的条码表示，从而进一步将参观者分类到他们的展位上。访客类别的例子可以是“对场馆感兴趣的大型协会”“对定期董事会议的场馆感兴趣”“对产品发布场馆感兴趣”“消磨时间”等；应采取的行动包括“邀请实地视察”“发送场馆 DVD”和“增加新闻接触名单”。通过扫描每个访问者的胸卡，然后条形码代表适当的访问者类别和行动或将要采取的行动，可以节省宝贵的时间来了解访问者及其需求，并将这些需求与场馆所能提供的匹配起来。

对于所有在展台工作的场馆工作人员来说，重要的是要记住，从任何展览产生的线索来看，重要的是这些线索的质量，而不是数量。这是他们的质量，将最终决定有多少线索最终成为场馆的客户，作为展览的结果。

2. 社交机会

展览期间包括社交活动，以晚间招待会、鸡尾酒会和派对的形式，为参展商和专业买家即观众，提供相互见面的机会，并在更非正式的基础上建立联系。所有参加展览的场馆工作人员都应积极参加这些活动，并配备充足的名片，并与观众广泛接触。晚间活动不是“强行推销”活动或谈判的时间或地点，但它们可能是非常有用的新线索来源；在晚间活动中遇到的买家可以邀请第二天参观场馆的展位，继续在社交活动中发起的任何讨论。

缺乏经验的参展商偶尔会忘记，在这个展览的社会元素中，他们仍然在工作，被其他人视为他们的场馆，即使在网络会议和聚会的轻松、非正式的氛围中。在这些活动中，酒是自由流动的，对参展商有直接和强大的影响，他们可能在站了一天后感到疲惫和饥饿，因为在他们的展位上太忙了以至于没有午餐休息。参展团队必须意识到这些问题，以保持他们对场馆声誉和品牌的持续责任。适度和专业是享受和充分利用展览会社交活动。

即使展览不是在场馆所在的城市举办，如果当地的会议观光局为专业买家举办“附加”活动，对场馆方来说也有潜在的好处。例如，英国首都会议局（Convention Bureau of the UK capital）伦敦与合作伙伴（London & Partners）带到伦敦，专门参观伦敦的场馆。这为东道主买家的跨大西洋之旅增加了价值，也为伦敦的场馆提供了进一步接触美国市场的机会。

3. 培训机会

几乎所有的展览都会同期举办由专家、研究人员和从业者参加的每日研讨会，主题包括市场趋势和与会展行业专业实践相关的有效技术建议。这些演讲通常在不同于展厅的会议室举行，向参展商和观众开放，是场馆工作人员的宝贵教育资源。众所周知，参展商有时会抱怨这类研讨会项目会产生反作用，因为它们会暂时把一些买家从展场中移走，从而减少到展台的潜在观众数量。然而，对许多游客来说，项目可能是他们来到展会的首要原因，这是肯定的。因此，大多数展览的教育元素是会帮助游客数量。

七、展会之后

许多经验丰富的场馆经理会说，与参展有关的最重要的工作是在展会闭幕、参展商返回办公室后进行的。也就是说，场馆经理应该开始最大限度地利用展会上的接触所带来的销售和营销机会。参展商如果未能充分利用在展会上的人脉资源，将错失最宝贵的投资回报机会。

由于买家的时间比以往任何时候都要有限，所以参展商与每位观众在展位上的时间有限，因此某种形式的后续活动至关重要。例如，对于在展会上日程很紧的潜在客户，场馆经理可能会同意，他会在返回办公室后打电话给他们安排预约或实地考察。

后续行动应该以个人的方式进行，如使用个性化的电子邮件，提醒收件人最初的会议在哪里举行，并提供所需的材料。大多数场馆经理在返回工作地点后，都把这种形式的后续工作作为紧急优先事项。但是，为了避免在任何展览结束后立即发送给参观者的其他大量材料中丢失，可以在发送材料前等上一周左右的时间。当材料被发送给客户时，最好事先与其达成一致意见。

如果场馆方收到了来自参观者特定的询问，专业买家正在积极寻找活动的场馆。场馆工作人员有必要采取更直接的行动：他们应该立即打电话给办公室的同事，询问是否有工作机会，并为潜在客户的活动准备一份提案，以这种方式获取活动在展览会上是非常常见的。

在更具有战略意义的层面上，场馆监控在任何展会上的联系人的长期价值是至关重要的，因为这将指导未来的场馆决策，决定是否再次在同展会上展出。许多在会展行业展览上有丰富展示经验的场馆可以举出他们赢得的活动的例子，基于他们在多年举办的展会上与买家的遭遇。除了会议和预定场馆展出的直接结果带来的实际利益，重要的是许多社交和展览提供教育机会这些无形的利益。

【案例】

京都格兰维亚酒店（Granvia）通过贸易展获得成功

酒店场馆分享它从会展行业展览中吸取的宝贵经验。

在日本京都，有四家酒店能够举办大型商务活动，包括两个全球销售品牌（威斯汀和凯悦）。Granvia 是日本国内品牌，但 Granvia 看到全球 MICE 市场的潜力在不断变化的业务环境，日本传统的市场来源之一，婚礼开始简化——婚礼规模越来越小，走出酒店；婚礼市场开始收缩，日本的人口在 21 世纪初达到顶峰，预计继续下降。日本格兰维亚京都酒店如图 6-4 所示。

图 6-4　日本格兰维亚京都酒店

资料来源：Rogers T. & Davidson R.（2016）. Marketing Destinations and Venues for Conferences，Conventions and Business Events. Routledge.

格兰维亚京都酒店通过参加贸易类展会，从北美的 PRIME 和 IT & ME 开始。该酒店还尝试了不同层次的参与的展示：在展览会上赞助午餐以及赞助展会内的活动。回顾参与贸易展的投资回报，格兰维亚京都酒店从 2008 年开始专注于 IMEX 和 AIME 的展览。该酒店管理层注意到，在京都竞争对手威斯汀和凯悦，在会展行业展览上并不那么活跃，主要依赖于他们的全球营销团队销售场馆。

格兰维亚京都酒店在展览会上的突破是在 2007 年，村上教授——海外营销总监，见到了 Phoebe Boelter，FIRST 年会的组织者，这是芝加哥合作处理计算机安全活动，促进事故预防规划的国际联盟信任的计算机应急响应小组负责人。他们在格兰维亚 IT&ME 的会议，不仅击败全球竞争者在城市和日本其他地区（冲绳也正在考虑），但同时，更重要的是，职权范围位于该地区的其他国家——新加坡、马来西亚和其他亚洲会议目的地也在考虑。展会结束后，代表酒店管理层的后续工作和辛勤工作得到了回报。这是该酒店首次与海外会议策划者进行重要的直接接触，为衡量我们未来的成功树立了标杆。

有效的贸易展览选择意味着仔细考虑场馆的目标市场。作为相对高价位的地产，格兰维亚京都酒店认识到北美、欧洲和相对短途的澳大利亚会展市场是可行的目标。所以当在展览会上吸引来自这些地区的买家时，格兰维亚京都酒店是最成功的。

会展行业展览会是向整个行业介绍产品和员工的唯一机会。格兰维亚京都酒店的市场经理 Yuka Murata 身高只有 155 厘米，在繁忙的贸易展览中很容易被忽视。因此，为了在人群中脱颖而出，她穿着色彩鲜艳的和服，给她参加的每一场贸易展都带来了一点京都传统、好客的形象和乐趣。她利用参观展览时所吸引的注意力，展示微笑、交换名片、建立新的联系。展会不仅仅是传播有关场馆信息的地方；最重要的是，他们是收集信息的地方，该行业正在进入，并找出如何服务个人客户。此外，当行业大量聚集在一起几天时，社交联络机会就会大量涌现，格兰维亚京都酒店的员工也会积极参加在展会举行的活动，如聚会和会议晚宴。

与企业管理的任何方面一样，在正确的地方分配适当的资源是至关重要的。京都格兰维亚酒店特别重视派合适的员工参加展会。例如，前面提到的 Yuka Murata，她天生的个性，好奇心、坚持不懈以及甜美迷人的举止，非常适合在贸易展上代表酒店。她无疑是格兰维亚京都酒店在贸易展上获得正确联系的关键，也是参加的每一场贸易展都能赢得比参与成本更高的业务的原因。

为了赢得酒店和场馆的生意，必须首先出售我们的目的地——京都。为了实现这一目标，格兰维亚京都酒店在贸易展上与京都会议观光局和其他当地的餐饮供应商合作，如和服供应商、京都自行车之旅项目，必要时还与国家管理公司和其他酒店合作。每合作伙伴对其他所有合作伙伴都有足够的了解，能够在贸易展上向参观者推销他们的服务和设施，就像他们推销自己的一样。与京都会议局的关系意味着，在展会之后，格兰维亚京都酒店可以一起工作来跟进计划和要求，由于展会建立的联系，代表客户与其他京都供应商联系，并提供支持KCB熟悉一些旅行。

为了认识到展示强有力的合作伙伴关系的重要性，格兰维亚京都酒店积极地与目的地管理公司J Team在一些贸易展上合作。DMC和酒店的紧密合作为会议策划者们提供了有吸引力的机会，他们认为京都是他们活动的目的地。以这种方式从客户的角度来看待城市，让我们对他们的需求有了新的认识，并最终形成了新的业务。

格兰维亚京都酒店不直接销售推广酒店住宿和功能空间，出售规划师正在寻找的一种京都体验。永远不会忘记，如果没有京都这样伟大的城市目的地，没有京都的文化、建筑和人民，酒店就毫无意义。

【复习思考题】

1. 简述会展场馆市场营销的特点，并举例说明。
2. 简述场馆销售过程中可以结合采用哪些营销工具。
3. 活动策划在场馆营销中扮演什么样的角色？
4. 如何进行一次有效的参展营销？

第七章

会展场馆运营与服务

【学习目标】

1. 掌握会展场馆运营组织架构
2. 会展场馆运营各类职能与技巧
3. 了解国际会展场馆绿色环保标准化

【章前引文】

运营部门负责准备好场馆的功能做，确保每个场馆内工作的，或使用或参观的人员的人身安全。根据会展活动的日程表，举办不同类型会展活动时，场馆也经常被转换。即使场馆没有被预订，场馆的人员也应该高效地工作，确保做好必要的维修工作，维持场馆高效地运作。

本章重点阐释场馆工作区的运营和功能，如何提升场馆用户和顾客的服务质量。场馆工作区指的是公众不被允许进入的场馆部分，为会展活动及它的要求提供幕后服务活动的区域。运营者对于举办一场会展活动的细节的关注程度，是会展场馆运营成功的关键因素之一。

第一节　运营部门

一、会展运营部组织架构

会展场馆运营目标是否能实现，取决于是否拥有一个管理能力强的运营部门。不论是类型，规模、所有权还是会展活动的数量，运营服务和活动都应符合场馆功能要求有序进行。运营部门通常要对场馆的实体环境负责，包括以下几个方面：

- 场馆内空气质量和温度维护
- 控制系统的管理
- 活动所需物资物流管理
- 安保

为很好地应对这些挑战，运营部门必须在组织有序的管理架构下运营，这样才能使场馆及其人员更好地为每次的会展活动做好准备，组织好每次活动。员工之间良好的沟通是成功的运营部门重要的因素。通常情况下，运营部门的功能区域因场馆类型和区位而异，一般包括：

1. 劳动力资源
2. 合规性
3. 收发货
4. 库存管理
5. 资本置换
6. 可持续发展
7. 工程管理（高压交流电 / 制冷 / 生命设施安全系统 / 公共事业设备）
8. 技术服务（信息技术 / 音频视频 / 电话 / 网络）
9. 维修和护理
10. 技工（电工，水管工，机械工和木工）
11. 物业和保洁
12. 地面维护
13. 疫情防治
14. 绿色可持续回收管理
15. 活动策划
16. 24 小时安保
17. 活动合作和管理合同的附件

18. 场馆布置转换
19. 装备要求
20. 舞台管理和活动人员
21. 客户服务
22. 活动设备设施

典型的运营部组织架构可能包含了以下的职位，如图 7–1 所示，当然这也取决于场馆的规模、类型和地理位置。

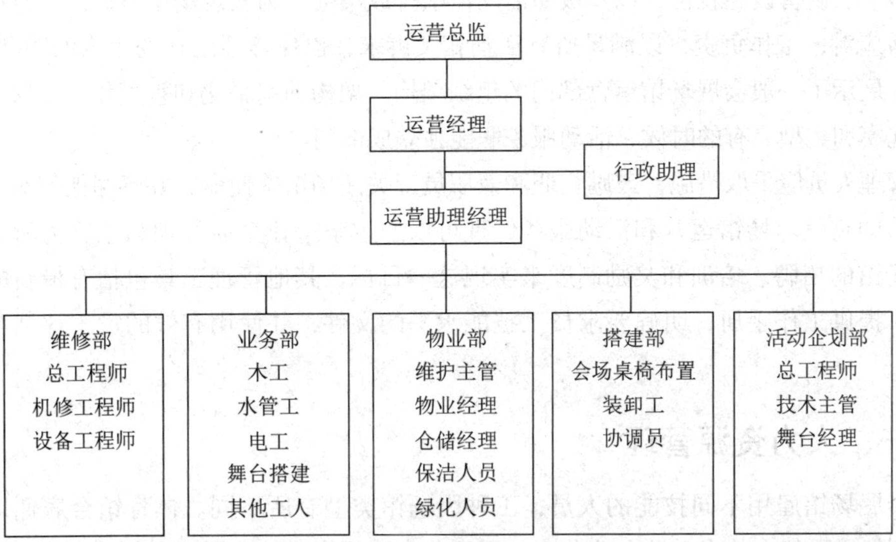

图 7–1　会展场馆运营部组织架构

二、运营总监

场馆运营总监承担着巨大的责任，这直接影响到场馆的运营目标和经营目的。场馆运营总监管理着场馆内的大大小小事务，必须对运营部门的所有基本职能有所了解。除此之外，领导力也是必须的，还要与员工携手共进。会展场馆运营总监，就像所有的其他员工，工作时间长且不规律。除了具备一般的管理能力以外，会展场馆运营总监还需要具备以下能力：

- 有效的时间管理能力
- 抗压能力
- 关注细节
- 较强的书面和口头沟通能力
- 具有创造性的问题解决能力
- 较强的谈判技巧

第二节 场馆运营管理职能

场馆运营部门由两个不同的组成部分，这两个部分对场馆的成功都是至关重要的，分别是机械系统维护维修和活动策划部。会展场馆的运营管理必须持续保障场馆内的安全、清洁、设备设施就位，以及按照活动需求排放桌椅。为实现场馆目标，运营部门必须灵活应对，工作负责，以满足所有活动相关诉求，以保障活动在场馆内的顺利进行。图 7-1 展示了一般会展场馆运营部门的组织架构。架构的扁平化和垂直化主要取决于场馆的规模和类型。有的时候，活动服务职能独立成部门。

管理人员应采取措施，鼓励全职和兼职员工关注场馆的使命，并感谢他们对场馆整体成功的贡献。场馆运营和活动服务经理可以通过坚持让全职经理和主管为所有员工实施场馆的招聘、培训和奖励制度来实现这一目标。其他管理工具包括有最新的工作描述，提供工作手册，明确要求员工技能水平的文件，并使用有效的员工评估和奖励计划。

一、人力资源管理

会展场馆雇用不同技能的人员，工种因场馆类型有所不同。体育馆会雇佣地勤人员，剧场需要舞台技术总监，演艺中心需要负责冰面形成的冰雪工程师，会议中心则需要宴会经理。各部门主管负责员工的管理与培训。所雇佣的员工可以是全职的也可以是小时工。虽然运营部各部门主管分工不同，有的是工程技术、有的是电路安装、有的是物业保洁、有的是舞台搭建。维护、工程、物业和其他服务所需的支持可能来自以下任何来源或这些来源的组合：

- 会展场馆直接雇用人员
- 其他机构，如城市、大学志愿者
- 与场馆有合作协议的第三方服务供应商

二、合规

国家层面、省级层面以及场馆所在地城市都会对各类场馆管理提出法律法规要求。遵守这些守则通常是场馆运营部门的责任。地方监管部门通常会以多种方式监督场馆的合规，但总是会参考各种国家法规。当地的建筑物相关管理法规也会对场馆的运营产生很大的影响，管理部门应该意识到这些法规。

此外，业务部门负责监督和安排定期检查，从电梯维修认证到与当地相关机构的灭火器验证。不遵守其中的一些职责不仅会让客人、客户和员工处于危险之中，还会让场馆对这些人的安全承担责任。在冬季的几个月里，许多场馆都面临着除冰、为客人安全出入的问题。许多场馆，在气候较暖的地区，由于不经常需要或缺乏必要的设备，选择外包除冰服务。

运营部门应要求其工程师在灭火、洒水喷头和烟雾探测系统领域定期进行检查。在停电期间，用于生产应急照明和公共设施电力的辅助发电机也应定期进行测试和维护。因为在停电期间，必须确保应急电源供应，以确保场馆的客人、客户和员工的安全。紧急电力系统是大多数场馆的法律要求。

三、运输仓储

举办贸易展览、展览或类似活动的场馆，要求供应商在活动前将材料运至场馆，并在活动结束后将相同的材料运回其营业地点或另一地点。因此，场馆可能会有内部航运和接收单位专门监督航运和接收功能。然而，比较常见的做法是，利用私人承包商（即官方服务承包商）来履行这些职能。在这种情况下，场馆运营人员将与官方服务承包商协调需求，以确保效率和准确性。运输和接收责任包括以下内容：

（1）安排足够的员工及时和有组织地接收货物。

（2）提供安全的储存，以备到货。

（3）管理跟踪系统，以协调各个环节。

（4）在活动结束时协调材料撤除。

（5）如有必要，准备运输材料。

（6）管理好运货单和收货单。

客户回复场馆以接收和妥善管理他们的物料。因此，运营部必须有效地协调运输和接收过程。

在许多场馆，运营部门负责管理符合财务部门预算要求的库存控制系统。这可能包括记录保存、定期安排和未通知的检查、锁和密钥控制以及监视和安全系统。活动的时间表和在这些活动中容纳的客人数量使它有必要跟踪大量的场馆资产。库存管理是所有场馆人员都必须承担的责任。这可能是一项艰巨而永无止境的任务，因此，一些场馆会聘请专业人员来管理库存。

在一些场馆，库存控制系统包括了分类和编号系统，即每件商品都会被刻上标签，贴上标签和编号。这些标签，除了是用来确认这些商品，还可以展示条形码，通过扫描条形码，可以获得更多有关这个产品的信息。知道这个产品的相关信息可以使运营部门的员工跟踪使用情况，并且根据产品预计使用周期来制订更换计划。

另外，运营部门必须监控库存物资，如纸张、清洁工具、化学用品和灯泡等。这些所需物资是根据预期使用情况来管理的，然而这又是很难预测的。运营经理可以通过调查以往的历史使用情况来确定接下来的会展活动要用到多少的物资，以此来确定购买计划。

四、工程部门

工程在一些稍微大的场馆中都将作为单独的部门，这是场馆运营中最重要职能之一。如果部门及其系统功能不能高效且有效地运作，它可能会对顾客的体验产生消极的影响，甚至会威胁到生命和财产安全。一些重要的区域需要工程服务和监控，包括以下几个方面：

- 通过供暖、通风和空调系统（HVAC）维持空气质量和温度
- 监控水质和水流压强
- 监控电力消耗，保证每台设备的供电情况
- 维护应急电力系统
- 监控生命安全系统，如灭火系统和自动喷水灭火装置
- 维护制冷系统

机械系统已经变得越来越复杂了。为了提供并监管这些系统日常的运营情况和紧急情况，许多场馆运用网络监控系统，集中控制并监视了场馆的机械系统、生命安全、安保和舒适的环境。这些系统是：

- BAS—建筑物自动化系统
- EMS—能源管理系统
- CAFM—计算机辅助设施管理
- FMIS—信息辅助管理系统

这些系统可以帮助工程和运营人员做好项目前的时间安排设置，也可以从移动设备上监控和控制这些系统。例如，根据天气状况，只有当场馆在使用时，HVAC 系统会提供舒适的空气温度。有效地利用这些系统，可以减少不必要的各种开支。当然了，如果气温在零下时或者屋顶上的积雪过多时，工程师可以远程调节温度，并发布这一指令。这些系统可以有效地运营，减少使用一些设备和人员。

特殊机械领域的技术不断发展革新，在职培训和证书的要求较高，许多场馆选择和这些系统签订服务合同，包括：

- 电梯和自动扶梯
- 灭火装置
- 安全警报器和监控系统
- HVAC 系统
- 制冷系统
- 生命安全系统

一些冰球场馆、冰展巡回场馆或是公众滑冰场馆都配置有制冰设备。对于场馆工程师来说，维护制冷系统是他们日常的职责。除了工程师之外，工人还应对以下几个方面负责：

- 根据场馆活动的日程安排表安装冰和撤冰
- 维护冰面，根据活动类型进行调整
- Logo 标识的安放和绘制
- 维护摩冰机（比如赞博尼摩冰机）
- 管理制冰工具维护项目
- 安装围板、玻璃和安全网

预防性维护

延长场馆和运营设备及系统的使用年限是很重要且需要持续进行的过程。有财务压力的场馆常常推迟维护需求以控制成本费用。不幸的是，每当场馆所有者或是管理人员遇到要削减开支的问题时，最先被削减的其中一项就是维护和修理预算费用。推迟维护时间可能是短期的解决方法，但是从长远来看，可能会带来比较坏的结果。修理和更换长时间未用的设备的费用远远超过了日常维护的费用。换句话说，推迟维护将在长期内产生更多的费用，而且不可避免地会对消费者、客户和雇员产生消极的影响。

运营主管的职责就是安排出足够的预防性维护的时间安排表，以确保所有分配下来的维护任务都能完成并记录下来。和维护日程安排密切相关的复杂的因素是场馆活动的日程安排，这必须是优先考虑的。但是，场馆经理可能需要关闭场馆一段时间，不举办活动，为了一些主要大型工程的维护，比如索具的检查和便携式篮球架的加固或是舞厅的装修。一些预防性维护也可以在活动的间隙间完成，但要确保不会伤害到顾客或者员工的安全。

设计良好的预防性维护项目应该考虑到场馆的生命周期，特别是它的设备的生命周期。为了开发这样项目，运营部门应该将不同的机械设备财产进行分类。维护日程表都要为每个种类的要素制作时间轴，使其在部门行动计划中生效，更有效率地执行。关键的一点是要有合适的维护系统，可以减少正常磨损带来的影响，以及尽可能减缓机器老化的过程。

对于场馆的寿命来说，有充足资金支持安排和预防性维护也是很重要的。场馆经理常常将场馆运营的一部分预算分给预防性维护费用。场馆预防性维护的责任常常交给内部人员或者是服务承包方。准确地说，场馆方能否取得最大的利益取决于许多可变因素，比如服务的有效性和熟练工人，服务的费用以及维护和修理要求的类型。不管是谁负责唱场馆预防性维护的责任，最好的方式就是考虑所有的选择，在可接受的费用范围内按时完成。

技工

技工常常被定义为需要手工或者机械技能的职业，而且通常需要许可证。在运营部门，有几个职位类型是符合这个描述的。在大多数场馆中，技工包括电工、木匠、水管工、油漆匠等技术员工。

技工通常持有在或者多个普通维修领域的许可证书，如水管、电气、机械或是木匠业，他们通常对每个领域的工作都有大致的了解。这些员工可能也拥有在百货商店工作、机械、电力和汽油、金属加工、空调调节、油漆和计算机应用方面的技能。大多数维修员工是根据他们的技术水平和资历按小时收费的，但通常如果加班的话也会收到一些补偿和加班工资。技工对于场馆来说是很重要的，因为他们所提供的必要的技能、知识和经验是整个场馆运营和功能中特别重要的要素，是和活动举办紧密联系的。

五、物业管理

物业管理是直接和维护场馆安全，保持干净以及客户、消费者、员工和拥有者的要求这些任务直接相关的。其中是建立清洁和卫生处理标准。另就是要成功地确定、招聘、培训和监管员工，并且激励他们在通宵、在周末和假期进行工作，有许多任务是由场馆物业管理完成的。

在每个场馆里面，都是需要物业管理，每个区域可能都有它自己的清洁标准。比如说办公区域的清洁标准可能就和包房内的标准不同。物业管理要注意的是在体育场馆提供露天座位和在许多不同类型的场馆中提供优选座位是不一样的。影响物业管理水平的动态重要因素是顾客和客户的期望。因而，这逐渐成了保洁服务的监管员的职责，要弄清两者间的差异，提高保洁服务人员的服务水平，一定要满足这些期望。

物业管理服务人员常常被分为两个组：非活动组合活动组。场馆会聘用全职的物业管理人员维护一些行政办公室和在非活动日期间向公众开放或是员工使用的区域。在活动之后，场馆需要常常需要更多的人员清理场馆的。这种级别的任务，根据需求，通常分配给内部或者是签订了合同的临时保洁人员来做。在一次大型活动之后，通常需要上百个员工来清洁场馆。这种工作通常在深夜里开始，而且必须及时完成，以保证场馆在第二天早上可以举办其他活动。如果场馆选择的是签订合同的保洁服务，对于场馆方来说保留管理权和监视工作表现情况的质量控制权时很重要的。

场馆运营部门要负责执行舞台搭建，而舞台搭建又涉及大大小小很多项目，需要阐明以下这些内容：

- 舞台
- 设置要求（登记、会议室的装备、生产部门办公室等等）
- 产品和技术（音响、灯光、传动装置、特殊的影响等）
- 更衣室
- 食物和饮料
- 交通和酒店
- 劳动力

巡回演出的路演工作人员。取决于活动的大小、类型和技术要求，表演秀可能会带着他们自己的音响和灯光设备以及人员去运营这场活动。巡回展或巡回演出没有自己的体力劳动者，如搬运工、铲车司机、索具装配员、行头服装助理和一般的一些劳动力。通常在附件中都会特别注明是否由场馆方提供这样员工。提供这些员工的费用一般是由发起者承担，而且会在活动费用结算中标明出来。场馆方可能会被要求提供以下几个类型的人员：

- 将设备挂到舞台上方，并负责拆卸的索具装配员
- 负责装载和卸载卡车以及运营活动相关的设备的舞台工作人员
- 负责收发任务的外勤人员
- 拥有相关资格证书开卡车或者其他装备的人员
- 负责活动中电力和能源连接分配工作的电力员工
- 负责布景 / 制作小道具的木匠
- 服装管理员工帮助演出服装的分类、清洗、组织和一些修补
- 急救 / 紧急 / 医疗技术人员处理活动准备期间、活动期间或是活动结束之后的医疗紧急事故
- 当艺术家需要有特殊的需要时，医生也要在现场

不管是内部还是签订合同的场馆安保人员，通常都会负责场馆工作区的安全。一般而言，在产品附录中都会大致标明这些区域的安全范围的要求。当产品附件里阐明了这些要求时，场馆工作人员一定要记住，产品附件的要求是为整个巡回演出做准备的，而不单单是场馆。场馆经理要为客户、消费者和员工的生命安全及财产安全负全责，因此最终决定权掌握在场馆经理手中。但大部分的时候，场馆方在附件中只会按最低要求提供安保服务，根据场馆布局及入口的特殊需求会另外安排安保服务。

六、场馆转换管理

场馆转换是在不同的活动期间，为了给下次的使用提供必要的桌椅及相关设备转变的行为。目的是为下场活动举办的基础做好准备，满足客户的需求。通常来说，场馆运营部或者工程部员工负责帮助客户制造出能成功达到并满足活动需求目标的物理和技术环境。有的时候，提供干净开放的空间就足够了；但另外情况下就比较复杂，比如从篮球比赛到冰球比赛的转变，这个就可能需要许多转换活动和大量的场馆设备的转变才能完成。

1. 装配

几乎所有的场馆都有装配点，在许多场馆中被称作装配系统网络。活动中的装配包括电缆的使用和升降电梯的运营以及照明位置的确定，音频、视频、舞台布景、特效和其他相关的项目。实际操作对于场馆管理来说是有很大的风险，因为这些物件都悬浮在表演者、顾客和 / 或者员工的头上。场馆管理方应该对所有发生在他们场馆里的装配活动负责，即使是由他们的客户和他们签订合同而安装的。因此装配安全计划是特别重要的，包括以下几点：

● 在装配总图中，需要由建筑工程师签订建筑承载能力

● 制定保护方案和发放相关装备，比如安全带和救生索

● 持续监控和评估安全生产和 OSHA 要求的装备器械的使用

● 装配点和装配网络需要有相关证书的人负责定期检查

工程师的职责就是监控在场馆举办的活动，确保其不会超重。所有负载点和结构钢架的载重限制都应该通过书面形式呈现，在活动前呈现给租赁方。场馆经理、场馆建筑工程师和舞台管理人员在场馆建筑和结构方面有问题出现时，应该及时出面解决。在设计场馆时，建筑设计师和建筑工程师要计算在场馆的屋顶、墙、地面和承重梁的配重以及附加应力。这些压力可能包括雪荷载和最大可承受风力。

2. 场馆工作区劳动力

实际上在所有场馆中，都会雇用许多临时工去创造出活动来。在表演艺术剧院中，通常会有专业经理和少数的全职员工负责场馆的日常运营。但是，在活动期间，活动员工的数量会因临时的舞台管理者、前台工作区员工、安保人员和停车场管理员、餐饮雇员和其他人员的增加而大量增长。场馆工作区的劳动力，特别是在竞技场、演出场馆和剧院，可能会被分成 5 个类别：装载 / 卸载；装配 / 拆卸；生产工作人员；保洁人员；以及负责转换 / 转变工作的员工。

（1）装载和卸载人员通常负责在活动前取出设备，安装设备，在演出的最后拆除并打包设备，将设备从场馆中搬走。

（2）装配和拆卸人员在设备运进场馆之前和在活动结束后，运出场馆之外都需要布置下场馆，为此准备。

（3）生产员工在实际活动期间是需要的，在许多场馆中也常常被称作是 show call。这种类型的员工常常被要求要提供更好的服务，比内部员工和签订合同的劳动力拥有更高的技能水平。在这种情况下，这些员工通常是属于工会的，他们常常要求支付更多的工资。

（4）保洁人员在活动结束后要打扫场馆，达到卫生和干净的双重标准。这项工作要在顾客下次进入场馆参加活动前全部做好，很难说另外的活动会什么时候开始。

（5）转换或是转变工作人员是负责改变场馆的构造和布局的，将活动的场馆布局变换为下活动场馆。

3. 场馆工作区设备

场馆经理负责提供必要的设备和用品，以支持客户，客户和活动。根据场馆的类型和预订的活动，后台活动资源可以分为两类：场馆活动设备和用品以及客户端活动设备和用品。一些场馆的活动设备和用品，以及希望所有的客户设备租赁和用品，将在活动后收回，如：

● 带有翼，扶手和楼梯的便携式舞台

● 便携式舞池

- 桌椅
- 更衣室或办公家具
- 管道和悬垂
- 地毯
- 公用设施连接
- 房屋音响系统
- 聚光灯
- 叉车
- 高升降机/剪式升降机
- 娃娃和手车
- 人流控制障碍
- 运动地板和表面

4. 封送处理区

封送区域用于管理和调节大型活动的进入负载流量。在会议中心，封闭区域允许停车和安全搜索大量卡车通过贸易展和会议材料到达。在体育场和舞台上，诸如斗兽场，马戏团和大型音乐会的活动可能需要大量的空间来专用于演出活动或演出，并且通常需要访问通常被称为“岸电”的电气挂钩。这些区域可以被保留用于排队参赛者，动物行为或圈地表演者的放牧或分类，或者仅仅用于卡车，公共汽车和其他车辆和设备的过夜停车。

场馆可以负责管理登台区域，包括制定用于装载和装载的策略和程序，其必须传送到适当的客户端和供应商。提供用于接收运输材料的集中处理是必要的。在某些情况下，特别是对于危险材料或在极端安全警报下，单独的，甚至在场外，场馆将专门用于筛选目的地为场馆的材料。

第三节　会展场馆运营可持续发展

一、会展场馆运营可持续发展要点

就像许多企业机构的高管一样，场馆经理逐渐意识到建筑和举办活动产生的环境影响问题。可持续发展对于场馆的公众形象有着积极正面的作用，意识到以环境友好型的方式来运营的重要性。此外，一些艺术家和演员都意识到场馆实践可持续发展的重要性，可能会根据场馆是否有环保意识来选择演出的地点。场馆运营部门会将他们的努力集中在以下几个重要的可持续发展领域，来实施可持续发展项目：

- 废物管理和转移

- 节能
- 水质管理和节水工程
- 空气质量
- 绿色采购
- 社区参与
- 员工的支持

场馆的战略会因场馆的特征的不同而不同，可持续发展实践的使用将预计成为运营场馆的标准。此外，包括设计、场馆的结构和重新装修都会更加环保绿色。

在实施可持续发展项目时的关键的第一步是建立废物转移、能源消耗、水资源消耗的基准数据。一旦场馆方了解了环境的影响，那么就可以发展这些特殊领域的计划。继续追踪这些数据，场馆可以评估特定项目、装备的更新和调整过后的操作实践的影响。许多已存在的资源可以帮助搜集这个信息，比如环境保护署的 EnergySmart 工具。

二、场馆建筑绿色国际认证

在场馆运营中，有几个环境标准，可以帮助并提供资源确定行业公认的最佳实践，得到广泛认可的这些标准是：

1. 绿色能源与环境设计先锋奖（LEED）

LEED 证书包括新建建筑和既有建筑：运营和维护（LEED EB：O&M）的项目。LEED 是绿色建筑工具，表明了整个建筑的生命周期，确认最好的建筑战略。LEED 项目会提供绿色建筑的第三方证明。建筑工程要满足先决条件，获得相应积分，以获取不同水平级别的证书。对于想要获得 LEED 证书的项目来说，评估体系是不同组别要求的集合。每个组别都和项目或是建筑类型的独特要求相适应。更多的信息请浏览 www.usgbc.org/leed .

2. ASTM（美国材料与试验协会）/APEX 场馆标准

国际材料试验协会为发展和制定材料、产品、系统和服务的国际化自愿统一标准提供了全球化的平台。实践交流条例是会议产业委员会首先倡议的，旨在推动全行业内发展和实施可接受的实践，以提高会议、大会和展览产业的效率。更多信息可以在 www.astm.org 上找到。

3. 国际标准化组织 14001 和 20121

ISO 14001 环境管理的管理系统。它为公司和组织确定和控制它们的环境影响以及不断地提升环境表现提供了实践工具。ISO 20121 是管理系统标准，为会展产业的组织提高会展相关的活动、产品和服务的持续性提供了帮助。更多的信息可在 www.iso.org

上浏览。

这些最好的实践活动不仅可以带来环境效益，同时也可以节省时间和金钱。例如，用新的LED技术代替过时的照明系统，场馆不仅因能量消耗的减少而可以节约成本，而且因为这些灯泡有更长的生命周期，场馆也可以减少员工的在这方面的工作时间，减少经常更换旧灯泡的费用。

许多场馆建立了回收利用项目。有许多人在同一地点，同一时间内会制造出大量的废物和未来可回收利用的材料。2012年国际场馆经理人协会（IAVM）的可持续性报告指出，99%的被调查的场馆都有一些回收利用项目。此外，超过半数的受访者表示，他们在使用环保的清洁化学用品、地面护理产品和纸张（国际场馆经理人协会可持续发展报告 <IAVM Sustainability Study>，2012）。

【复习思考题】

1. 简述会展场馆运营总监的主要职能及其能力。

2. 简述工程部门在会展场馆运营过程中的作用。

3. 场馆转换如何实现效率最大化？

4. 什么是场馆运营可持续发展的基本要素？举例说明国际绿色场馆建筑标准有哪些。

第八章

会展场馆活动管理与服务

【学习目标】

1. 掌握场馆活动服务部门职能
2. 了解活动经理主要职责和能力
3. 掌握场馆活动管理流程
4. 掌握活动管理内部策划文件主要内容及要点

【章前引文】

当场馆大门正式向公众敞开，幕布拉开之前的很长一段时间里，活动管理等一系列工作就已经在有序进行中了。虽然会展场馆因各自使命、功能和构造有所不同，但它们都是为活动提供场馆。对场馆管理人员来说，为了成功地举办活动，需要有面面俱到的策划，同时也要注重细节。本章节将侧重于前台工作区，指通常由出席的客人所在的场馆区域。

场馆工作人员必须要记住，产品和活动本身是同时被生产和被消费（Mullin et.al, 2007）。一旦活动发生，您就无法回头改变客户的结果或客户的体验。从商业角度来说，场馆是在“销售体验”，而且要力求提供最高质量的服务，以打造出更好的活动体验，而不是将场馆和活动两者割裂开来而论。如果与会者在参加活动期间，展台的热水卖光了，引导员提供了错误的座位信息，或者说休息室不干净，那么这个场馆对与会者的体验以及场馆的公众形象都会产生负面影响，同时，与会者将会记住不干净的更衣室，糟糕的食堂用餐，有故障的设备。如果与会者或是主办方或是客户体验极差，他们可能就不会再来参加活动。同时也会将这糟糕的体验向其他人抱怨。

成功的活动，管理人员和员工的努力是可以感受得到的，可以让顾客和消费者关注这个会展活动。消费者希望活动的环境能让人有愉悦的体验，当消费者离开场馆时，他们的体验记忆会通过表现反映出来，而不是对场馆工作人员的态度抑或评价。消费者买票不是为了获得场馆进入权，而是为了参与一切活动。差的场馆条件和松懈的客户服务都将使得消费者在微理论不再购买门票参与活动。消费者在支配钱时有许多选择，他们不会将钱浪费在消极的体验或是没有价值的活动上。

活动策划过程会因场馆的类型不同而不同，但每个会展活动的目的都是让消费者更加关注活动。当客户和消费者都认为这次活动很成功时，那么场馆经理将有极大的发展潜质。

第一节　活动服务部门

一、活动服务部门职能

场馆活动管理所扮演的角色和责任是将必要的资源在正确的时间、地点中有效地进行整合，从而产生活动体验。场馆经理应该对会展活动的合同和附加文件的大纲全权负责，无论是哪种场馆或者活动类型。然而，在规模较大的组织或机构中，场馆经理常常将这些任务和责任委派给活动经理。场馆时间和空间的正式承诺是活动管理过程的开始，活动管理过程被定义为相关细节的传达以及由此产生的那些义务的协调。

从活动策划者的角度，会展活动管理就是同时或者有序地组织和协调多个细节，并带给观众有形的体验的过程。在发起人的联系录中通常有处理活动相关事务的联系人，例如活动经理，活动服务经理、活动主管、活动公关和产品经理。由于场馆的类型，面积和结构的不同，这些职位可能是运营部门的一部分，当然也有可能单独成立会展场馆的活动部门。不管组织结构如果，这些人在岗位上所扮演的角色都对活动的策划和执行过程有着很大的帮助。因为场馆的不同，活动的数量和规模，以及类型的不同，这些责任和任务可能都是由人完成，也有可能需要团队的努力来完成。

每场活动筹办过程中，场馆经理和员工需要和租客、活动发起人、会议策划者、展览经理、赞助商、供应商、参展商以及承建商相互联系，保持密切沟通。在最后的分析中，当他们一起为了活动一起工作时，场馆经理是这些角色的核心，同时协调平衡好活动相关利益者之间的关系。一般而言，在筹备阶段，其中的一方会单独工作，只有当活动开始时，所有的活动利益相关者才会在同一时间和空间内一起工作。

二、活动经理

不管责任如何分配，发起人总是希望活动经理是由知识渊博的人或是场馆员工所担任。如果场馆的大小和会展活动的规模不适合指派给专门员工协调活动相关信息并做出合适的决策时，那么预订经理、运营经理，有时也可能是场馆经理就必须要完成这些任务。在每次活动中，都应该有专门人员协调好各种活动，并将场馆的信息向发起人汇报，同时也要整合好信息，并将发起人的意见反馈给场馆相关负责人。

活动经理逐渐成为租客、发起人、会议策划者、展览经理、赞助商、承建商、供应商、参展商和会展人员沟通交流的核心。对于活动经理来说，主要联系人会因会展活动类型的不同而有所区别，可能是发起人、会议策划者或是展览经理。例如活动会展经理更愿意和全国巡回演唱会的发起人一起工作，或是企业会议的策划人，抑或是贸易展会的展览经理。不管对象是谁，活动发起者都应是活动的主要联系人。

高效的活动经理必须拥有强大的时间管理能力、组织能力、客户服务、解决问题以及和不同的人一起工作的能力。活动经理在活动开始前应尽可能计划好并协调好相关事务，弄清任何会发生的问题。此外，有效地前期准备也能在活动期间为活动经理留出时间处理突发状况。由于活动本身及其要求，活动经理需要提前一年多的时间进行活动准备工作，有时会同时负责多个会展活动。即使不存在完美的会展活动，但是有着高要求的活动经理总是在追求完美的会展活动。

第二节　活动策划过程

不管是公众会展场馆还是自发形成的会展活动，场馆经理在筹办会展活动的一开始，在某些方面总是相似的。一旦会展活动确定下来要举办，那么人员安排表根据场馆类型和规模、可用人员数量和会展活动类型而随着之确定下来。例如，在会议中心，公众展览会可能会被分配给活动协调员负责，而会议则可能由另一位活动协调员负责。在多功能活动场馆中，体育活动可能由人负责，而音乐会则由另一人负责。在一些场馆中，会有一些员工专门负责协调会展活动，而另一些则要求有特定管理技能的员工作为会展活动协调者或是负责经理去负责重大的会展活动。

会展活动日常的惊喜可能令人沮丧和困惑。例如，经常会有少产品发生了改变，再比如，扬声器坏了，或是视频屏幕意外地黑屏了，这些都要求要给上百个与会者重新安置。高效的会展活动管理有明确的目标便是齐心协力将减少问题意外的发生，将其最小化。整个策划过程都应关注可能存在的威胁，减少潜在的失败，以防“千里之堤，溃于蚁穴”这种情况的发生。经验丰富的活动经理常常能够解决好会展活动过程中出现的各类的题，或是提前做好防范和准备工作，当那些问题一旦发生时，便能迅速地解决好。

场馆经理的职责在建立管理团队，而不是几个人各自独立工作的团体。如果让一些部门，如安保、运营、票务、营销部门等相对独立地运营，他们可能会选择对自己部门有益的目标，但这样一来则会对整个会展活动的成功举办有所损害，可能无法散发对于其他部门成功运营很重要的会展信息。有效地会展活动管理应是组织中的所有部门共同努力，相互间积极沟通。

一、会展活动计划

当会展活动一旦确定举办的时间并已签署了相关文件合同，会展活动和生产计划就开始了。在预定且复查各种会展活动文件之后，有一些关键点，部门经理、参与工作人员和发起人需要详细讨论活动的各个方面。在讨论过程中，会展活动中最重要的问题和比较特殊的挑战需要确定下来。绝大多数问题越早定下来，越能被更好地解决。通常来说，问题越迟被发现，就越难解决。场馆管理团队覆盖的活动策划职责包括：

（1）向活动发起者提供市场和场馆信息。

（2）提供有能力且有积极性的劳动力，并且会使用各种设备。

（3）将合适且准备充分的场馆信息列在附加文件中，提供给活动发起者。

（4）为会展活动提供一般安保服务。

（5）策划并准备紧急突发状况的应对方案。

（6）做好会展活动的广告宣传工作，必要时做些促销活动进行推广。

（7）为客人提供辅助性服务，如食物、饮料和停车。

在确定会展活动举办前，活动发起者需要深入了解场馆和市场的相关信息，以此确定这个场馆是否适合举办该会展活动，信息内容包括以下几个方面：

- 可租用的场馆空间平面图
- 座位信息表
- 会议室和休息区的平面图
- 装备性能和点列图（负载限额）
- 飞行系统（剧场装备系统）
- 舞台大小规模和功能
- 场馆拥有的设备品种以及相应的出租率
- 员工名单和相应比率
- 装货能力
- 服务供应商联系信息
- 场馆重要人员的联系信息
- 各类场馆规则和流程（餐饮服务、商品销售、消防安全等）
- 停车场平面图
- 场馆周围酒店及旅馆的位置

• 场馆所在目的地区位图

一般而言，会展场馆官方网站都应该获取场馆和市场各类信息，即使有时场馆方更偏向于设置密码等方式限制一些信息与发起者分享。对那些不熟悉特定场馆或是异地的活动发起者而言，他们会用反复浏览场馆官网的方式代替现场考察。富有创意的网站还能成为行之有效的市场营销工具和有价值的场馆资源。会展场馆官网也会提供其他网址的链接，如会议和观众办事处、当地酒店以及会展活动日历的链接。提供给发起者和会议策划者多种版式的场馆楼层计划文件，以供他们下载是特别重要的，这些版式包括：

• .pdf——可移植文档格式（可能是最常见的格式，可用 Adobe Acrobat 或者其他阅读软件阅读）

• .dwg——AutoCAD（一种图纸保存格式）（许多娱乐性、艺术性展会设计师和专业装饰装修公司会常常用到）

• .flp——最优设定（许多会议策划人常常用于房间的设定）

总而言之，策划的过程组织得越好，考虑细致周到，现场活动时问题发生的概率越小。同时也能成功实现会展场馆方和活动发起者各自目标，实现双赢。一般而言，巡回展览、剧场表演、大型会议和商业音乐会这些会展活动会要求最大程度的协调。而宴会、集会和小型会议需要的人员配置较少，但是同样为达到客户的期望值，也需要多方面的相互配合协调。

巡回表演与音乐会有着共通的特性，两者在演出时都是要旅行的，明星和其他演出人员将乘坐巴士辗转多地，同时演出设备和道具依靠货车运输。在巡回各地，不同场馆进行表演，有时只待一晚，而有时则在连续的几天时间里，表演不同的节目。为保障演出质量，制作人会对所有场馆提出特别的人员配置和设备要求。这些标准使得布置和撤离过程更加高效，即使是在不同的城市和场馆。

筹办政治性会议、展览或是大型会议也需要同样多的努力和相互协调配合。会议中心的会展活动可能是一天的会议，也有可能是连续多天的会议，内容涵盖了展览、分会、招待会和宴会等。会议中心必须建立起相关的规则和流程，并及时告知活动发起者。

• 政治性会议、展览和会议的设备
• 组织者和参展商需提前运送设备和材料
• 提供电力服务和视听设备
• 展位大小
• 管道铺设，地面覆盖和展位布置
• 食物和饮料服务
• 会议室功能和构造
• 展位过道

● 工作台上材料和设备的移动以及搬运

【案例】

×××× 场馆活动进场告知书

Dears：

鉴于活动临近，先将进场的一些需要注意的事宜告知，请仔细阅读以下内容，配合 ×× 完成此次活动进场的诸多事宜，以确保活动的顺利进行。

搭建方案资料需要在 8 月 28 日之前提交场馆方，以方便中心有关技术人员审核。另外需要在进场前叫齐所有的供应商及主办方到中心开进场前通气会，届时 ×× 各部门主管都会到场，协调沟通活动的所有细节、进场相关事宜以及现场安全须知等，烦请有关此次活动的主办方、公关公司、各搭建供应商（舞台、灯光、音响等）、餐饮公司均准时到中心出席会议，会议时间定于 8 月 30 日上午，具体时间地点待定。

1. 搭建押金 10W，汇款至 ×××× 场馆账户，活动时由搭建公司进行场馆交接等手续，后续如有场馆损坏从押金里扣。

2. 关于场馆保护细则：您可以参照附件中的照片示例。在地毯上需铺设薄型木板，大理石地面上需铺设旧地，如有重物及推车经过，需在行进路线上铺设旧地毯加木板；场馆大理石地面不能直接使用胶带类材质进行粘贴固定，可先使用美文纸；同时，进出途径中的通道门以及货梯门请用旧地毯包好，做好保护措施。

3. 此次活动的搭建方案、效果图、电工上岗证、高空作业人员登高证、人员车辆路线图请在 8 月 28 日之前给到场馆方，×××× 内部执能部门将就整体方案进行审核工作，如需更改，也可以有足够的时间余量，根据附件中的模板提交搭建方案。

* 用电方案的落实，请告知活动每天的用电量及用电区域，电线分步走线图、电线规格线径（规格见附件）、所有取电点请标明以及是否需要临时用电，如需 24 小时持续供电，现场需贵方安排专人通宵值班并留下联系方式，××××× 安排相应技术人员进行对接和核查。附件 – 模板中需要提供的信息和表格内容，烦请填写相关资料给到中心即可。中心做绝缘测试（即接电）、满负荷测试时间为 9—17 点，现场施工时的用电方案必须严格按照提交的用电方案执行，否则会延误接电时间造成工期的延误。关于用电方面的事宜，请您注意的事项还包括：

1）接电和断电需要填写申请表，接电时请先行做好绝缘测试，确保所有电缆线不漏电才能接电，接电人员必须携带好电工证、穿好绝缘鞋电，中心所有墙插均不能使用，活动可提供一路提前送电，其余电等所有设备连接完毕后方可接电送电。

2）待所有设备连接完毕后接电送电，送电后的 30 分钟内前需要做满负荷测试，将所有用电设备打开，确保电缆线三相平衡（最高和最低相的电流相差不超过 10%），测试通过后方能正常供电。

3）每天工作人员离开中心前需将所有用电设备的开关箱关闭，确保安全。如需24小时供电，需安排专人通宵值班。

4）附件中有取电点的信息，标明中心室内室外可供电量及开关大小，一级开关总箱必须小于中心电箱开关大小。

5）中心电箱到第开关箱必须有总开，中间电缆线不允许有任何接头。

6）所有过人通道需铺好过桥板（准备100+块）

7）所用五芯电缆线必须有颜色区分，地线用黄绿双色线，零线、三相线用不同颜色的以示区分。

8）所搭桁架结构需有接地线，接地线线径不得小于16平方米。

9）小于10平方米的线可以直接接入下桩开关，开关大小必须小于等于63A。

10）不能用硬线，用橡皮管软电缆线（有黑色橡皮保护的电缆线）。

11）电箱必须是铁皮箱，不能出现木箱等，电箱内开关需有零排和地排并带有漏电保护，接入电线不能裸露。

Ps：金厅内的灭火器由贵司提供，所有金厅出入口及公共区域的灭火器由中心负责。

吊点方案平面图请标明：使用吊杆数量、位置、标号，每根吊杆悬挂物品的清单、重量、尺寸规格；如涉及通电设备，如灯光，请标明每个点的用电量、重量和整根吊杆的总用电量、总重量吊点的固定方式及悬挂在框架上物品的固定方式并在悬挂点上放置地毯做一些保护。吊点承重为主梁6个点，300kg/点，副梁150kg/点。烦请将相关电位绘制在中心提供的吊点CAD图纸上给到中心。关于吊杆和场馆安全规定，请您注意的事项还包括：

1）吊杆只可用于灯光及音响设备的安装，不可用于起重或协助舞台上物品的定位。

2）如需高空作业，工作人员必须携带好有效的高空作业证，必须系好安全带。

3）请提供《电工证》《高空作业证》的扫描件给到中心，施工期间施工人员随身携带好相关的证件。

4）由于中心梁上有防火涂料，请在悬挂点处放置废旧地毯做保护。

4. 中小会议厅需求。

1）请于8月28日前提供会议厅的布置设台平面图，并明确××××场馆需要配合完成的工作。

2）中小会议厅用电：中会议厅墙插分为南北两路（靠门、靠窗），每路负载2KW，即中会议厅内所有用电设备功率不可超过4KW。单个小会议厅用电设备功率不可超过2KW，两个打通的小会议厅为4KW。所有中小会场馆插均不能使用，请提前准备好足够多的拖线板。

3）中小会议厅音视频设备。

①投影设备：目前方案中视频由贵方自带，如果使用中心投影设备，需提前告知，投影设备涉及费用。

②音频设备：目前方案中音频由贵方自带，如需场馆提供，可提供的设备如下。

中会场：可提供3个台式话筒，1个无线手持话筒，以及基本扩声，如有其他音频需求，如使用投影时电脑需播放音频文件，请自带音频线，中心提供1个音频端口，端口为3.5卡农头，如有变化请提前告知。

小会议厅：不提供话筒，可以基本扩声设备以及提供1路音频端口，端口为3.5卡农。

如贵司该项需求超过我们所能提供的请自带控台，中心仅提供1个音频端口。

如使用中心音视频设备，在安装调试时需安排专人逐一完成设备交接后方可使用，请告知贵司专人联系方式及交接时间。

5. 附件中的出门单为活动结束后，撤场货物车辆离开时，所需凭证，请提供当天活动负责人的签名（签在出门单上，扫描给项目经理），将根据签过名的出门单模板放行货车离开（一车一证）。

6. 所有活动进场、活动及撤场期间，需要贵司有相应主办方确认的车证、人证，否则进不来中心，烦请确认此部分证件的情况，并于8月31日前给到××××相应证件样张模板。若确认由主办方提供，请提前告知。

7. 活动及搭建期间，盒饭类食物不能带入中心，您可以安排人员统一外出就餐或者中心B1层食堂可提供盒饭堂吃，您可以直接联系食堂负责人，将需用餐的时间和人数提前告知他即可。××餐饮×经理。

8. 中心整体建筑全场禁烟，请做好施工过程中工人的管理监督工作，施工期间所有工人必须佩戴安全帽，高空作业超过2m需系安全带。

9. ××关于保洁事宜现明确如下：

1）所有搭建及撤场产生的建筑垃圾均有贵司负责清理，中心负责生活垃圾的清洁。

2）进场布场完毕结束后，请将场馆内所有建筑及餐饮垃圾清理完毕，后中心保洁团队进场，做好公共区域铺设地毯部分的生活垃圾清理和地面吸尘工作。

3）正式活动期间，中心保洁部门负责公共区域的生活垃圾及地毯吸尘工作，就餐区域内餐饮及生活来及中心不负责清理。

4）撤场期间，所有撤场产生的建筑及餐饮垃圾由贵司负责清理，待建筑垃圾清理完毕后，中心保洁部负责后续的生活垃圾清理及进一步的地面保洁工作。

10. 此次活动是否有网络需求，如有请提前10个工作日联系中国电信翼之城，配合将网络方案于8月28日前一起提交给项目经理。如有其他事宜我们沟通，谢谢配合。

11. 提供所用周边电子显示屏图片文件，jpg格式，16∶9，大小不超过1M。

12. 绿厅大屏格式：25*15.2/分辨率：16∶9/点距：1.8厘米。

比特率（Bit rate）：1280*700/ 视频播放格式：MP4。

13. 请提供此次活动的议程。

14. ×××× 场馆货梯尺寸。

H1货梯：位于中心东南侧，进口宽115厘米，高210厘米；内部空间，宽230厘米，深230厘米，高210厘米

H2货梯：位于中心东南侧，进口宽140厘米，高220厘米；内部空间，宽235厘米，深230厘米，高220厘米

H3货梯：位于中心东南侧，进口宽220厘米，高270厘米，深370厘米双门开，约2000公斤以上，正对2H门。

会展活动协调对于场馆的常客来说，比如运动队伍或是当地常驻的公司，同样要求要注重细节，即使他们活动的时间安排为策划过程提供了连续性要素。不断反复地审核有利于会展活动的协调过程，同时也有提升消费者的活动体验。

大多数场馆经理同意，更难处理的活动是那些产生经验不足的发起人策划的，他们可能不了解所涉及的风险，或者与精心策划的活动相关的细节，错综复杂和必要的计划。因此，场馆经理一定要制定相关政策、流程和过程，引导并鼓励发起人和场馆部门经理进行合作，举办出成功的会展活动。

二、内部策划文件

如同之前所述，虽然产品附录通常对于巡回展览、剧院和演唱会来说是比较具体明确的，但所有的会展活动都有各自一些产品标准，正式或者是非正式的，但却有着同样的目的。会议中心通常用宴会活动订单（BEO）确定餐饮预订情况和房间安排表，规定座位设置，视听设备、楼层平面图，展台位置等。每个会展活动都应有类似的已签订的合同文件，详尽准确地阐明房间安排和必要的产品设备以及每件产品由谁负责提供。在其他类型的会展场馆中，文件还包括活动指南、活动通知或是活动摘要。一些活动会较复杂些，持续好几天，这就要求活动经理需要编辑一份活动手册，清晰地列出会展活动要求和期望的大纲。不管是用哪类活动文件，都需要相关人员共同查看翻阅的。

前台工作的员工可能不需要策展布展，以及后台餐饮方面的信息，但他们需要会展其他的具体信息。许多会展经理在会展活动员工签到时，都会分发给他们一张会展活动信息的纸。这些文件提供了关于预计客流量、活动时间安排、欢迎会、小卖部开放、会展活动的特殊规定和座位地图等信息。

在其他的内部策划文件中可能也包括时间安排表、设备清、人员评估表、活动布局安排、楼层平面图。除了用于准备会展活动的文件外，也有其他一些文件是用于展后的，包括会展活动报告、活动报告以及其他一些总结性报告。在会展文件中都应包含所有活动前和活动的文件。

1. 活动文件

活动经理所编辑的会展活动文件将成为有用的管理工具，用来追踪活动进程。这些文件按会展活动时间顺序，以预订文件开始，以展后报告结束，内容包括：

- 会展活动联系人信息
- 会展活动合同
- 保险证书
- 产品附录
- 座位安排表
- 票务信息和出席人数报告
- 装配图
- 结算表
- 会展活动人员安排计划
- 活动报告
- 展后报告
- 会展活动相关通信

这些文件加深了对活动过程的管理的了解，同时也为应对各种问题提供了真实可靠的信息。会展活动文件对于策划会展活动而言，是很重要的工具。在会展活动结束之后，对于场馆经理准备接下来的回顾报告是很具有参考价值的：

- 普通活动报告和紧急活动报告
- 票务信息情况和结算情况
- 会展活动总结 / 报告

2. 活动时间表

活动时间轴能够帮助活动经理安排好各项事宜，并确认可能会发生的问题。由于活动的特殊性以及会展活动的规模不同，以下领域个人可提供意见：

- 资深场馆管理
- 会展活动管理 / 协调
- 票务中心
- 场馆运营
- 停车和交通
- 物业管理
- 工程技术
- 食品和饮料 / 商品
- 活动发起人 / 生产者
- 警察、消防员和医务人员
- 公共交通

● 联盟 / 协会

在每年都要承办许多会展活动的场馆，策划会上可能要给出举办多种会展活动的大致规划。小型和 / 或者日常的会展活动可能仅仅通过发起者与场馆负责消息发送的联络人打个电话或者通过电子邮件沟通等形式就能完成。

当场馆员工以小时为单位，核查会展活动时间安排表时，会发现许多问题，这些是需要厘清和讨论。比如，会展活动人员停车问题、布展和撤展的时间安排、就餐时间安排、着装与装潢问题以及会展活动开始，中场休息和结束的时间等问题。所有这些不同的问题都是由场馆不同部门的人员所负责。工作人员召集到一起，一起讨论并制定时间安排，有助于协调每个区域间的工作，并能使员工更加全面有效地评估会展活动。前台的工作与后台服务需求紧密相关的，反之亦然。尽管想起来很简单，但那时在会议中的反馈，可以有效地减少会展活动意外的发生。表 8–1 是会展活动时间表的模板。

会展活动名字

××××年 6 月 24 日

入场时间：18：00

活动开始时间：19：30

结束时间：22：00

表 8–1　会展活动时间

负责人	活动	时间	备注
F	场馆布置完成	6/23	会展活动楼层，所有装置安装好，插头安插好，条款要求
F	寄存处、餐饮 & 产品房间	6/23	干净、清洁、消毒
SH	舞台布置	6/23	放置 60 × 40 的舞台
P	产品摆放	6/24 7am~11am	Dasher drapes、幕布、现场扩声系统处理器
F	布展准备	6/24 7：30am	准备好叉车、打开大门，清理搬运处，设置通道
P–SH–E	布展	6/24 8：00am	支持会展活动需求，电力供应
F	会展活动准备	6/24 1：00pm	摆放好椅子和台阶，固定好围栏
P–F	运营检查	6/24 3：30pm	检查所有技术设备，厕所设备，商品摆放，躺椅是否完好，楼层进入标志的设置等
全体	音响设备检查	6/24 4：00pm	检查音响的大小及效果。场馆人员不能待在座位区
全体	场馆检查	6/24 4：30pm	检查所有活动准备就绪，标识系统设置，大厅的清洁度，合适的灯光等

续表

负责人	活动	时间	备注
ES–EM–GM	活动简介	6/24 5：30pm	安保要求，座位的重新安置，欢迎仪式，事故区域，最后通知等
全体	入场	6/24 6：00pm	所有工作人员在各自岗位上，一切确认准备就绪，doors to be called by MOD
全体	展览展示	6/24 7：30pm	除了中央区域，其他准备撤展
全体	参与者离场	6/24 10：00pm	由引导员引导离场
全体	撤展	6/24 10：15pm	撤离除了下次活动还要用得室内一切设备装置
F	展后清理	6/24 10：30pm	机动人员回到场馆
SH–F	舞台退出	6/25 2：00pm	舞台撤离并保存

对于电视现场直播的活动，时间安排应更加关注。不论是会议、贸易展、体育赛事、宴会、政治演说、剧院演出、国庆日还是颁奖典礼，电视直播的活动对于时间安排有特别的要求。这些活动必须准时开始，并且已经设计好在特殊的时间结束。如果电视广告也包含在内，他们必须将其时间也安排和计算在会展活动时间表中。

在实行时必须要做好会产生特别影响的准备。一定要有序地组织好和活动相关的人员，这样才能确保电视直播的时间要求，确保无缝对接和节目的有序进行。

三、场馆设备

制作人大致列出了举办会展活动必需的几种特别的要素。但是对于巡回的会展活动来说，带太多人和所需要的员工（比如，管理舞台的人、索具装配人、装货的人、司机、滑行装置管理人员和追光操作者）是不切实际的，当然带上所有的设备和物资也是不可行的。举办会展活动的人应该大致列出有哪些具体特殊的设备是可以从当地资源中获取到的。通常来说，获得设备和必要的操作工具是场馆工作人员的职责。许多场馆有他们自己的设备装置，包括：

- 叉式升降机
- 聚光灯
- 桌子和椅子
- 控制人流路障
- 表演舞台
- 电气连接
- 压缩空气 / 水 / 天然气管道
- 电话线
- 网络连接

● 更衣室设备

这些设备需要活动发起人单独租赁，也有可能包含在场馆租赁的费用里面。设备租赁费用通常会单独开具发票，当然这些费用是包含在会展活动费用结算中的。如果需求较及时地提出，那么特殊的设备一般是从外面租赁来的。×××× 场馆舞台变电装置如图 8-1 所示，×××× 场馆舞台音频装置如图 8-2 所示。

图 8-1　×××× 场馆舞台变电装置

图 8-2　×××× 场馆舞台音频装置

四、现场人员配备

活动举办负责人指定好舞台管理者、索具装配人、装货的人、司机、设备操作者以及会展活动需要的其他人员的数量时，通常是没有相关的文件明确表明前台员工的配置问题。由于发起者和会展或经理一样不了解这个建筑，因此这个问题主要取决于场馆工作人员。但是，由场馆管理负责的这个决定会直接影响到发起者，因而提供给活动发起者展前价格的评估是明智的行为。

前台工作人员（会展活动员工）只有在顾客服务的区域才会在场。取决于场馆和会展活动类型的不同，前台工作人员可能包括招待员、检票员、安保人员、售票员、停车管理人员和其他客户服务人员。在内部管理中，前台工作人员主要是由兼职人员构成的，他们由场馆招聘，培训和监管。当然对于艺术剧院、大学场馆、小礼堂和市政中心这些场馆来说，他们常常会招募志愿者来完成这些工作。在其他许多场馆中，管理者可以选择承包所有或者部分所需要的人员。当然在安保人员方面，比如警察、急救医疗技术员和消防人员，常常是外包出去。

场馆管理决定了人员配置水平是否能确保客人参加会展活动的舒适度和安全性。更准确地说，会展活动人员配置的数量和构成是由许多因素决定的，包括：

- 预计出席人数
- 会展活动类型
- 会展活动的历史
- 场馆的空间构造
- 举办的年份
- 举办的天数和日期
- 预计的天气状况
- 社会期待值
- 法律规范

在展会开始之前，如果场馆管理者和发起者都认为会展活动可能超编了，那么他们有足够的时间去考虑如何调整。人员配置和成本估算会使发起者注意到更大一部分的会展活动费用。这个过程提供给他们重要的信息去做决定，不断地审核，做出回应并且调整人员配置计划表。雇用的原因就是减少会展活动期间每天都需要处理的问题，调整人员配置水平来说对于会展活动管理是非常重要的。

五、场馆平面图布局

一旦活动发起者和活动经理要开始为会展活动的空间方面进行决策时，如房间的设置、设备需求和停车，那么场馆的运营员工就已画出具体的已签署合同的空间布局图，一系列所提供的设备名单以及员工举办会展活动所需要的，图 8–3~ 图 8–5 分别是上海世博展览中心 1 号馆的平面图、设施图以及吊点图。

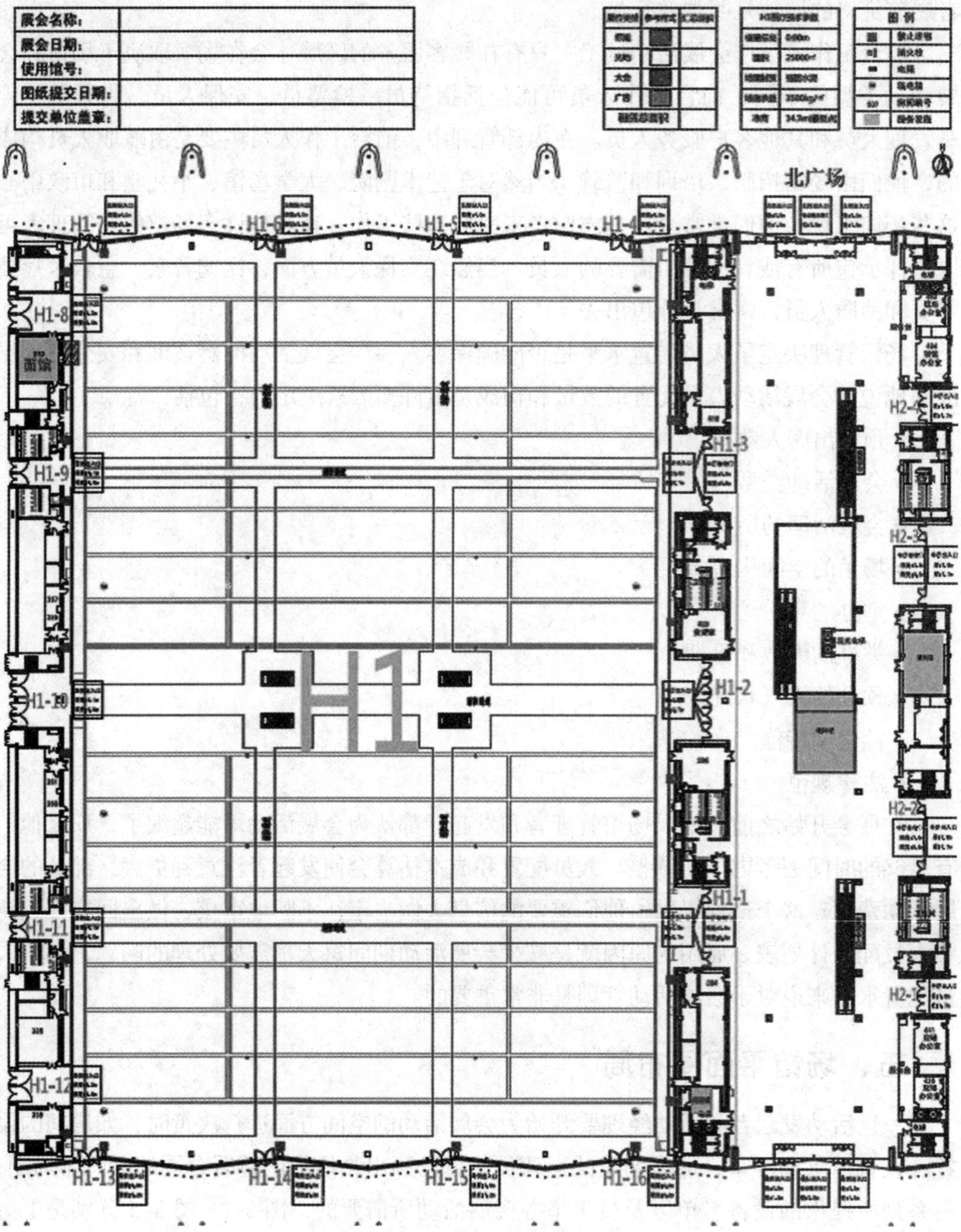

图 8-3　上海世博中心展览馆 1 号馆平面图

资料来源：http：//www.shexpocenter.com/download_01.html

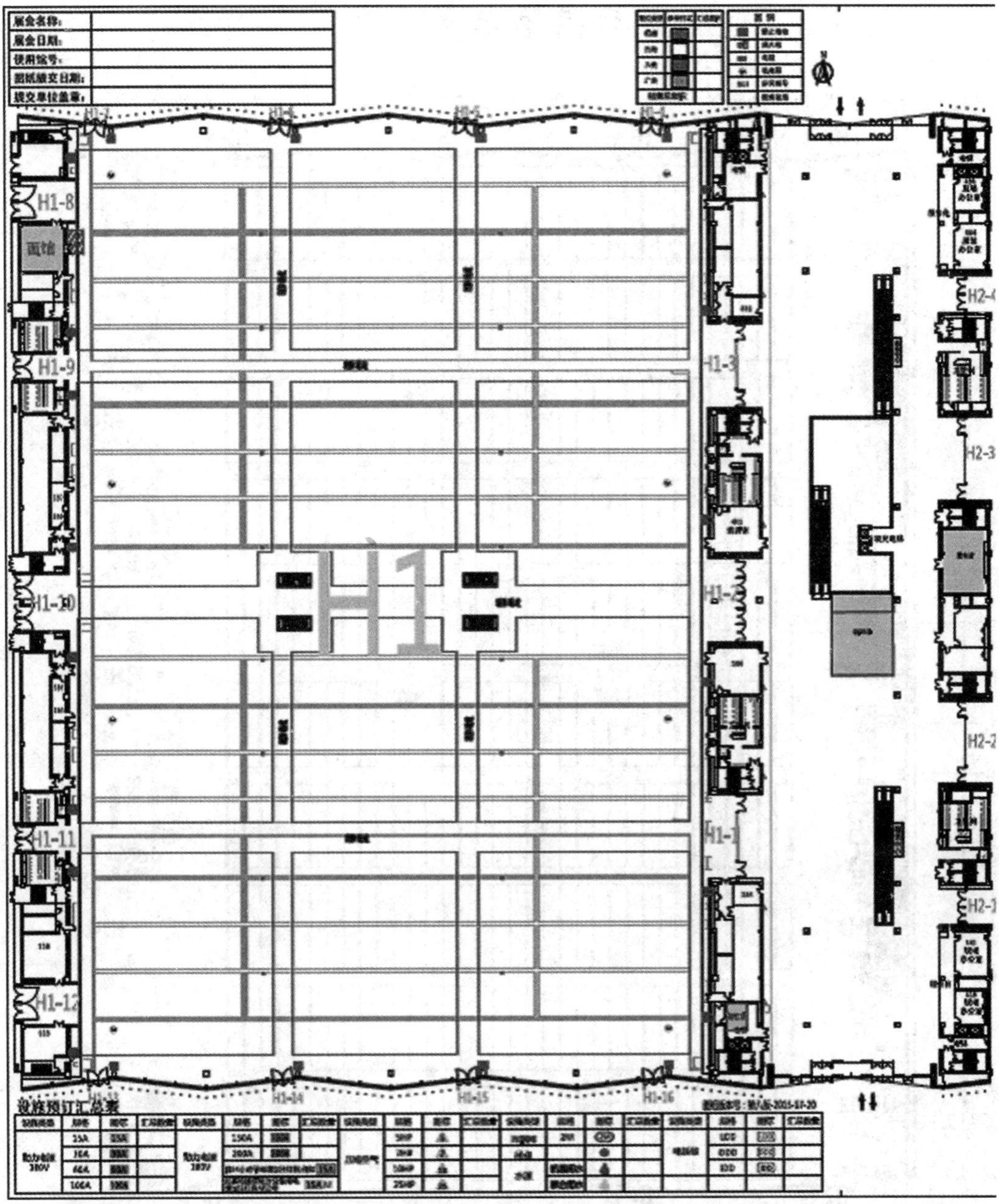

图 8–4　上海世博中心展览馆 1 号馆设施图

资料来源：http：//www.shexpocenter.com/download_01.html

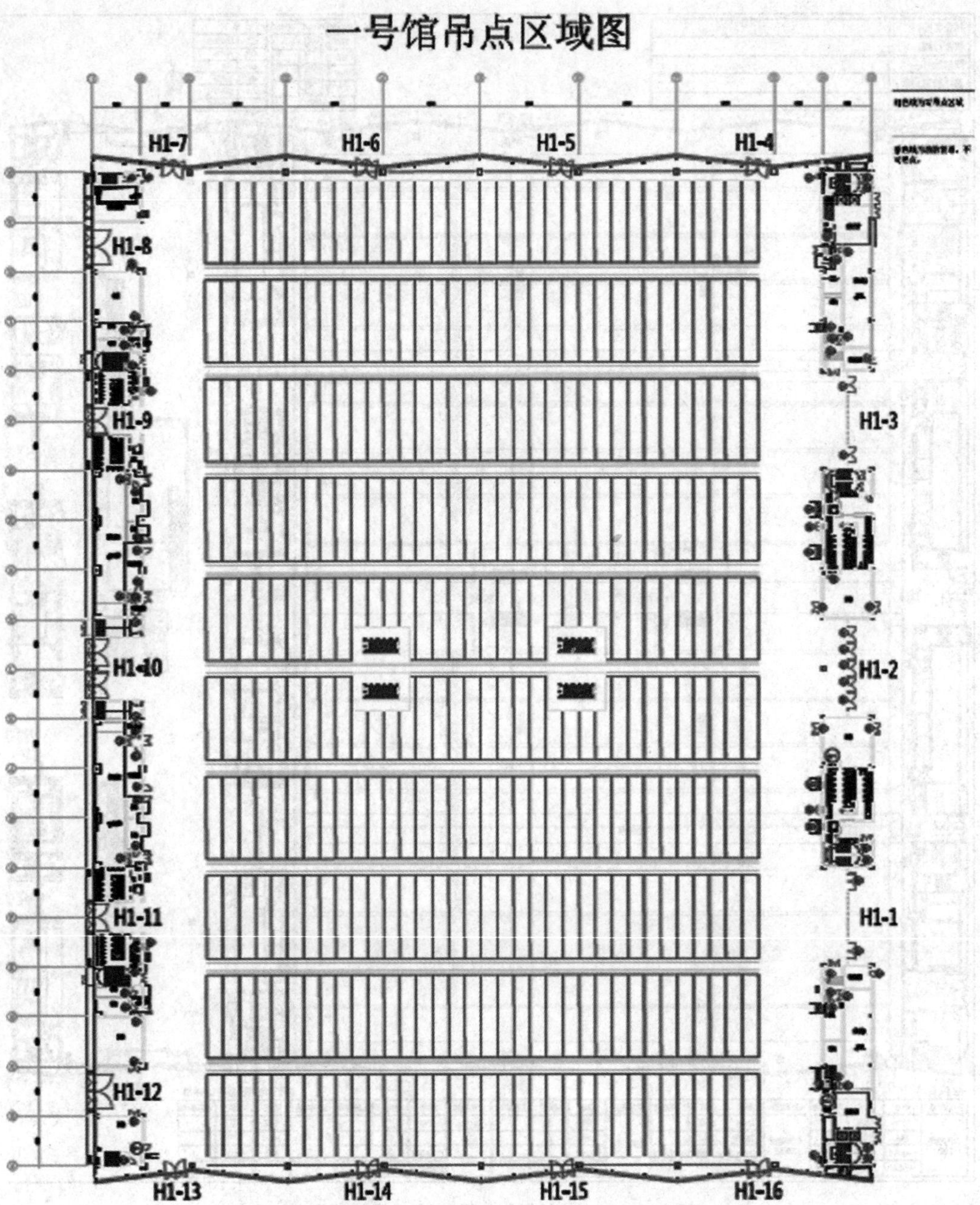

图 8-5　上海世博中心展览馆 1 号馆吊点图

资料来源：http：//www.shexpocenter.com/download_01.html

当在设计楼层平面图时，一些附加的要素也应考虑到：

- 入住率
- 空间使用状况和功能
- 消防规范限制

当地的消防部门都会由消防局长审查并证实所有的楼层都可以用来举办会展活动，特别是用于举办烟火表演。这是要确保过道足够宽，以至于能容纳下所有参加活动的人，此外安全出口也要打开，展览材料和其他障碍也应放置在较为明显的位置，以此确保安全问题。

筹办会展活动时，给操作人员提供具体的空间草图信息和需要的设备名单是很有必要的。越多的会展和活动将要在这个场馆举办时，详细的空间示意图和名单需要的就越多。如果场馆要同时间或同一天举办多种会展活动，那么场馆方就要做好相关的预防措施，保证各个会展活动不会相互重叠，不会在同一时间使用同房间，且有足够的时间更换空间，并且要确保有足够的设备装置能够同时满足各个会展活动的需求。

策划过程对于预见事故发生很重要。在开始实施之前，顾客要同意并签核相关的活动图和产品要求。即使这到最后也不会发生改变，但它保护了场馆方收取额外服务费用的权利。如果场馆方提供了额外的设备和服务，那么顾客应该被告知核实工程变更通知单和经过修订的预估成本，以减少意外费用的产生。

第三节　活动前台管理

经验丰富的活动经理都知道了解前台相关细节的重要性，如议会休息室和广场、小卖部、公众休息室、票务中心、停车场和座位以及展览区域。在此要再次强调，给那些为场馆客户提供服务的兼职人员培训是非常重要且有意义的。除了要提供最高效的服务外，场馆方还应确保每位客人的人身安全和财产安全。积极管理前台服务的可变因素，能够确保出席者的安全，同时能带给他们愉快的活动体验，同时有助于场馆在当地树立良好的形象。管理前台工作区包括与客人的交流，顾客服务以及会展活动员工培训这些方面。前台工作人员包含在事故报告在内，同时要对紧急情况及时反应。

一、客户交流

客户获得愉快的体验最重要的因素便是沟通交流。对客户而言，场馆的任何政策措施都会影响到他们的体验。大部分的场馆政策是大同小异，不管举办何种类型的活动，禁止吸烟和禁止武器进入场馆内是一致的规定，但是一些规定就不同了，比如一些会展活动会禁止相机和其他记录仪器进入，以及儿童进入需要买票等规定。和客人沟通这些规定必须说得很清楚明了，留下较深刻的印象，特别是关于人流管理和紧急活动应对问题时。在一切情况下，每次规定的变化都应及时告知顾客，可以通过以下多种方式来完成：

- 场馆官网上传场馆规定
- 场馆官网中会展活动的页面上放上会展活动的具体规定
- 会展活动的具体规定和政策包含会展活动门票
- 标准或是特殊会展活动规定都可以通过社交媒体渠道传播出去
- 通过电子邮件的方式提醒已提前购买好门票的顾客
- 媒体提醒
- 场馆标识（永久性或是记分牌或是其他记录信息板）
- 场外数字移动标识
- 会展活动手册
- 季票信息
- 公告栏

在确定需要传达哪些信息以及最佳方法时，场馆管理层应考虑预期的活动参与者访问场馆的可能性及其政策。例如，拥有季票的人通常对场馆和它的一些规定更加了解熟悉，而在参加高中毕业典礼的观众则没有相关方面的知识经验。

熟知场馆和特殊会展活动的相关规定对于直接和观众沟通交流的场馆员工来说特别重要，这样他们才能和顾客进行更有效的沟通，并提供其想要的信息。

图片和标识对于人流管理战略和沟通来说也是很重要的部分。图片设计合理且能有效地告知参观者相关信息时，那么它们就能会被永久地安放在那里。比如，场馆根据一些禁止条例通常会在停车场或者是场馆展示区域的入口摆放相关可视标识，可以帮助参观者尽快找到入口或者减少他们寻找车辆的时间，也可让他们不会错过会展活动的每个部分。

广播和数字显示屏是将信息传播给大量观众的最好方式。应急预案应该包括在广播或是信息显示屏上提前录制好的信息，以确保在紧急情况下能够指导活动全场疏散。当然，同样的信息也需要让活动引导员知道，这样一旦有情况发生，能有效地组织全场撤离。除此之外，所有场馆员工都应该意识到这些和场馆以及会展活动相关的规定都应该及时和参观者交流当有必要时。

现代技术不仅改变了人们之间沟通的方式，而且改变了商务活动中与顾客沟通交流的方式。交流工具和社交媒体都是很有效率的工具，如左图的上海新国际博览中心（SINEC）微信公众号界面，实时与客户保持联系，提供信息。对于场馆来说，可以达到营销和教育的目的。与此同时，便要求了场馆管理要与一直在革新的技术一起变革，以便能高效地传播信息。

二、客户服务

会展场馆中，客户服务和人流管理是密不可分。作为员工，通过查票或者相关准入证件，检查违禁物品和执行场馆以及活动的一些规定来控制人流，实际上是通过提供客户服务来管理人流。消费者们都承认这种方法是有用且高效的。同时场馆方会安排引导员引导，将客户带到他们的座位上，在安全舒适的环境中愉快地度过在场馆里的时光。

当考虑会展活动的各个方面和物流时，客流量是非常重要的因素之一，也是当下活动中不可避免且是越来越重要的问题。场馆方员工在处理大多数事情时会忽略了客户的感受，这可能会带给客户留下不好的印象，影响活动体验。会展活动的体验是独特的过程，一旦活动开始，将无法重新来过，也无法改变客户之前的体验结果，但事实上活动经理和员工应该意识到他们是可以将一些看似棘手的问题转化为机遇，这将改变客户体验。因此，通过增强客户服务和及时解决客户的问题应该被视作场馆管理中机遇。

事实上，事先能够预见场馆员工在活动中将会碰到问题的所有细节，并制定相关规定是不太可能的。因而，活动经理应该采取积极主动的行动，对一些可预见或者是常规活动做些预案。例如，一训练有素的员工可以迅速地处理好票务更换、坏了的座位、饮料洒出以及儿童走失等情况。具有奉献精神的活动员工在当活动发生时想要帮助顾客。但如果没有清楚地了解整个活动程序流程，这些好心的员工可能难以解决这些问题。显然，一些不恰当或是不明智的行为会产生更大的麻烦，使问题变得更复杂。

会展场馆的公众形象通过客户与前台员工，包括引导员、检票员、礼仪人员、保安、售票员、小卖部的人员、售货员和停车场管理员等的沟通中展现出来。因此，对客户活动体验的潜在影响很大，场馆管理中要招聘和雇用有相关技能的员工，以便能够提供给消费者最好的服务。通过员工培训，向员工提供有效的工具和信息。管理时创造出员工能主动提供优质服务的一种环境。

三、员工培训

多数场馆在对活动员工进行了岗位特定的培训之后，将所有员工安排到可以举办多种类型活动的场馆中。同时也会安排一些特殊主题的培训，比如客户服务、酒类管理、人流管理和急救过程。在所有的培训中，客户服务和客户安全是首位的。

刚刚入职的引导员需要参加入职培训会，在培训会上会提到关于人力资源的话题同时涵盖了场馆的一些标准流程。培训会能帮助新员工更加熟悉场馆的建筑构造和一些重要的位置，如小卖部、休息室、急诊室和座位区。新员工都应参加入职培训会，并且在整场会展活动中都应该认真履行好各自的职责，包括如何解决座位、门票和安全问题；需要理解他们在撤展时所扮演的角色，提供相关的指导条例，帮助了解什么时候可以请求管理人员帮助。

许多重要的信息在员工培训会上应被反复多次强调。当然对于兼职的员工来说，记住这些所有的信息是不太可能的。因此，每个员工都应该有一份员工须知所有信息的详细介绍的手册，可以打印出来，也可以是电子版。手册包含人力资源信息，比如制服、时间安排和职工薪水册，同时也应写明建筑和活动的相关规定和流程，在手册里也应该强调：

- 客户服务
- 如何面对挑剔的客户
- 如何提供残障人士服务
- 人流管理的基本知识
- 安全和安保管理流程
- 紧急活动预案
- 座位和门票问题处理

如果场馆不能提供给兼职人员员工手册，那么应该由员工主管或者经理口头告知这些信息。这些信息应该定期反复斟酌、修改和讨论。手册中应该强调如何处理将有可能发生的主要重大活动，比如恶劣天气、爆炸威胁、火灾等，以及相关责任的分配。特别要关注的是如何将客人从场馆中撤离出来以及紧急情况的影响范围。

活动前的简要指示对于传达活动特别信息和强调培训内容是个很好的机会。活动的简要指示内容包括，预计出席的人数、是否提供酒水、特别安保要求、欢迎和会面、VIP 客户和任何风险或威胁的信息。

会展场馆的所有规定、流程、技术和设备都很完备，但是如果没有培训好员工如何操作，也将变得没有效率。会展场馆管理必须并不断完善培训项目，为会展活动员工处理活动现场的挑战做准备，使其能够在安全的环境中向客户提供最优的活动体验。

四、事故报告程序

会展场馆的流动性注定了事故经常发生的潜在可能性。不管事故何时发生，前台工作人员都应在《安全事故报告》上记录下来，并报告和活动相关的所有信息。这样的事故包括假票、争吵、排出物和医疗问题。当现场有人受伤了，即使当事人拒绝了医疗和急救措施，事故报告也应完整地记录这个事故。虽然有些事故看起来很微不足道，但是对于场馆人员来说将每次事故记录到文件中是很明智的做法。

场馆经理的工作目标之一是保证活动现场每个人的安全。为达到这一目的，在活动筹备期间，场馆经理必须完成所有时间的安全和安保计划以及项目，并保护好所有的资产和人员，同时评估场馆运营时的风险和威胁。特别是在有可能发生危险的区域，这将是不间断进行的过程，这些威胁会在以不同的形式显露出来。负责管理前台工作区的活动的人员在提供给客人、顾客和员工安全的环境中扮演着重要的角色。活动经理必须有处理紧急情况和应对活动员工不满的知识以及能力。

五、停车、交通和运输

停车、交通和运输对几乎所有的客人都有影响，不管他们是不是自驾到场馆。客户在停车、交通和运输方面的个人体验，会是他们对场馆和活动的第一印象。因而全力以赴做好每个环节，给客户留下良好的第一印象。

场馆自有停车场的情况下，场馆方必须配备并提供高效的交通运营管理，虽然这需要承担相应的责任和风险。场馆方必须为客户及车辆提供安全的环境，不管是否收费。为了达到这一目的，停车区域应该：

（1）有充足的光线保证停车和安全。

（2）保证地面没有碎渣、雪块、冰块和其他危险物。

（3）对地面定期进行适当地维护。

（4）在活动举办前，举办期间和举办后期安排停车场管理员负责停车场安全，阻止财务失窃和袭击活动的发生。

（5）安排训练有素的停车场管理人员处理常规事务，如废电池及其他信息。

如果在活动期间，场馆方没有自己的停车场提供给顾客。那些停车场可能是私人拥有的，也有可能是属于当地政府的。无论是谁的停车场，场馆管理都应该和拥有着一起合作，以确保运营的效率，给顾客带来好的体验。

高效的交通模式设计是复杂的事务，也通常是公众对许多场馆不满的重要原因之一。对于新建场馆和已存在的场馆来说，有许多直接影响交通运营的因素：

（1）交通模式和标识将客户从高速公路和当地公路上引导到场馆。

（2）地上停车场和车库的位置和设计，包括可用的入口点 / 出口点。

（3）合适的标识帮助客户确定并接近符合美国残联标准的停车位置。

（4）和场馆人员一起工作的当地法律权力机构的人员要确保合适高效的交通流量。

在做停车计划前，应该设计并进行关于交通方面的调查研究。策划者应该和各个不同的社会服务部门紧密联系，特别是交通警察控制中心和交通管理部门。停车场和车库的设计应该控制好车辆进出的流量和效率；安排足够人手负责收停车费和检查预支付的通行证。有的情况下，场馆方所收取的交通管理费包含了票价，则交通流量将会加快，同时减少因较慢交通流量需要在现场停车的需求。进入的车辆要停在特别的区域。在活动结束后，停车场管理员应该指引车辆开出停车区域。在车辆同时驶出的高峰期，尽可能所有多的出口应该开放，尽可能帮助车辆同时驶离。

特别是大型活动期间，场馆方应事先与当地交警部门沟通，并预估好活动参与人数。警察出动足够的警力，疏导好场馆附近的交通情况。在一些特定的情况下，会指定一些单行道帮助缓解会展活动带来的交通压力。

通常来说，在场馆附近即使有足够多的停车场也是不够使用的。若要有效地解决这个问题，常常需要一些代理机构的帮助。对于场馆经理和市公共交通运输部门的负责人来说，便是根据活动安排时间表，优先增加到达场馆的公交数量和其他公共交通工具。一些管理者也会选择在社区范围内建或更多的离得较远的停车场，并且和市政府或个人签下从停车场到场馆的巴士服务，附加的运输费用会涵盖在停车费用内。

六、社会形象

会展活动服务的影响对于场馆在当地社会的形象来说是很重要的因素。以下这些因素对于场馆的公共形象都有影响：

（1）项目和活动的时间安排和当地社会的需求相适应，使这个场馆能获得成功。

（2）场馆的维护水平和所在地区的路面维护。

（3）客户沟通和客户服务效益提升活动体验。

（4）客户和现场活动工作者的沟通质量。

一些大型活动现场工作人员大部分是由兼职人员构成的，他们不仅仅是场馆的形象，而且代表了会展活动和场馆所在目的地形象。会展活动的工作人员通过与客户之间接触的，不像管理那样，只有在极少数的情况下才会直接和客户交流（Mahoney&Pastore, 2014）。活动场馆一线员工的表现可以提升或者降低客户活动体验。可以说，场馆管理方把会展场馆的社会形象托付给那些培训最少、缺少监督、支付最少的工资和对总体企业忠诚度最低的员工身上。对于许多到场馆参加活动的客户而言，恼人的停车场管理人员、让人焦虑不安的售票员、脾气极差的检票员或者是懈怠的引导员都成了场馆的代名词。遇到这些消极的人员，会完全颠覆客户对于场馆的印象。减少员工这种不良风气（或者说完全去除）的唯一方法就是组织活动前培训，强调积极的客户关系的重要性，让员工觉得场馆和活动的成功也是属于他们自己的成功，增强自我荣誉感。

【复习思考题】

1. 场馆活动服务部门职能包括哪些方面？
2. 什么是场馆活动经理的主要职责？
3. 场馆活动管理流程包括哪些步骤？
4. 活动前台管理的要点包括哪几个方面？请举例说明。

第九章

会展场馆票务管理

【学习目标】

1. 掌握活动票务功能
2. 掌握活动票务管理流程
3. 了解票务定价原则
4. 掌握票务经理职责

【章前引文】

门票的发行几乎与场馆本身的发展一样古老。从历史上看，在第一世纪后期，罗马斗兽场举办的许多活动都可以免费向公众开放。陶器碎片与场馆中颜色编码的入口和座位部分相对应。这些作为控制指定座位的第一步，是现代票务的雏形（Coarelli, 2000/2001）。

票务或授予观众进入场馆的“入场权利”如今已经从最早的形式变成今天的票务。无论是陶瓷碎片、预先印好的纸质版票或电子票，门票服务包含三大功能：

- 有限合同和可撤销许可证
- 沟通方式
- 财务会计和库存控制手段

售票过程是整个场馆访问控制系统的一部分，已经超越了简单的销售和在场馆入口处取票变成完全集成的访问管理和信息控制过程。售票过程包括两个不同的要素：票务运营和销售。所谓票务操作是指将票证转移到客户并在票证清单中销售的过程，并开发公平的系统来进行票务。门票销售是指把票转给客户的过程并在票务清单中进行标记。场馆有责任通过主要授权渠道使这个事务尽可能便利，包括售票处、电话、零售商店或通过场馆售票系统网上销售。

本章聚焦票务过程的各个方面，并将讨论开发精确管理的、有时效性、票务操作和销售过程的重要性。票务过程的重要性取决于会展场馆类型。有的场馆如文化演艺中心、体育馆和剧院，取决于成功的票务过程；另外，会议和展览场馆使用票务相对比较少。

第一节　票务管理

一、售票处

人们一般很少有经验可以确保买到最喜欢的艺术家、大型游戏或年度车展的确定门票。对于许多客户而言，购买门票代表了他们与场馆的第一次互动，并且可能影响他们对整体活动体验的感知。为支持票务流程，重要的是拥有设计合理，功能齐全的售票处，包括知识丰富的人员和最先进的系统。

一些场馆特别是剧院，需要额外的人员和空间内部管理票务操作。随着在线销售门票的百分比增加，许多场馆需要减少的空间。因而，在新场馆设计售票处时，建筑师需要考虑票务操作是在内部管理还是在合同中进行，是否需要预留现场售票的空间及配套设施设备。此外，还必须额外考虑客户访问和活动日的人群流动。

尽管现在的客户通过在线购买大部分门票，售票处人员的角色发生了很大变化。但对于通过售票处购买门票或购买预订门票的客户，有效地进行票务流程尽可能提供高水平的客户服务。

二、票务经理

票务经理责任巨大，直接影响场馆能否达到预期目标。票务经理主要有以下职责：

- 票务系统的监督
- 售票处工作人员管理
- 票务流程规章制度建立
- 与主办方保持密切沟通
- 票务收入问责
- 每日门票销售报告
- 票务清单和座位图表
- 活动结算表

● 票证问题解决

票务经理是综合知识及技能要求很高的岗位，这些综合技能包括财务、工程技术以及管理能力和沟通技巧、票务经理处理各利益相关方之间的关系，包括主办方、租户、票务公司、场馆人员、客户和赞助商。高效的票务经理需要有效的时间管理，具备抗压工作能力，注重细节，并且能够创造性地解决问题。

第二节　票务功能

一、有限的合同与可撤销的许可证

进入场馆和活动的票都是有限的合同与可撤销的许可证。对于持票人，票相当于在限制条件下提供授权进入会场的证据，并保证主办方将履行其所有的宣传和推广。此外，票务会为持票人确定特定的座位位置。

活动名称、日期和时间、场馆名称以及票价一般都会印在票面上。这些信息将成为保证主办方履行票务承诺义务的一部分。任何因素的改变，例如时间或地点，都应该给持票人请求全部或部分退款的权利。

如果场馆和活动主办方无法按照宣传和推广的方式进行活动，则持票人可能有权获得赔偿，包括但不限于门票价格的部分或全额退款或未来活动的免费门票。例如当头条新闻演出缩略节目或剧中的主演者没有出现特定表演时，观众可以选择根据具体情况申请退款。

在某些情况下，票证持有者可以选择重新定位到场馆内的区域，使得票证持有者可以与活动相当或更好地接近。例如，购买观看棒球比赛的门票的顾客如果在视线受阻之前没有得到通知则有权投诉。这种情况下，场馆或团队代表将把客户重新安置到视野通畅的座位上，或者如果还没有用的话，进行退票处理。

通常非常受欢迎的景观被推广时，一旦以书面形式通知购买者座位有视线限制，则向公众提供被阻碍或提供有限观看活动的座位。这些座位的门票应清楚标明“有限视野”或“视线障碍”。在极少数情况下，仅向购买者提供视频屏幕以观看活动而非直接实时视图的座位已被出售并被称为“无直接”或“无现场”座位。

在大多数场馆中，每张票都会显示票价，给定的票价保护了活动售票处必要的退款行为。赠票或交易票应该以标注在票面上，这将表明他们没有购买，没有退票的资格。打折的票，也应该在某种程度上显示其价值。票务电脑化有助于场馆正确显示票价信息。

每张票也是可撤销的许可证，出于这几类原因禁止客人进入场馆或离场：例如，明显醉酒的客人可能不被允许进入场馆；另一位客人在进入后的行为可能会其他客人产生负面活动经验的影响并导致离场；如果客户不遵守活动免责声明，可能引起退票行为，那么场馆方有权将客人赶出场馆并且不会偿还票务费用。

二、沟通方式

除了与活动相关的信息和安全警告，门票还是一种户直接与特定场馆信息交流的有效和高效的方式，特别是那些相关政策禁止的物品，是否允许拍摄以及特定的入口。此外，门票销售过程也变得比之前沟通方式的有效，同时展后评估工具使场馆和主办方能更高效地实现门票购买人数。一般来说，客人在线订票会提供他们的电子邮件地址，这给活动主办方创建的数据库。这个数据库能够使场馆提前通知客人展前活动或预期的交通延误，同时邀请客人参加在线调查以评价他们的经验。门票也可用作营销和促销的手段，答谢展会或展馆赞助商，并创建增值效益。越来越多的场馆和活动创建自己的微信公众号，以适应当下的社交媒体手段。微信公众号的优势在于不仅能实现活动前提醒、活动中跟进，还能对一些突发活动及时进行广而告之。

三、财务会计和库存控制

售票过程已经发展成为财务会计和库存控制的一种手段。一旦场馆开始控制门票销售活动和入场费，推销商和演艺人员开始要求准确的计算的门票收入。因此，票务成为场馆会计流程的极其重要的方面。这是比在售票处收钱和在门口收集票根更简单的过程。在一些场馆，引入十字转门为管理人员提供了一种更有效的方法，可以协调售票处收集的金额与通过大门的客户数量之间的关系。门票销售报告的、票根计数和十字转门数量将会作为积极的审计系统。

最后的门票销售账目核对过程是通过售票处活动进行审计说明。审计使用门票销售库存来计算销售总额，这与从门票销售和删除计数得来的钱或条形码或报告相比较。表 9-1 是基本的售票处活动审计的例子。

表 9-1 售票活动审计

种类	总票数	总额
票务可用库存	20 000	
票价（面值）		¥50
潜在的门票销售总值		¥1 000 000
已售门票	10 000	
免费门票	100	
总发出门票	10 100	
门票销售收入总额		¥500 000

续表

种类	总票数	总额
门票销售所得资金		￥500 000
删除计数（实际出勤）		9 750
未使用库存	9 900	

售票处的主要功能是准确地计算所有门票收入总额，包括免费票和促销票。场馆必须准确地协调票和收据记录到票务清单反馈到主办方手中。高校财务会计和库存控制是作为有效的售票处基本功能。

四、售票形式

技术不断变化和提高着票务行业。最重大的技术变革之一是消费者采用网上购票，下载并打印票或直接使用电子票。技术和安全特性允许在家中打印电子票以当作条形码的使用。当消费者下载电子票，他们也下载相应的独特的条形码，格式—日期是不容易被假冒或欺诈的。然而每张票都是可以复制的，像其他类型的纸质门票一样，条形码是决定票的真实性的要素。因此，电子客票只有在第一次扫描条形码时才可以用于进入场馆。即使第一次使用电子票进入不是原始的票，一旦条形码在入口处被读取，所有其他的复制了同样的条形码都是无效的。

尽管电子票的技术对于场馆和客户十分便利，但是与场馆合作的票务公司，正在努力降低造假者伪造门票并出售的机会。电子以电子的形式进行即时沟通并且没有成本，包含具有客户独特标识的票本身，并持票者对在他们资产内的票的所有用途负责。

运动队、演出公司和文化组织将季票转化为数字格式。在这种情况下，季票持有者每次活动将不会携带实体票，并会被提供便利的联名卡或移动标识。此外，这借记卡也可预存购买商品、食品和饮料、停车以及场内其他设施的资金。

第三节　票务管理过程

票务流程既是需要在推出活动之前完成的操作程序的组合，也是在销售时跟踪票证的系统，以确定是否需要额外的广告和营销来最大化销售。重要的是场馆的活动从它发生起时间从某种程度上来说是敏感因素，活动一旦发生便时光倒流。因此，门票被认为是必须在活动开始的时间前推广和销售的不可存储的商品。活动一旦结束，门票毫无价值。下列内容是大部分场馆准备、销售和调和门票销售的过程：

预售

1）活动可行性研究。

2）活动构成确定。

3）门票定价。

4）场馆规模。

5）服务费用确定。

6）创建票务清单。

7）确定上座率。

8）确定销售日期。

9）准备票务分配。

销售

10）销售门票并监控销售状态。

活动日

11）活动日售票窗口。

12）售票处审计。

13）展会 / 主办方税收。

14）门票收入分配。

这个过程的目的是确保活动主办方和场馆的成功。场馆管理会给予主办方通知和建议，但最终由活动主办方在销售过程的各方面做出决策。

一、活动可行性研究

门票销售过程的重要部分是活动可行性研究。包括研究市场上类似的活动，以回顾票价、门票销售数量和活动日期。确定在其他市场目前正在销售多少潜在活动的门票也是很重要的。售票处还需要研究可能会使消费者的可自由支配收入远离正在考虑的节目的竞争活动。市场规模的大小和购票者的数量在活动潜在市场是有限的。因而，如果有类似的活动在当前市场上销售门票，可能的另找日期。很重要的一点是，根据研究门票出售情况，场馆经理和活动主办方都能掌握活动举办的潜在可能性。

二、活动结构确定

一旦场馆责人和主办方对活动的可行性达成一致，他们必须提出活动能够实现所需的票务总额的能力。大家都希望可以门票可以尽早销售一空。这可以通过选择合适的座位结构来完成。例如，文化演艺中心具有几个有标志性的放置舞台的位置。取决于会场是否设置结束舞台、中心舞台或者整个场馆都与活动的能力有关联。因此，如果活动在为配置在 12 000 个座位的文化演艺中心出售了半个场馆的所有 6 000 个座位，从理论上来说活动门票卖完了。售罄为活动、推广者和场所提供了成就感和可信度。

因此，场馆负责人和主办方必须决定哪些活动结构和座位图表将会最大化门票销售并为客户提供最好的视线。当确定最合适的配置，经理必须既考虑场馆功能又考虑生产制作人在活动中的需求概述。生产制作人根据舞台的位置和大小、声音和照明设备、音响和照明组合位置以及活动设置所需的其他信息。

此外，主办方作为活动的发言人应与场馆管理者一起确定最合适的座位版式，其中可能包括预留座位、一般承认的座位或节日座位。

（1）预留的座位需要为每个座位形成单独的票，固定或便携式、出售部分并以活动为基础设置。

（2）一般承认座位是遵循先到先得的形式。当场馆通过不同的价格销售的有识别性的个人座位分割时，一般承认座位也可以使用的，但在每个座位区的座位仍然先到先得原则。这种形式可能因为客人为了保护最好的座位而产生额外的安全问题。因此，一些场馆可能不设置一般承认座位。

（3）节日座位是一般承认的一种形式。通常放在舞台的正前方或只是没有实际座椅的开放空间的平台，提供观众一起观看表演的空间。半圆形露头剧场的节日的座位通常在座位区后面，在那里的观众坐在草坪上观看节目。

根据活动的性质进行座位配置，满足消费者需求。展会可能使用或综合的座位类型。一些场馆被设计成既有保留又有一般承认类型的座位。例如，圆形剧场可能在舞台前隐藏着预留座位并且在固定座位后的草坪上有着节日座位。

所有的会展场馆所接收政府额定容量，这是基于很多因素，包括利用空间、可用的出口，和灭火系统。这种要求可能会根据特定的展会设置改变如表演、便携式的椅子和桌子。当以不寻常的设置举办活动时，建议当地消防局审查并做出任何必要的改变以座位优先图来形成活动的票务清单。

一旦活动的能力被建立了并且座位配置和座位格式已经确定，场馆经理和售票处经理将需要信息来形成座位图表和票务清单。

三、门票定价

售票过程中的下任务是活动主办方和场馆管理方来确定在市场中活动应该以什么样的价格来收费。为了确保活动的财务成功，确定正确的票价是重要的要素。如果价格太高可能会限制门票销售；如果太低可能会影响潜在的收益最大化。主办方依赖于近期市场中的相似活动的票价信息以及市场上以前的特定活动的进行定价。

当定价是基于需求时，类似于航空公司和酒店的定价，场馆和活动主办方可能会采用动态门票定价。其他定价策略也包括门票拍卖、附加值票务，如购买商品或其他艺术家相关物品一起进入活动或者一种娱乐体验比如说与艺术家或运动员的见面会。

四、场馆规模

场馆规模指基于视线和距离以不同的价值决定票价。大多数场馆无论类型，主办方能够利用这些愿意支付溢价的位置的客户，同时仍然提供负担得起的其他席位门票。通过这种方式，主办方可以最大限度地发挥各自的门票收入。家庭表演经常不仅根据视线和与活动的距离使用多重票价也为特定人口，如儿童、老年人、军人和公众。

场馆规模应该在努力打破在场馆座位计划中，如在交叉通道和/或不同程度的会场，座位区域内不同的票价没有通过减少可能会产生不满的客户和潜在的退款请求来划分。此外，场馆经理应与售票处经理和运营经理共同磋商，给主办方关于活动规模的建议，但票价和规模等的最终决定权任属于活动主办方。

五、服务费用确定

票务服务费应在场馆和票务公司的合同中明确列出。重要的是要理解机票服务费基于许多因素，其中可能包括票价。同样重要的是要确认票务公司可以根据合同为每个活动申请适当的服务费。通常场馆会将票务的成本转嫁到消费者身上。服务费通常包括通常由票务公司向场馆收取的信用卡费和每张票费。

门票收入的受益者是活动的主办方或承办方。场馆还可以通过各种费用获得收入，如场馆费用、维护费用、停车费用、交通管理费用或场馆修复费用。作为一般规则，每张票对场馆费用的贡献相对是最小的，但考虑到在一年内整个场馆出售门票总数可以产生相当大的收入来源。

六、创建票务清单

创建清单是售票经理在活动开始时，将呈现出的座位图表上恰好的位置和规模（或价格）放置座位，这个清单将证明票务公司常常通过卖给客户的售票系统创建活动。它也将是运营经理用来为活动设置所有可用座位的文件。如果票务清单不准确且与实际座位设置不匹配，则客人可能拥有不存在的座位票。因此，重要的是发起人批准在销售中使用舱单，并且在开门之前验证设置。因此，主办方在销售和活动前检验装配之前批准清单是非常重要的。

七、决定保留座位

一旦活动配置、座位图表和清单被确定，那么活动门票差不多可以准备开始销售了。在销售之前，售票处在代销经理必须确定保留座位数和已有的公开出售的座位。保留座位通常为他们的目标指定的并且可能包括主办方保留，建筑保留、生产保留、艺术家保留、重新布置保留或易接近的座位保留。

在一些国家要求场馆为残障客户提供合理的场所如适当的标识给上升或没有扶手席位提供扶手，辅助听力系统和特殊座位平台。因此，在向公众出售门票之前，运营经理、活动经理和售票处经理必须确定有残障客人的座位，大多数场馆为残疾客人提供永久性座位，这些地区必须遍布会场。一旦售票处经理编制保留座位一览表，主办方将作为最终审核来检查列表。只有售票处经理或被委派的人才能够更改任何保留座位的状态。售票处经理可能释放保留的座位进行公开出售，他们可能卖给指定的个人或者由主办方指定；也可以赠票的形式释放。当售票处经理释放持有的门票时应该有一些印刷类型或电子文档以提供验证为什么发布门票，门票释放给了谁和出售的价格或以赠票的形式。

八、确定销售的日期

通常活动售票日期是由主办方、场馆经理、运营经理、票务处经理和票务公司共同决定的。重要的是门票销售的第一天要尽可能猛烈的，发展一种紧迫感和创造动力，吸引客户对门票的高需求。注意当决定销售的日期时包括以下：

- 对于客户群来说星期几最有可能购买门票
- 市场上可能在出售或在销售的类似活动
- 在其他展会中的现有的销售保护政策
- 通过社交媒体发布活动信息的日期

售票处经理可以为指定群体管理一些预售票，包括艺术家粉丝俱乐部、信用卡会员团体、忠诚计划或者其他人。通过多种预售优先对公众群体销售。对于一些活动，大批量的预售可以帮助销售绝大多数的门票，只留下小部分对现场公众销售。售票处经理应该努力确保有把握的票务分配比如为每个组做规定。例如，主办方持有票可能是位于前十行或场馆持有票必须在十行以外。

九、票务分配的准备

当在场馆管理和主办方之间所有基本信息一旦被确认，售票处经理需要与票务公司验证系统的状态，以确保在构建和展会的信息在所有的销售点是正确的。这是关键步骤，因为大多数的票不是在场馆售票处购买的。他们更常见的是在线销售，或在偏远地区或通过售票处经理很少控制的提供的客户服务的电话中心。售票处经理必须确保票务公司将准确的信息传达给了员工，并且他们提供最高质量的客户服务尽可能地满足客户购买场馆的门票的需求。

十、销售门票并监控销售状态

在销售给公众之前，主办方、活动代表与场馆管理一起，可能会限制每笔交易的门票购买数量。这些限制是为了更多的人有机会购买门票。售票处经理和票务公司仔细监控门票销售。这些信息是在很多方面有用的：

- 它警告任何潜在的网络问题
- 有利于决定活动的需求水平
- 有利于在必要时修改的营销活动

场馆和票务公司分担最大限度地保护门票销售过程的完整性的责任。

十一、活动日的预定零售部和现场购买处

将预定零售部和现场购买处是处理活动当天票务操作的两个术语。预定零售部是指已经预购和 / 或预先分配的票活动当天在售票处取得。现场购买处是用于活动当天购买票务的。普通座位入场券并不能保证特定的座位。并不鼓励客户提前购票。普通座位入场券在常常导致更大量的现场购买处的销售。

场馆经理和售票处经理正确地预测预定零售部和现场购买处对活动的能力非常重要的。检查最近的展会历史和验证预售门票可以帮助确定所需人员的水平。如果现场没有配备适当的工作人员并为有序地处理这两种类型的售票功能做好准备，可能会发生客户服务问题。

十二、售票处审计

售票处审计是场馆经理和售票处经理最重要的职责之一。审计内容包括以下：

- 审计出售的门票
- 已扫描 / 计数的门票
- 赠票报告

审计能够使场馆解释每一张票和所有门票收入。保持对销售的门票的追踪变得更为复杂，门票四个主要地点销售：售票处、手机、零售商店和通过场馆票务系统的网络以及许多次要的位置。活动的大部分的收入流入售票处或其指定的电子系银行账户。因此，售票处经理必须能够解释票务和与之相关的资金往来。

十三、活动主办方税收

售票处有义务收集政府所有的税和任何额外的场馆费用。所有费用将在活动结算单上显示，当活动结束所有资金已经分散。售票处经理有义务查看这些税收和费用并发送到对应的政府机构。消除任何延期费用或罚款，场馆管理必须以预先审核为基础，支付相关税费。

十四、门票收入分配

当售票处经理完成最后的票务报告，这些信息及其所有辅助文件一起发送到财务总监或指定的个人以进行审核和批准。售票处审计包含在整个活动结算中且以展会的合同为基础。场馆经理决定从总票务收入中扣除由于场馆产生的任何费用，包括门票费用、额外费用、有关的活动销售费用。售票处经理不能分发任何资金给主办方，直到场馆经理已经批准和签署结算表。最后，是主办方付款，通过场馆支票或银行电汇到指定的银行账户。

第四节 票务系统选择和优化

票务系统如今能够将关于客户的购买历史和行为的复杂的数据库信息提供售票处经理。至关重要的是考虑到各种各样的机会，人们可以任意支配他们的金钱来理解和满足独特的观众的喜好。

场馆经理有责任选择使场馆达到尽可能多的客户的票务系统。可以通过创建内部系统或通过选择一家票务公司提供这些服务来完成。如果选择票务公司，建议场馆经理通过请求资格（RFQ）和/或建议请求（RFP）程序，确保系统在考虑为场馆、主办方、租户、潜在客户的最佳利益服务。

要考虑的重要问题是选择是能够收集和维护客户信息数据库票务系统。场馆可以通过在线票务交易，以及在有优先权的客户群中接到了临近活动通知并有权进入预售的活跃的客户来收集这些信息。对出售门票的活动来说，保持直接接触场馆客户是重要的营销工具。

一、票务市场

内部或契约型的票务系统，主要包括四大授权销售点：售票处、电话销售、零售店销售和网上销售。任何在主要销售点购买的门票可用于进入活动现场，也可以通过二级票务市场购买的门票，但是必须小心谨慎，因为二级票务市场通常是未经场馆和展会授权的。

二级票务市场是以某种形式，已经从一级市场购买的票并且正在出售而来，因此得名“二级市场”。正如前面所讨论的那样，主要票务市场是指授权销售点。二级市场在某些情况下未经授权销售点销售已经购买门票。现在通常被票商和票贩子以更高的价钱转卖，而且，目前没有国家法律禁止转售门票。

在一些情况下，二级票市场可能会授权。当场馆经理的重点通过一级市场最大化门票销售，与二级市场共事可能会带来好处。例如为职业体育以及场馆以及团队的目标，不断增加票价以达到门票销售的最大化，一些票务经纪公司已经发展与场馆和团队的合作关系。

一些票务公司，也已经开发了允许场馆、团队和季票持有者在公开市场上合法转售不必要的或不可用的存票的软件和系统平台。这些伙伴关系的发展，平台使客户有信心通过二级市场购买门票。此外，建立这些伙伴关系能够使场馆和租户减轻二级市场的潜在负面影响。

二、额外的座位

早期建设的场馆为贵宾提供单独的位置。新一代的会展场馆已经展示了这些给政要和其他贵宾的区域一段时间了。在过去的四十年中，会展场馆对于那些想要用专有区域以商业目的来招待客人并体验活动的客户添加座位的选择权。这些位置被称为“包厢”，他们通常是建立在现有的座位区域以避免场馆主要和昂贵的再装修。当这个想法开始生成大量的额外收入后，建筑师开始设计场馆并优化专属座位区域的视线。这些空间的进化使营销人员溢价出售它们，从而将场所和租户的收入最大化。

新一代的专属座位被称为“豪华套房”，许多座位区域开始采用起居室和会议室的外观，消费者仿佛置身于自己的家里和办公室里。

对一些人来说，“奢华”这个词被等同于精英消费，对公司来说常常是很重要公司员工和股东的费用。因此，这些优质的空间被重新命名为多功能套房。会展场馆开始以俱乐部席位的形式出售专属座位，也提供独特有的到私人俱乐部或场馆内的其他设施的通道。

许多类型的优选座位已经被添加到加强场馆和团队收入中了。这些地区随尺寸、位置、设施不同，成本和合同条款也不同许多场馆所使用其他额外座位的概念如下：

（1）派对套房在单个活动基础上通常是租来的。套房的价格通常包括门票，有时会包括食品和饮料。

（2）套房通常坐落在并不能直接看到活动的座位区并用在活动之前，期间和之后的活动。除了可以房间里观看的电视，还包括在高价观众区的席位。

（3）创始人套房是在设施施工的时候销售的，包括优质的设施。这些创始合伙人在场馆中持有突出地位并生为建筑提供成大量的财政支持建设。

（4）大套房就是很大的套房，可以容纳超过 100 人。

（5）名人套房类似于派对套房和通常是基于单个活动基础上租来的，例如知名主持人。

优选座位已经发展成为会展场馆和租户的主要的收入来源。而这些位置的发展是高代价的，场馆和租户已经实现了财政受益证明投资合理的程度。在某些情况下，保留租户取决于场馆在这些优质领域的能力最大化收入流。

三、优先座位安排

优先安排座位的销售是指作为人、永久性的或者有优先座位许可（PSL）的，代表创造更多的收入的另工具。采购 PSL（球迷支付一次性费，以获得指定的座位的所有权）在指定的一段时间保留年度购买季票的所有权，一直到有效期结束。作为可撤销的许可证，如果 PSL 所有者不购买门票或其他违反政策的要求，席位许可证可能会被撤销。

虽然不限于体育赛事，PSL 可以由于热情的运动的粉丝在市场中产生大量的新资金。然而，必须记住出售 PSL 只生产一次性的可能帮助抵消建设成本的金钱而不是年度营业收入，除非 PSL 是有时间限制的，并且必须回购。

在会议座位设置中，PSL 概念类似。球迷经常鼓励成为机构支持俱乐部的成员，而不是出售 PSL。大部分的支持俱乐部提供多种会员级别，每种都需要特定的最低财务贡献。每个贡献水平以福利增加的数量和质量作为贡献水平的提高来规定福利。

四、季票和订阅

通过季票或订阅包装或捆绑，有助于促进场馆活动。季票或订阅为客户提供许多好处，同时使他们对团队或系列活动做赛季性承诺。给予客户的优势是能够在赛季期间保持相同的座位。当然，通常季票或订阅的价格往往小于结合于每个活动的零售单价。然而，如果需求较高，季票或订阅价格可能不会低。季票的购买或订阅可能在公开出售之前提供门票。换句话说，由赛季到一系列可能只是保证消费者的个人购买者可能没有的机会，而不是便宜的价格。

另一类增加赛季订阅的方法是将指定类型的人才聚集一起并在几个活动日安排表演。采取这种策略，有创造力的企业家可以通过在本赛季包中承办为著名的并且公认的行动 / 人才然后包括一些不为人知的人才产生一系列订阅。将更加突出行为与不为人知的行为结合与季节包里可以产生非常畅销的系列。

五、团体门票销售

一些活动的售票包括团体门票销售通常称为集团销售。集团销售是指由团体购买门票，通常聚集最小订量并折价出售。家庭节目、文化活动和消费表演经常提供团队价来鼓励门票销售。在某些情况下，这提供了一种在一些不显眼的位置出售门票的方法。虽然这个服务可能会外包，但仍是售票处与团队销售代表协调完成门票的订单的责任。

以大幅折扣提供大量的门票或赠票对许多将吸引一部分不能够参加这次活动的社区也是非常好的方法。此外，虽然授权的主办方会暴露他们展会的潜在客户，这对辅助收入仍具有积极的影响，这可能会引导未来的门票销售。

六、数据库管理

数据库管理是用来收集和使用可以从票务交易中推测出来的信息。这些信息包括信用卡信息、客户地址、电话号码、电子邮件地址、用于代码类型的门票购买和购买门票的频率。这些信息可以以不同的方式使用。历史数据可以用来根据人们参加哪个活动、哪种类型的活动、消费者所付的票价来追踪频率，所参加的类型的活动及其支付的票价。场馆将这些消费者最可能感兴趣的特定类型的活动作为营销努力的目标。

数据库管理也需要工作人员处理这些敏感数据以对数据安全负责。影响数百万人的身份盗窃是潜在且经常发生的问题，确保个人买家信息免受盗窃或损失任何票务公司义不容辞的责任。此外，政府要求所有公司包括场馆和活动运营商遵守被制定以保护消费者信息被用于非法或破坏性的方式的法律。还要求场馆管理经理提供每个客户“选择退出”获得更多信息的权利。数据库管理和收集可信、关于访问公共场所的顾客的可靠的信息对场馆的成功至关重要。

七、动态定价

动态定价的实践、收益管理或收益管理涉及为了根据客户的需求，活动门票价格和座位不同的价格操纵。与给所有客户一样的零售商品价格不同，座位和门票使用动态定价技术给构造多个定价计划。

动态定价是过程，帮助场馆经理实现最大化收益。根据需求分析通过系统调整票价以达到收益最大化。表 9–2 概述了因为使用动态定价系统的畅销的产品或服务的 5 个特征。

表 9–2　动态定价系统畅销产品或服务特征

特征	行业应用/描述
固定的能力	特别配置的座位数量是固定的
基于支付的意愿，客户的需求可以被识别并且分离成不同的细分市场	那些愿意支付更好的座位或位置的人，并且可以分开这些不愿意为最好的位置溢价支付的客户
产品或服务是易坏的	当活动开始了，那么卖门票的机会就结束了
产品在消耗前销售	活动提供预售门票
消费需求波动	活动门票的周末、周中或季节性需求

（Kimes，1989）

酒店和航空公司行业通过提高价格或折扣价格成功地推销了他们的库存。非常接近活动期日时，航空公司和酒店都将产品放出投标其他销售点。因为相信获得较小的价格是总比没有好。此外，动态定价可能产生积极影响辅助收入，加强消费者购买模式，提高品牌忠诚度。如同酒店和航空产业，通过会场场馆提供的门票库存是极大地受到时间影响。未售出的表演或活动的座位在开始几分钟之前可能有 1 000 多元人民币的价值，但表演或活动结束后就变得毫无价值。场馆经理喜欢长期预售最早的表演，因为一旦这些活动结束，未售出的席位意味着这个轰动一时的表演收入会减少。

通过使用动态定价技术，场馆经理或主办方通过改变两个定价水平增加收入。首先，周末演出的价格提高到 45 元以获取那些愿意支付更高的价格来参加周末的演出的人。其次，工作日表演价格减少到 20 元，从而吸引更多观众，包括那些无法获得周末票但愿意参加工作日演出的消费者。在这种情况下，新增收入通常来自更高的但不影响需求的周末价格，和新的收入来自由于降价产生门票销售的增加的工作日表演。新的定价规则是从管理的能力基于需求和消费者的支付意愿将整个市场分区。

使用体育馆和竞技场的许多运动队在早期用两种方式将标准全价票转化为更高的收入，产生门票。是高价收取在周末的棒球和篮球比赛的门票。第二个是高价收取特定的比赛的门票而不是高利润的团队或传统的竞争对手。

动态定价的概念并不新鲜，但已经演变成目前的流行模式。长期以来对于一些活动来说给预售票价，再在展会当天以更高的价格售出，而不是随着过期的价格临近而降低价格。这价格表背后的战略是为了鼓励预售票的销售。

然而，动态定价方法的应用可能导致刺激活动当天销售与预售截然相反。当这些额外活动需求确实存在时，如果这将发生，这可能会导致因为可怜的预售票销售做出不要额外活动的决定。最终的结果将是实际需求供给太少，而为黄牛党创建了理想的市场。此外，一些活动发起者现在担心他们可能已经训练或使他们的观众适应了等待折扣，减少了潜在收入。

八、票务趋势和问题

会展场馆管理中票务是其中最复杂的并不断发展的系统。经理必须努力地跟上不断变化的票务服务和技术。目前的趋势包括：

新术语——票务和售票处演变成"访问管理"，其中包括所有通过票务对场馆的访管理、媒体授权和其他访问选项。

条形码/二维码——当一些场馆已经在纸质门票有在电子门票上使用了条码和二维码（快速反应码），未来潜在的这项技术的应用可能包括使用这些条形码或二维码去购买其他场馆服务。

无纸化或数字票——无纸化门票仅仅意味着一张票只通过电子方式交付，在场馆验证和兑取。地点可能会通过消除打印需要、搬运和邮寄门票节省一些费用。虽然这看起来方便顾客。同时为场馆和售票处经理提供了了解客户的购买习惯并阻止假冒的尝试的新机会。

普通的个人身份证——这张卡可以保存所有个人识别信息，作为驾照或护照，作为借记卡/信用卡，作为门票进入展会。这将使消费者刷了一下卡就进入了会场，以及用来购买停车位、商品和食品和饮料。

二级市场——场馆管理者必须解决的伦理和票务成长分区的复杂性以及访问管理。二级市场和票商现在是售票过程的已确定的一部分，且场馆经理和主办方必须找到方法来获取来源于二级市场的更大的收入份额。

黄牛票——黄牛，简而言之，以超过票面价值的价格转售门票的过程。受益人的利润通常与建筑物或对活动承担财务风险的人没有从属关系或责任。随着票价增高黄牛票已变得更加普遍。

欺诈伪造票——欺诈性地复印门票作为活动有效票卖给不知情的客户被称为假冒门

票。随着新技术发展，门票可以复制的看上去就像原来的票，且可能像场馆售票员一样存在以欺骗毫无戒心的购票者。场馆必须继续使用技术来阻止假冒门票，如条码和二维码。

售票亭——随着消费者变得更加舒适的使用技术，许多场馆提供可以购买或取票无人售票亭。成功实现这种技术使售票处经理减少人员编制。

当票务和访问管理出现新趋势时场馆经理和售票处经理必须保持警惕并且保持当前。推进技术是经理在解决这些和未来的问题的最好的资源。

【小结】

随着票务系统综合性越来越强、系统性越来越复杂，票务经理将继续基于访问管理，根据门票销售计算收入，基于视线和公众对娱乐的感知价值评估和安排座位。场馆经理和售票处经理正在不断完善他们相对于现代票务市场发生的变化的技能。技术进步给场馆管理行业带来了重大变化。票务经理和场馆管理人员必须精通技术并利用技术来最大化门票销售和辅助收入。

门票通过使用有限合同和保持无害的语言来保护场馆和发起人的合法权利，而相应的服务费和广告作为额外的收入来源。此外，票务和相关计划，如在线票务和有针对性的电子邮件活动，已成为场馆和消费者之间的重要沟通方式。

【复习思考题】

1. 请简述活动门票有哪些功能。
2. 票务管理的流程包括哪几个步骤？
3. 如何进行票务系统的数据库管理？
4. 请简述电子门票的优劣势，并举例说明。

第十章

场馆活动辅助性收入

【学习目标】

1. 掌握场馆活动辅助性收入来源类别
2. 掌握会展场馆合理安排设施设备提升辅助性收入
3. 掌握通过餐饮销售提升场馆公众形象
4. 掌握有效的停车管理提升场馆辅助性收入

【章前引文】

无论什么类型的会展场馆，都将面临共同的挑战。每一次举办活动，场馆都必须把这些活动当作给参与者留下积极印象的机会。每场活动对于场馆来说都是向大众提供安全、干净的环境并留下美好印象的机会。这些活动同样也被作为场馆方和活动举办者带来收入的机会。更为重要的是，这些创收机会必须以各种可能的方式最大化，以维持场馆方健康的业务运营。

场馆经理通常向三类人群提供服务：第一类是场馆租赁人，包括活动主办方、活动参与人或是体育团队；第二类可能是那些参加活动的个体，包括嘉宾和顾客等；第三类是场馆的所有者，可能是实体的运动队或者私人公司。

尽管出借空间是场馆的主要收入构成来源，但除了场馆租金收入外，场馆还可以通过活动发起人和客人活动之外产生各种额外的收入来源。不同类型的场馆决定了它们能举办不同类型的活动。本章将聚焦活动发起人产生的和最常见的场馆辅助性收入。

规模、容量、设计和使用目的方面，各类场馆产生提供产生辅助收入的计划和服务的兴趣或能力的差异。因此，场馆管理者必须在活动开始前设定期望并教育活动推广人员和潜在客人。例如，小型剧院可以在不发行销售商品的门票，提供食品和饮料的情况下展示活动。然而，在大多数情况下，场馆经理必须考虑创造收入。需要考虑每种可能的辅助服务，因为它有可能通过购买，收费和附加费产生额外的场馆收入。

对于大多数场馆来说，每个特定收益种类的发展潜力是有限的。活动的容量也是有限的，因此场馆最大的收益一般是固定的，活动举办者通常从售票中获得收益。此外，在竞争激烈的市场中，会展场馆的租借能力也是有限的。因而对于大多数场馆来说，增长总收益的机会是通过辅助收入来源的。对于可能的辅助服务的范围和数量，场馆收入的产生量非常大。因此，为了最大限度地提高辅助收入机会，场馆管理必须在服务和产品上保持高质量的标准。

第一节　内部营销和广告公司费用

活动发起人产生的辅助收入可以通过内部营销和广告代理费、电视制作费、公用事业费、人工费、额外的空间租金和设备费产生。显然，较大的场馆往往比场馆的场馆收集更多的这些二次收入，但这并不会减少这些收入机会在可能的情况下最大化的需求。

在一些场馆中，内部市场的广告代理费能够创造收入来源，当允许组织者意识到广告费率。宣传者能够最大化展会的广告效用。这样能够显著地增长广告收入而且降低花费。对活动组织者来说，利用内部代理的另优点是场馆员工从市场人口统计上的专业性。他和能够让代理向组织者提供最优的方式将广告投放给目标观众。

一、内部营销和广告代理费

有的场馆通过内部营销和广告费可以创建辅助收入来源。活动发起人可以通过邀请场馆营销人员购买和放置他们的广告来最大化活动广告产出效益。不仅可以显著增加在当地媒体中广告场所的广告量，并因此减少活动发起者的成本费用。然后将节省的资金转用到活动发起人。活动发起人通过直接费用或广告预算的一定百分比向场馆支付部分节省。

使用内部代理商，对于活动发起者的另一大优势是，场馆工作人员对市场人口统计的专业知识。这可以帮助活动发起人采用最有利的方法和最有效的渠道，来将活动广告传递给目标受众。

二、电视传媒费用

电视、广播、闭路电视服务和收费也可能呈现自己作为场馆提供可能的收入来源。

当活动采用电视转播时，辅助收入生成通过大量的费用如表 10–1 所示。

表 10–1 场馆电视传媒费用列表

费用类别	描述
发起费用	此类费用由活动的发起人和 / 或电视广播制作人收取。这通常是协商费用，可以从几千到几万元人民币不等
连接费用	此类费用可由场馆方向电视广播制作商收取，以支付技术人员连接用于远程位置广播的电视和无线电卡车。这项服务使制作者能够直接连接到场馆的内部布线系统，限制电视广播所需的临时电缆的数量
生产费用	此类费用通常由具有内部生产能力的场馆收取，以便向场馆的电视和 / 或内部安全产生闭路电视

三、公用事业费用

效用费用是硬性成本，需要支付给公用事业提供商。在一些场馆，公用事业费用计入租金。然而某些情况下，特别是会议场馆，活动发起人负责支付实际或协商场馆的公用事业费用。场馆在非活动日也有公用事业费用发生，属于场馆运营预算的费用。为了向活动发起者收取公用事业费用，场馆方必须将活动日公用事业费用与因活动增加的公用事业费用准确地区分。现代场馆通常配备有系统和软件，使管理层能够跟踪公用事业的使用情况。以下实用程序可以协商写入活动租赁合同中：

- 天然气
- 电
- 水
- 暖气、通风和空调
- 加压空气
- 制冷
- 卫星 / 有线电视连接
- 电话和数据连接

虽然公用事业费可以在任何类型的活动场馆收取，但最常见的将这些费用转移到活动的例子是会议中心和展览空间的合同中。

四、劳动力费用

当活动发起人向活动期间安全可靠的运营场馆的人员收取费用时，劳务费是收入的来源。人员编号和人工费通常在场馆费率表中提供，其中列出了所有前线和后台人员（工会和非工会）的费率。费率表还包括加班费，包括加班费和假期工资和等。这些费率包括基本费率、福利和场馆补偿费用。劳工类别包括：

- 安保人员
- 消防人员
- 急救人员
- 接手
- 票务人员
- 装载 / 装载人员
- 舞台管理员
- 装饰人员
- 服务台工作人员
- 货运处理人员
- 交易人员

主办方可能会在基本的空间之外租一些额外的空间，尤其是在会议中心。一般是一次性收费，也可能包括一些便利设施，比如像手机和数据连接或者是咖啡服务之类。这一类区域可能包括生产办公室或者是额外的会议室。

一些项目可能会需要在线咖啡服务。不仅会要求额外的空间，还会要求给出席者提供网络渠道。一般网络渠道会另外收费。

五、设备租赁费用

附加费用里面可能会包括一些设备费用，场馆里面可能会时租，日租或者是根据主办方的项目的时间来租一些设备。场馆设备租借器材的类型包括：

- 临时工作台
- 桌子
- 椅子
- 铁管和隔帘
- 控制人流栅栏
- 聚光灯
- 叉车
- 剪叉式升降机
- 竖板
- 地毯
- 电缆线架
- 指挥台
- 金属探测器
- 视听设备
- 计分板和带状板

- 语音系统
- 运动场馆

一般场馆会列出租赁途径或者是服务供应商名录供活动主办方选择，大部分情况下，各个场馆都有自己的指定供应商。

【案例】

上海新国际博览中心展会配套服务

展会配套服务

商务中心

主要提供办公服务如传真、复印、上网、打印、电话卡等及旅游订票服务。
地点：1号、2号、3号入口大厅　电话：+86 2128906072/3/4/5/6

贵宾室

宾馆式环境，为贵宾提供洽谈与休息的场所。
地点：1号、2号入口大厅

日富印务有限公司

提供印刷，刻字，现场写真，名片制作等相关服务等
地点：展馆E2-B1　电话：+86 2128906788

全球国际货运代理（中国）有限公司

全球一流物流服务公司之一，提供完善的物流服务。
地点：展馆W2-B3　电话：+86 2128906223/24/25/26/27/28

上海中展展览服务有限公司

提供展具租赁，电脑刻字，展览特装工程制作服务
地点：展馆W2-B4　电话：+86 2128906186　传真：+86 2128906522

盈欣花卉

现场供应各类花草 地点：展馆W3-B1，展馆E2-B3
电话：+86 2128906290

荣济展览

提供展具租赁等展览配套服务
地点：展馆W1-B4

第二节　客人产生的辅助性收入

通过各种渠道，场馆也可以有机会从客人身上获取辅助收入。这些收入包括票务、食品和饮料、商品和停车、社交媒体和个人应用程序的增长可以提供更多访问这些服务，从而提高潜在的收入来源。

一、票务费用

售票服务可以作为额外的会场收入资源，这个收入可以通过场馆费，减少售票服务费、VIP 订票费用，以及从条件交付持有账户中所赚取的利息中产生。在有些情况下，法律要求所产生的任何费用都要被公开在票面上。

1. 场馆费

场馆费用就是加在基础票价之上的费用，通常被用于场馆的维护、维修、翻新以及设备改进，这笔费用也可能被称为修复、翻新或者设备更新费。

2. 票务服务费

服务费经常被加在基础票价之上，无论是内部系统还是合同规定的票务公司。这部分费用是用来抵消售票系统以及售票人员的支出。如果使用内部系统，场馆保持完整费用，如果使用合同规定的票务公司，场馆可能会收到来自与票务公司所协商的回扣比例。

3. VIP 会员预订费用

地管理通常具有重要的业务关系，需要特别注意。当这些关系需要履行票证请求时，通常无须购买者完成正常的购票过程即可完成。这些要求通常通过特殊分配的优惠机票来处理。通常，这项特权有服务或手续费，可能成为场馆的辅助收入来源。

二、食品和饮料服务（F&B）

对于许多场馆，为客人提供的食品和饮料（F & B）服务是最重要的创收配套服务之一。许多客人参加计划花费在食品和饮料上的活动。这种期望能产生大量的辅助收入，会场必须准备好控制这些期望。此外，随着竞争的加剧，食品和饮料服务可以用作吸引企业和消费者的营销工具。

近年来，场馆在食品和饮料供应方面的销售和利润呈指数级增长。食品和饮料服务经营范围从传统特许摊位和基本餐饮到精致的餐饮和宴会设计。老一些的场馆可能只提供传统的特许经营场所，而新的和装修的场所与翻新的食品和饮料服务设施被设计为提供各种各样的烹饪选择的菜单。为了最大限度地提高食品和饮料的销售量，许多场馆发现，用当地或国家的产品品牌产品是比较有利的。因此，今天的菜单可以提供来自当地餐馆，国家认可品牌或特殊项目的物品。这些特殊菜单项可以提供收费溢价的机会。

虽然个人口味可能变化，但食品和饮料业务寻求提供一系列受欢迎的物品，以及在特定地区受欢迎的食品。食品和饮料附属收入通过特许经营、餐饮、套房、俱乐部和餐馆进行供应。特许经营活动包括传统特许摊位，以及便携式特许车，座位内等候人员和小贩服务。传统特许摊位位于整个场馆，方便客人。便携式特许车在位置和产品上提供灵活性，以更好地为客人出席任何特定活动服务，如体育赛事的啤酒或棉花糖、爆米花以及各类软饮料。

根据活动的类型，许多客人根据便利性进行食物和饮料的购买决策。因而，许多场馆提供座位服务，其中优选座位的客人可以有机会从菜单订购，并且座位内等待人员递送物品。此外，小贩在一般公众休息区出售特选食品和饮料产品。体育赛事活动中，小贩在活动期间不间断地工作，而在音乐会或戏剧活动中，在表演期间，他们只能在休息期间为客人提供服务。通过提供座椅服务，管理提高了便利性，并为客人提供增值服务。

餐饮业务包括前台和后台区域的餐饮服务。最大容量可以是会议中心 5 000 人的宴会招待，也可以是商务会议上小型午餐会，或是音乐会的酒店服务。后台服务可以包括媒体，艺术家或雇员的膳食。

许多场馆为客人提供了在餐厅用餐的机会，餐厅可以由场馆操作或者与受欢迎的区域餐馆老板签订合同。这些餐厅可能提供给参加活动的所有客人，或可能限于购买高级访问的客人。除了餐厅，许多场馆设有酒吧和俱乐部一级的用餐。虽然场馆餐馆在正常活动期间为活动客人提供服务，但可在非活动日向公众开放。

此外，场馆管理必须解决一些重要的问题，以最大限度地利用这一领域的辅助收入机会：

- 室内食品服务与供应商食品服务
- 食品和饮料承包商赔偿
- 食品饮料服务的物理布局和设计
- 食品和饮料销售
- 餐饮作为营销工具
- 服务和小贩销售
- 啤酒和酒精销售
- 食品服务的趋势

三、内部餐饮供应与外包服务

经过适当管理的食品和饮料业务增加利润的可靠潜力，场馆管理者必须对此功能给予更多的关注。这就产生了如何最好地管理场馆餐饮服务的问题。场馆经理可选择在内部进行食品供应服务，或是与外包服务公司签订合同，以经营全部或部分食品和饮料业务。内部与外包餐饮提供比较如表 10–2 所示。

表 10–2　内部与外包餐饮提供比较

内部餐饮供应	外包服务
• 控制权 • 灵活性 • 财务控制	• 资产投资管理 • 保护系统的使用 • 提供经营责任保护

在对场馆基础设施进行评估后，确定采用内部供应或是外包服务，哪种形式对场馆的经经营最有利，同时也能满足市场需求和客户服务期望。评估要素包括以下内容：

- 劳动力分析
- 餐饮服务人员的烹饪技能
- 服务人员培训要求
- 食品服务劳动法
- 财务管理
- 所需资本设备

除了场馆和劳动力问题的评估之外，特别重要的考虑是场馆管理者是否具有监督这种操作的愿望，时间和能力。当场馆接受其食品和饮料操作时，场所的经理允许有更多时间将注意力集中在场馆操作的其他方面。根据合同的结构，合同公司可能承担以下责任：

- 人工费
- 雇佣和培训
- 卫生部门许可证
- 酒精类饮料
- 食品成本，仓储和库存

此外，根据达成的协议，外包服务公司还需提供必要的设施，固定装置和设备，以及设计和建造食品和饮料区所需的费用。

场馆内部供应在的食品和饮料管理方面有明显的优势。如果场馆内部经营餐饮服务，场馆管理对劳动力、产品、服务和利润可以完全掌控。采用合适的运营模式时，场馆方将从餐饮服务提供中获取较大的利润。但与此同时，内部服务提供必须承担与食品和饮料业务相关的责任和潜在的风险。如果允许这些服务在没有行政限制的情况下运营，内部运营效果最好，并且重点是以合理的价格生产优质产品的营利性服务。

当订约服务时，管理层通常根据具体情况，依据系统地使用请求资格（Request for Qualification，RFQ）和请求建议（Request for Proposal，RFP）过程来选择最佳承包商。这一决定将对场馆整体运营产生重大影响，并将是该场馆的主要辅助收入来源。

RFQ 用于通过评估感兴趣的外包服务公司的经验，财务情况和业务能力来对其进行资格预审。同时应考虑他们在其他类似方面的经验，确定其有能力提供的相应的服务，以及确定其在服务中使用的产品的质量。然后将 RFP 发送给那些表现出对场所管理层认为重要的质量的企业，并要求提出财务建议，与其他感兴趣的公司竞争该场馆的餐饮外包服务。

因此，重要的是，合同服务的选择过程关注哪个公司对规定的要求反应最快捷，并且能以最佳价格提供高质量的产品和服务，而不是仅仅是关注财务回报。如果产品和服务的质量不能满足客户的期望，则收入的增加可能是无法持续的。

对于最终的决定，场馆对餐饮外包服务的决策与场馆其他方面的决策同等重要。管理得当的情况下，餐饮服务能成为场馆的一大亮点，为客人创造积极的体验。会议的客人可能不必记住发言者的消息，但会永远记住宴会上供应的食物是否美味。

四、餐饮供应商报酬

当总销量的百分比与餐饮的合同内要求的部分大约一致时，餐饮供应商的协议能够用其他方式进行，包括合同收费制或合同利润百分比的管理。餐饮承包人补充条款如表10–3所示。

表 10–3 餐饮承包人补充条款

合同类型	描述
总销量百分比	供应商按总销量百分比给付场租费用
收费制	供应商所收取管理费用通常包括利润制的影响
利润制	供应商获得认可的利润百分比

在每份合同中，激励奖金制度也许会基于先前决定的基准和目标进行谈判。场租和供应商的潜在惩罚存在在所有的合同内容中。场租罚款会因为没有按照规定数额或者参与标准运送到指定场馆而被罚款，承包人会因为没有达到起初的销售目标而被罚款。

无论是内部供应还是服务外包，场馆经理都要向顾客提供优质的服务，并且对餐饮准备充分与否负有全部责任。无论是以何种合同形式，场馆经理必须保有批准产品质量、菜单选择、产品定价以及酒水提供的权利。也同时具有场馆保留、批准雇用和 / 或解除餐饮关键人员雇用的权利。

即便是服务供应商有效履行了服务职责，场馆经理也有责任不断监测服务的水平和质量。同时，经理在运营内在餐饮服务需要不断地测试他们的运作情况。鉴于食品和饮料收入的重要性以及服务在客户满意度中的作用，重复业务，场馆管理必须为所有客人争取示范性的餐饮服务。

五、食品和饮料服务区的布局与设计

当计划和设计新的场馆时，餐饮服务的运营必须仔细考虑以下几点：

（1）厨房。

（2）就餐准备区。

（3）永久特许摊位。

（4）全烹饪摊位与无烹饪或者加热厨房的位置设计。

（5）便携式优惠摊位 / 移动餐车。

（6）餐馆、酒吧和休息室。

（7）优待座位（正式或者团体座位）餐饮服务提供站。

（8）仓储区域。

（9）办公室。

（10）为所有永久性和便携式的销售地点，数字标牌和销售终端收银机与信用卡读卡器提供数据线。

尤其关注的是正确选择场馆内餐饮服务区域的位置与大小、设计以收益最大化。场馆管理以及建筑师、餐饮服务顾问和建筑承包商应检查预期的活动日程内场馆的功能和设计食品服务领域能够容纳的入场人数。这种方法将帮助决定类型、数量、地点、布局和餐饮需求地点的大小。财务和资金的资源在做决定的时候是一定要被考虑进去的，这样才能在设计过程中消除潜在风险，并在场馆的实际运营中减小运营问题，从而获得最大收益。当赞助人流量（包括入口和出口）以及定位特许权站作为一揽子计划时，将更容易销售产品。

另重要的考虑因素是场馆所能提供的设备，这些设备必须是合适的尺寸和位置并能够让它们提供所需要的功能。因为这些场馆严重依赖的能力以应付大餐和其他的社会职能，这是对公约中心或其他会议场馆尤为重要的。充足的冰箱和烘干储藏室对于合适的厨房功能而言也是至关重要的，如上海世博中心可供 5 000 人同时用餐的热烩厨房，如图 10–1 所示。

图 10–1　上海世博中心热烩厨房

发货及收货区域的正确的位置、容量和尺寸以及货物和服务的电梯位置设置合理，在多层场馆可以进一步最大化餐饮服务员工的生产效率。场馆能够提供容纳小贩和提供安全的产品存储的区域。未能提供给这些小贩所需的满足的面积会消极地影响服务的效率，以及对销售产生负面的影响。场馆场馆特许经营其他常见的设计缺陷包括：

（1）特许优待位置的供应不充足。

（2）在人流量大的位置中因缺乏特许权，以刺激冲动销售。

（3）不当的厨房位置和没有清晰通向销售点和宴会地点路径。

（4）服务电梯位置不当与储存设施尺寸不当造成无法负载需要运输的设备。

（5）装卸点与储藏室空间不足或是区位不合适。

（6）特许经营的通风不足。

（7）能源供应不足，应根据预计的菜单进行调整，以适应增长。

（8）广场面积不足以容纳大客流。

（Bigelow，2014）

对于没有财务资源来创造乐观的基础设施给餐饮服务运营的场馆管理者而言，应该评估可改进的方案，这样能帮助取得最大化的成功。这些分析方法包括：

（1）投资回报（ROI）的分析。

（2）现有的餐饮服务点吸引程度分析。

（3）成本分析。

（4）预计因装修所引起的额外收入。

（5）预计服务水平和产品质量对客户体验的影响。

从本质上讲，场馆管理者应了解当前市场的需求和发展趋势，并愿意根据预期的未来需求进行变革。

六、食品和饮料销售

通过实施战略性和及时的营销技术，提高食品和饮料的销售。可以有多种方法，包括烹饪展示、有效的标牌和整体向顾客呈现。另外，在特定的活动中，特别是一些体育活动，有意识地放置闭路式电视屏幕，可能帮助客人不会错过任何光临特许摊位的行为。

为了有效激发消费者购买食物和饮料的欲望，需要刺激消费者视觉和嗅觉等感官。这包括给潜在消费者一种先前食物的视觉体验，如爆米花、烧烤的气味传递，通过这样的视觉与嗅觉体验激发消费者前来购买。同时，展示不同类别的饮料、薯条、爆米花以及其他特别的选择，加强照明突出了食品和饮料的展示，是一种有效的营销工具。

张贴实物版或者电子版菜单，从而清晰地提供产品和报价。一定要在场馆内做好指示标示，特别是在一些优选区域方。只是对于一个成功的菜单产品市场的成功展示。同理，许多场馆与地区和品牌公司建立关系，为了只售卖独家产品。当这种情况发生时，所有产品的名称都应该包括相关产品的指示标示。品牌辨识也能暗示顾客去购买商品。当外在公司提供产品指示标示时，它相应地减少场馆的开销，可以增加从餐饮运营当中额外收益。无论是场馆方还是服务商提供菜单版或者是指示标示，都应该被放置在顾客能够容易迅速地发现的地方，看到在区域中摆放的独特的商品。

从特许摊位和便携式推车购买，以及在内部餐厅用餐，往往是消费者自发的决定。寻求创造和保持成功运营的食品和饮料经理必须以诱人和开胃的方式展示和包装他们的产品。必须根据参与者对其地理区域的期望和行业标准合理地创建合适的菜单并对每个项目进行定价。

七、食品服务作为营销工具

虽然食品和饮料被作为是一种辅助性服务，但也有显著提升场馆整体形象的作用和功能。越来越多的场馆为了增加额外收入而租给私人项目，场馆餐饮服务的可用性和质量变得极为重要。在会展中心，餐饮往往是收入的主要来源，甚至超过场馆租金收入。

另外，如体育馆、运动场、演艺中心等场馆的内部餐厅，套房和俱乐部的场馆都可以在空闲时间租给本地消费者，举办私人派对，婚礼和宴会。场馆空间和配套服务的可用性，对潜在消费者是很重要的，这便于利用充分利用场馆进而获得额外的创收机会。当然，这种类型的活动在会议中心和社区中心，以及其他会议会场也比较常见。

会议中心的餐饮业务的核心功能是解决会议团体的食物需求。会议中心必须努力保持与竞争对手同价位的竞争力，如当地的酒店和其他宴会的场所，以便成功地获取活动附带餐饮供给需求。当会展中心举办的一些国际性、全国和区域性的会议，餐饮服务应根据会展的具体条件，满足不同的活动需求。或者通过展览场馆周边酒店或其他住宿单位以及商业设施，解决活动前期间的就餐服务。还能扩大此类活动的社区溢出效应，对社区产生更加积极的影响。主办当地的会议和会展可以产生相当数量的收入，并允许会展中心，以支持社区活动增强会场形象。

八、酒类销售

酒类销售是场馆方重要的辅助收入来源，与主食产品一起增强了参加客户的活动体验。如今客户期望已经建立在了对啤酒、红酒和烈酒的购买力上，这将成为客户选择是否参与活动的决定性因素。越来越多的高校现在在很多体育或者娱乐场所提供部分或全部酒水饮品，即使是在校园内也不例外（Bigelow，2014 年）。

酒类饮料销售所带来的经济利益是基于有效的酒类供应商的安全性和高效性。由于一些赛事活动会因为酒类饮料引起潜在方风险，因此对现场服务人员和活动工作人员的培训是必要的，也是酒类服务管理的必不可少的部分。参考美国相关行业包括对调解程序培训（简称 TIPs）和有效酒类管理的管理学（简称 TEAM），这些都可以丰富员工培训。

【案例】

美国 TEAM（Techniques for Effective Alcohol Management）服务指南

A. 身份证鉴别指南

向所有未成年人提供酒精饮料在美国任何都是非法的。使用三个 ID 指南来帮助避免问题

(1)要求出示身份证件(ID)——不要接受客人说他/她超过法定饮酒年龄的话。

(2)如果有任何疑问要求对方出示更多的证明。例如,以第二种形式的身份证应该是客人钱包里的任何信用卡/借记卡/会员卡,其名称与身份证上的相同。

(3)知道酒精的去向。如果客人要求提供两种不同类型的酒精饮料(啤酒和葡萄酒),请询问谁将喝另一种饮料。

B. 拒绝指南

有时候有必要拒绝销售并告知客人他/她不会再喝酒。按照这些指导原则来分散这种情况。

(1)向客人委婉地表示"很抱歉无法现在向您提供酒类饮料。能不能向您提供一杯水或者其他的软饮料?"。同时分散客人的注意力,避免与其他客人发生对话。

(2)给出明确的理由同时不能对客人进行评判。永远不要说"您喝醉了"。

(3)如果客人酒醉制造了麻烦,立刻向同事或者上级寻求帮助,或是安保人员。

C. 安全饮酒指南

遵循这些准则,保障客人安全的同时,确保他们享受喝酒时的美好时光。

(1)争取时间在出口,限制客人可以购买的饮料数量;在看台上,限制可能滥用酒精的人走路的次数。

(2)提供酒精替代品,向有迹象表明有损害的客人提供食品和非酒精饮料。

(3)发挥个人风格尽可能多地与每位顾客进行目光接触和友好交谈。

(TEAM 酒类饮品服务指南)

通过各种标准来进行风险分析,可以评估酒品管理技术方面所存在的潜在风险和执行环节问题,如限制酒类容器的大小,可以每人每次出售杯的数量以及早期销售数量的预估。关于酒精的销售性管理的决定,往往是基于会场所办活动的类型和受众人群,以及活动主办方的反馈。

啤酒和酒品公司享受的优惠与高利润的活动,广告商巨头和赛事赞助商相关。应该指出的是,和软饮料的分销商不一样的是,场馆没有权力与酒精饮料生产商和分销商谈判并制定独家的自动售货机协议。同样,酒精饮料零售许可证持有人也无法从酒精饮料制造商获得宣传资金。场馆管理者必须通过正确的方法来构建法律准则范围内与酒类供应商的关系。

第三节 场馆商品销售

出席活动的客户通常需要一些有形的提醒或者纪念品来强调其活动经历,带有商标的物品或者活动 logo 往往是最受欢迎的。因此售卖与活动相关的纪念品不仅是另一项增值服务，同时也是一项辅助收入来源。这些新颖的物品一般指有形的不易变质的纪念品。早期的纪念品包括在马戏和体育赛事中售卖的锦旗、小物品、纽扣胸针等。随着时代的变化，增加销售的艺术家的音乐，流行音乐之旅引入新类型的商品。越来越多的场馆在规划时，都预留了大量的商业空间，以此增加销售或是商业设施租赁收入的来源，如梅赛德斯—奔驰文化中心。

随着纪念品市场不断地壮大，以及合作伙伴更具竞争力的谈判能力，会展场馆所得在纪念品销售比例一直在缩减。尽管如此，这仍然是可观的附属收入来源。这些机会主要来自于音乐会，家庭节目、百老汇演出和其他旅游活动。巡演通常把其商品权力卖给第三方或者商人。虽然专业和高校运动队可能从出售商品产生可观的收入，但是这些收入很少与场馆分享。

售卖纪念品三个最好的时机是活动期间、休息时间以及入场和退场时间。通过捕捉活动的高潮时刻可以成倍地拓展销售收入，特别值得注意的是，要充分利用这个难得的机会。为了实现销售目标，场馆管理者必须保证有适当的工作人员维持现场秩序并提供相应的信息。

场馆经理有多种办法进行商品销售管理，包括食品和饮料服务。场馆经理可以制定自己内部的销售计划，将其外包给供应商，或者将这个权力下放给承包商。大多数情况下，每个活动都会有自己的商品运营部门，包括所有的商品和主要员工。

不管是谁负责商品的销售，这一部分仍然是有潜在的风险。这些风险包括隐藏在顾客和内部员工中可能有偷窃行为、信用卡诈骗、库存过多、定价过高等。场馆经理再预定和签合同的时候需要把这些风险考虑在内。

一、销售协议构成

场馆能够提供给观众销售商品的机会，一般接受部分商品的销售。在活动协议协商期间，场馆代表和商家必须协商好商品销售收入的分配。通常使用以下三种商品销售协议中的一种：固定费率、按人数收取费用、销售百分比费用（Bigelow，2008）。

固定费率是指一次性支付给会展场馆一定比例的费用。这种方法不会给场馆带来最大的收益，而且场馆经理对于销售的控制权也非常的小。通常用于小型场馆或者商品销售额较小的活动。

按人数收取费用是需要预先设定每人收取费用的确切数字，这个数额可以参考同类活动由数据确定的。如果是活动的人均销售额，采取这种收费方式是非常有效的。但是如果找不到参考数据的话，这种收费方式可能会给生产商带来最大的收益，对场馆方造成一定损耗。

按销售额的百分比收费是目前最普遍也是最流行的收费方式。在这种模式下，场馆收取销售额一定比例的数额。在这种模式越来越普遍的情况下，需要对员工和销售商进行有额外的监管、控制系统和市场销售知识储备。零售商在这种模式下的作用是提供库存、展示、销售等。场馆管理者必须检查活动开始和结束时的商品库存，来确定活动商品的销售额。

不管是固定费率还是按人数收费的方式，都对场馆管理没有太多的联系。场馆同样也对费用没有确切要求。而按销售百分比收费的方式对场馆的管理更加依赖，特别是以销售产品的库存管理，关键问题是要确定总销售额。

通常情况下，活动会收到 75%~90% 的销售毛利，场馆方一般收取 10%~25% 的销售额。负责商品销售的人也会负责给卖方支付。为了保护场馆的利润，场馆经理必须采取必要的措施，以确保所有参与商品销售活动的各方对履行其税务义务。

如果商品运营被外包给第三方，场馆收到的商品销售收入可能会因此受到影响。这种情况下，第三方会提供服务并支付给场馆一定比例的销售收入。这可能会比场馆自己直接管理商品运营所得到的收入要少一些，但是场馆同时也把风险和责任转嫁给了第三方。

对于场馆经理来说，协商最有利可图的合同，他们必须要有相关的专业知识，特别是当商品的价格随不同的展会变化时。

二、特许商品经营

与其他场馆功能一样，场馆经理应该了解当前的商品销售的情况，以便将其利润最大化，无论之前协商的费用结构如何。比如，在食品服务区域，所有的销售区域都在销售商品，无论永久性的还是便携性的，都需要接受信用卡。当商品价格很高的时候，而顾客现在又很少携带大量现金，所以支持信用卡是一种很好的提升销售的方法。现在的情况是更多地采用支付平台的方式，如支付宝、微信或是银联支付。

无论谁在销售商品，场馆管理者必须要很清晰地理解他们的期望，不管是活动还是服务。清晰并且商品可接触的展会，结合有效的销售系统，将会有最成功的收获。销售人员应当统一着装，并且对商品很了解。

在场馆管理行业，违禁贩卖是指未经授权销售的无牌或被盗的商品，以及侵犯版权的徽标或商标的任何项目。必须要采取预防措施来防止这类事情发生。在适当的时候，当地执法机关应该扣留，以执行法律、法规无牌的小贩兜售商品。

场馆经理通常被要求作为协商的一员提供永久场所为商品销售。当场馆很少收到商品销售的利润时，他们经常得到使用空间的补偿。这个再协商过程中可以被认为是每月的费用。在所有活动中，这样的安排对双方都有利，创造了持续的存在，提供享受收入流的能力。这些商店往往反映正常的零售时间，并且在没有展会的时候也开放，鼓励公众在全年都来场馆参观。

第四节　停车服务

客户在到达活动地点对于会展场馆的第一印象便是停车，场馆管理需要交通和运输计划的效率和有效性。停车收入也是场馆辅助性收入重要来源之一，以及其他相关服务。场馆管理员必须为这些服务投入足够的时间，以吸引回头客从而进一步增加辅助性收入。

一、停车服务

停车场和停车服务是场馆的重要的辅助性收入来源。虽然一些场馆可能没有专门的停车选项，那些应该努力制订停车计划，最大限度地提高停车服务的收入。场馆经理必须仔细评估场馆的停车位、工作人员以及场馆的活动安排，确定何种停车服务是行之有效且将利润最大化。与交通和停车运营相关的费用包括停车人员、交通警察，公用事业，除雪，垃圾清除，必要的设备设施，指引标识、闭路电视系统以及停车券的印刷和分发。

虽然大多数停车场在参加活动时向客人收取固定费用停车，但一些客人愿意为额外的便利付费。取决于可用停车位的数量和位置，场馆管理者可以构建可变费用表，为更靠近场馆的停车收取更高的价格。场馆停车操作可通过以下程序产生额外收入：

（1）向季票持有者和场馆频繁使用者出售停车通行证。

（2）在非活动日向公众提供日间停车位服务。

（3）向场馆附近工作的客户群体提供停车位的月租或年租。

（4）在预定活动期间提供代客泊车服务。

（5）停车场活动。

停车场服务收费中多采用现金交易，必须采用和实施具有适当审计控制的会计系统，以保护收入和阻止潜在的欺诈行为。例如，工作人员允许客人免费停车或收取部分停车费用是比较常见的欺诈行为，如果没有持续监控和执行适当的监督和问责措施，此类情况将时有发生。场馆经理与财务部门必须一起制定保障措施，防止这些损害场馆利益的行为。许多场馆在每张活动票价格包含停车位。其他场馆有客户在购买他们的票时购买他们的保留或一般的停车位。通过这种方式，减少了停车员工的手续，以防止潜在的欺诈行为。

停车，如同食物和饮料和商品，需要信用卡接受在所有入境点以及在线预付费停车场。许多场馆现在正在利用在线软件，将客户引导到最好的场所停车选项，提供详细说明，甚至可以允许他们预订停车位。这可以帮助减轻活动之前的交通拥堵，特别是场馆的客户开车绕停车场。同样，预付费停车场提高了停车场入口的效率，因为收银员没有权利改变或处理信用卡。

二、停车相关辅助收入来源

通常场馆可以为娱乐活动车辆（RV），公共汽车和豪华轿车收取更高的费用，因为它们使用多个停车位或可能长时间使用该空间。有些场馆还为房车提供连接并收取额外费用。房车停车是足球比赛和赛车活动的主要内容，但通常还有房车、公共汽车和豪华轿车的指定区域和交通流量计划，以实现高效的停车操作。

代客泊车服务是场馆辅助收入的另潜在来源，也属于客户增值服务。提供此服务的场所可能会将其与第三方联系，即使从这项服务中获得的收入仅仅等于使用该服务的成本，该服务的提供也是为了增加客户的活动体验。

三、停车场类型

场馆一般有两种基本类型的停车场：地面停车场和室内多层停车场。与停车土地相比，每辆车的地面批次开发、建造和维护要便宜得多。然而，与停车场结构相比，地面批次需要更多的土地来满足场馆的需要。在大都市地区建立的场馆必须经常选择地面停车场，但土地成本更加高昂。那些具有大面积停车区的场所可以使用停车场进行各种创收活动。停车场活动可能包括跳蚤市场、户外贸易展览、旅行的马戏团和汽车活动，如汽车展示、骑马和驱动、道路集会和赛跑。这些活动可以在停车区域进行从而产生补充收入。

【复习思考题】

1. 简述场馆活动辅助性收入来源类别。
2. 客户角度获取的辅助性收入包括哪些？
3. 如何通过有效餐饮销售提升场馆公众形象？
4. 场馆停车可能存在的欺诈行为如何规避？

第十一章

会展场馆安全管理

【学习目标】

1. 掌握会展场馆安全与安保的定义
2. 掌握会展场馆应急预案的计划步骤
3. 掌握会展场馆安保的具体内容
4. 了解场馆经理在场馆安保中的职责

【章前引文】

场馆管理者在活动过程中，面临最大的挑战之一是为客人、员工以及活动发起人提供安全保障。一场人气满满的活动虽然会令人感到兴奋，但是同时也带来各种各样的安全挑战。从恶劣的天气到噪声污染，再到挂在天花板上，垂至光滑地面的照明设备，场馆内的每一个元素都可能存在危险性。此外，鉴于顾客可能之前并未进入某一场馆，而在活动举办期间的场馆可能是非常嘈杂且光线不足，这对于顾客来说都存在潜在的安全隐患。吵闹且阴暗的吵闹环境。场馆经理的重要职责就是对任何可能威胁到顾客安全的情况做好充分的准备。

恰如其分的准备和沟通工作，是解决潜在问题和减轻不可避免的影响的关键环节。通过调研的方式对即将面临的情况做出分析是非常行之有效的手段。会展场馆历史数据以及曾经举办活动的经验都能为之提供参考。有效的沟通、各种技术的使用以及训练有素的工作人员都是场馆经理解决有关安全问题的有效资源。

本章将分别探讨从场馆和活动角度所考虑的安全性与舒适体验。会展场馆的安全指的是整个准备和维护举办活动的安全环境的过程，包括风险管理、紧急情况预防、应急反应措施、人身安全系统、活动风险管理、安全规划、访问管理、人群管理、安全保障培训、危机管理。此外，本章还将就场馆经理在准备活动时面临的安全问题以及各种挑战进行简介。

自从2001年9月11日之后，也就是我们常说的“9·11”事件，现代安全保障变得越发重要以及错综复杂。特别是在2015年4月15号波士顿马拉松爆炸事件之后显得更加重要。在“9·11”事件之前，场馆经理仅仅将重心放在场馆的室内安全保障上，“9·11”之后大多数场馆经理把他们的安全保障扩大到了场馆的入口处。那些针对顾客和员工的安全保障措施越来越多。如果说“9·11”事件之前的安全保障计划是静态的，在当下风险环境日趋错综复杂的形势下，会展场馆的安全管理将日益显现其动态化趋势。本章将聚焦在新形势会展场馆安全管理的主要内容和关键要素。

第一节　会展场馆的安全和安保

场馆投资方或是业主委托场馆管理人员及其工作人员保护会展场馆投入了大量的资金。当大量人群为特定目的聚集时，活动发起者的基本的期望就是场馆能以专业和安全的方式运作。

自从1995年4月美国俄克拉荷马州的联邦大厦爆炸事件之后，人们对场馆的安全越发关心。场馆经理就如那些对其他人和公共场所负责的经理一样被要求仔细考虑他们的场馆如何应对潜在的袭击。另外自从2001年纽约的恐怖袭击之后人们对此类事件的担忧急剧加强，同时也让更很多的场馆经理意识到这些责任的重要性。恐怖分子一般寻求机会制造大规模屠杀，因而大型体育活动成为恐怖主义袭击的潜在目标。这些安全隐患及其造成的心理预期不仅会扰乱公众正常生活，威胁人身安全，更严重的是影响到人们参与活动的意愿。

一项完善的战略性场馆安全计划不仅解决了潜在的恐怖主义威胁，还能帮助解决日常业务经理面临的一般问题。安全和保安计划还必须解决诸如天气，危险人群，简易爆炸装置（简易爆炸装置）等问题。这些装置既有车辆出生，也有自杀式炸弹袭击者穿着、火灾、地板防滑以及扶手松动等各种安全隐患。所有的场馆经理必须全方位地考虑到这些风险的管理、紧急情况预防、人身安全系统以及危机处理。

一、会展场馆风险管理

任何在会展场馆举办的活动，都存在风险和责任。特别的是，场馆管理包括监督以及对场馆风险的直接管理。在场馆管理职责中，风险管理包括以下内容：

- 风险确认

● 风险分析，如可能发生的概率、频率以及严重性

● 在最大程度上进行的风险减小和消除以及风险转移

（国际场馆管理协会 IAVM，2010）

会展场馆的风险管理团队必须知道风险和责任是永久存在的。因此管理层必须设计识别，管理和降低风险和责任的计划。

会展场馆经理有责任与所有的员工沟通并了解每一场活动的潜在风险的重要性。同时让每员工必须意识到场馆管理方的每一成员都是风险管理小组的成员，并且必须在认识、报告、减小以及消除潜在性危险的过程中时刻保持警惕。没有管理好的风险可能成为威胁，所以潜在的风险必须被尽快认识到并且妥善处理。员工在日常工作中能看到表面的问题或许能够帮助提供解决措施。

无论是在处理参会者跌倒、升降机事故还是建筑结构性错误带来的灾难，风险和责任都是风险管理中最重要的考虑因素。事实上每事故都可以通过诉讼解决，但是管理者都将会被问到一下问题：

1）是否意识到这些问题?

2）是否提前预测到这些问题?

3）如果是这样的话采取了何种措施来进行预防?

换句话说，理性谨慎的专业管理者在这样的情况下应该做什么，妥善的风险管理项目应该有如何妥善应对这些重要的问题的信息。

抛开风险管理理念，会展场馆计划应该重视、预防、降低以及管理可预知的风险。若是了解到日程表上事件的本质，提前预估到与活动参与者以及与活动相关的潜在意外，这就不难办到。在丰富的知识储备基础上，场馆风险管理小组能认识到并且如何分离潜在的危险以及采取对应的措施，最终将风险造成的损害降到最低。

二、会展场馆风险评估

会展场馆风险评估是指对重要的关于风险对财产、人员以及责任罚款的评估过程。整个过程一般来说包括对资产、威胁、易损性、风险分析的评估，这些信息通过对场馆的现场检查、重要文件分析以及相关人员交流获得。

为准确地确认潜在的风险，场馆经理采取了如“风险 = 脆弱性 × 危险 × 后果”的风险管理公式，即

$$R = V \times T \times C$$

R——风险

V——脆弱性

T——危险

C——后果

运用这个公式，风险经管理者能了解到从何着手，威胁不可能被消除，因为他们不

在风险管理的控制范围之内，后果也是不可改变的，它们是什么样就是什么样。为了使管理者能够准确地确认实际的场馆风险，他们必须做关于资产、威胁、易损性以及风险分析的评估。

1. 资产评估

资产评估涉及识别可能成为威胁目标的组织内的因素。所谓资产包括场馆设备、全体人员、场馆建筑物，数据资料等。在资产评估过程中对以下几个关键问题进行回答：

（1）场馆的核心功能和管理流程是什么？

（2）场馆的关键要素是什么？包括建造结构和信息方面吗？

（3）每一项资产的价值是什么？（比如这个资产的损失会给场馆带来什么程度的负面影响）

通过对重要资产的评估和回答这些关键性问题，就迈出了将资源关注到主要部分的第一步。资产的确认同样也是非常重要的，因为所有之后的评估都是在此基础之上。

2. 威胁评估

"威胁"通常被定义为一种会造成伤害或损失的意图（Webster 字典）。对于场馆经理而言，威胁是一种会对其所负责的资产带来负面影响的事件。这些威胁大多来自于外界并且可能会引发事故。有可能是天灾，如极端天气等。当威胁成型之后，就会变成突发事件，在这种情况下，场馆的紧急预案就必须开始实施。

3. 脆弱性评估

脆弱性评估能找出组织架构内部的弱点，这些弱点可能会被一些外在威胁所利用。这同样也是评估目前的保护对策和这些对策对于减弱脆弱性的效果。脆弱性评估会先对场馆的关键性基础设施进行检测，包括建筑物本身、全体人员和一些运作程序。比如，所有的工作人员在场馆里都被要求佩戴有照片的身份卡了吗？评估同样要求场馆经理评估现有保护措施的有效性，还有团体的可见度、场馆对于团体的价值和一些对场馆的攻击的潜在影响。

4. 风险分析

风险分析的目的在于确认资产的风险级别。在这一阶段，场馆经理把资产按照潜在的损失排列顺序并确认以下问题：

- 每资产的损失的影响级别
- 威胁产生袭击的可能性
- 基于所需对策的相对风险程度

管理人员必须保证，无论考虑怎样的对策，都不能对现有情况造成更坏的影响。减少或者消除风险的时候，引入新的风险是没有意义的。通过简单的例子进行流程说明，例如分析露天体育场记分牌的风险。在这个例子里，场馆经理应当使用表 11–1 所示的评估过程。

表 11-1

资产评估	体育场记分牌价值300万人民币（电子记分牌）
风险评估	发生极端天气
脆弱性评估	风速可能超过限定水平，尽管概率很低
风险分析	发生损害的概论很低，但一旦发生就会造成显著影响，特别是在这个季节； 比赛可以继续，但是赞助商可能会损失利益。

国际场馆经理人协会（IAVM）出版了“关于安全和紧急事件预防的最佳实践计划指南”文件能够帮助场馆负责人评估风险因素和等级。当风险评估完成时，场馆经理必须定下规避风险的措施。

三、风险处理方法

处理风险通常有五种方法：

- 风险规避
- 风险假定
- 风险转移
- 损失预防
- 减少损失

1. 风险规避

有时解决损失的最好方法就是避免损失的发生。然而，有些风险并不能被规避，在这种情况下，这种风险所造成的损失通常能被减少，虽然不能被完全消除。在其他的情况下，风险规避可能是唯一有效的方法，特别是在风险发生的概率和可能造成较大的损失。

之前已经讨论过，当已记录在案或者已被证实有效的数据显示，某场活动对参与人员有潜在风险，场馆经理就可能不会组织这场活动。在这种情况下，场馆经理规避风险的方法就是不去做这场活动。场馆经理取消一次经常造成严重损失的活动的行为并不罕见。如果场馆管理者选择不去组织一场活动，他们必须提供合法的证明，并且得到活动发起方的同意。举个例子，一场经常被袭击的活动，或者是艺术家经常不到场，这样的活动就完全有理由提出不举办。

2. 风险假定

风险假定是指损失将由遭受损失的一方承担的情况。通常情况下，风险假定会被提前讨论和计划。风险假定中，只有当损失的最大可能性和比率很低，才能够被接受。

以往一些案例显示，场馆愿意承担相关责任，因为风险因素很少。例如场馆经理同意给一些小型会议或者婚礼出租场馆，而不用对方提供保险。但是，许多场馆就不愿意承担相应风险，因为各种小事故带来的法律问题实在太多。

3. 风险转移

当风险转移的时候，原本承受损失的组织就可以将风险转移到其他组织上。风险转移通常发生在风险概率低但是损失大的情况下。风险转移最一般的形式就是购买保险。此外，如果场馆经理外包了一些安保、客服的工作或是租地营业权，他们就成功地将风险转移到了相关承担者的身上。

当管理者为场馆购买了保险的时候，活动发起人也被要求提供活动的保险。此外，作为一种风险转移的方法，场馆使用合同应当包括赔偿条款。赔偿条款指的是一种特定的语句，涉及设施的维护，经理、员工、代理人以及来访者由于使用者的疏忽造成的破坏，有时也指“不受损”条款（IAVM Glossary，2010）。

有些场馆实施承担人责任保险政策，这是一种一揽子保险计划。当承担人没有能力购买活动保险时，场馆为承担人实施这种保险。例如，在这种保险计划下，承担人为场馆提供每月一次的午餐会，场馆则为承担人支付保险费用。

保费包含保险公司的日常花费和一些指标，包括风险级别等。公共活动的保费由事故发生的频率、伤害程度、诉讼的次数和高昂的投诉理赔费用。同时也会取决于免赔额和被保险人所能承受的风险级别。

4. 损失预防

预防措施能够降低损失发生的概率。有效的预防措施同样能够降低保费支出。当损失的频率很高时，损失预防措施就要开始执行了。但只有在措施的收益远大于付出的情况下，这个措施才是可行的。例如，反光装置、防滑装置、扶手的安装，还有闭路电视的安装。

5. 减少损失

减少损失是用来减少已经发生的损失的。尽管已经实施了一些预防的手段，该发生的损失还是会发生。减少损失旨在最小化损失。总体上，当损失非常大，并且不能被规避或是转移时，用来减少损失的预算不能超过既得利益。例如，防火墙的安装，无声警报，或是自动洒水灭火装置。

大部分情况下，场馆管理者采用上述所有方法来处理场馆内的风险。当然，实施过程，可能会根据场馆类型、活动类别以及感知或实际风险而有所不同。

四、会展场馆紧急预案计划

场馆紧急事件是指一种可能对员工，客户或公众造成重大伤害甚至死亡的计划外的事件。它可能会破坏活动，导致场馆关闭，对环境或者场馆造成伤害，还会威胁场馆的财务状况以及在公众心目中的形象。

处理突发情况的能力是场馆经理和员工的基本素养。场馆突发情况管理预案是完整的且明确定义和描述了如何降低和消除威胁的具体措施和步骤。一项完善的紧急预案能够通过预防、提前侦查、交流、疏散、风险控制等措施减少突发事件的发生。在任何场馆中，利益相关方的安全都是平等的，因此每紧急预案都必须是根据场馆的需求所制定的。场馆应该根据自身的建筑设计结构、活动类别、员工资源、公共安全机构等来制定自身的紧急预案。场馆紧急预案大致包括以下六个要素：

（1）提供生命保障；

（2）减少或消除伤害；

（3）提供应急准备；

（4）保护措施；

（5）应对措施；

（6）恢复措施。

场馆紧急预案必须遵守甚至超过政府的强制规定，还需要提供内外通畅的交流通道，并且减少债务和损失。安全的紧急预案至少需要满足以下几个条件：

（1）满足专业需求，提供安全的环境供活动开展和保护资产；

（2）将员工、嘉宾和顾客的健康和生命安全放在第一位；

（3）提供适当的培训和及时的预案实施机制来最大地减少潜在损失；

（4）满足合法的公众安全需求（消防安全、美、职业安全与保健管理等）；

（5）提供写明紧急预案进程、预案内容和最小化违责风险等的文件；

（6）将媒体负面曝光最小化，保持良好的公众形象；

（7）提供密切的接触与沟通，与相关的政府安全部门保持良好的关系。

完善且详细的紧急预案能够很好地处理紧急事件。好的紧急预案也是有效处理紧急事件的基础。

五、会展场馆安全保障系统

所有的场馆都有自己的一套严格保障安全和效率的系统，这些系统多数都是机械且死板的。折中的方案会影响到顾客和员工的生命安全，并且应该是风险管理程序的一部分。这些系统应该包含以下几点：

（1）防火系统；

（2）备用电力系统；

（3）紧急能源；

（4）应急照明系统；

（5）公共地址系统；

（6）制热、制冷和通风系统。

1. 防火系统

防火系统，通常被理解为洒水系统，在建筑规范中一般都有要求。除了保护人之外，防护系统同样也能够控制其对设备造成的伤害和损失。通常意义上的探测都是指温度 / 烟雾感应器或者视觉上的探测。公共场所的防火系统主要是用来给疏散群众提供充足的时间，而不是用来灭火的。

2. 备用电力系统

电力支持系统主要为记录板、电梯、闭路电视系统、检票系统、广播系统、安检系统、残疾入口、照明系统、电脑、电话和厨房等供能。部分或全部断电势必会打断活动进程。如果断电发生在关键活动中，必须立刻采取措施最小化断电的消极影响，并为顾客、员工提供安全保障。因此，很多场馆都选择拥有备用电力系统。例如，如果被倒下的树砸断电缆，系统就会自动地切换为备用电力系统。备用电力系统可能是地下电缆网连接在分离的发电站。从一种能源切换到另外能源通常只需要几秒钟，且能够迅速地为场馆充能。

3. 紧急能源

紧急能源通常由天然气或柴油发电机供能，主要是为紧急照明和沟通用。这个系统使场馆能够与工作人员将及时沟通，在必要的时候帮助加快疏散。地方法规要求场馆必须定期检查和测试紧急能源系统。

4. 照明系统

适宜的灯光对于场馆整个安全系统来说也是非常重要的。紧急情况下，由电池供电的照明和有效的安全灯光需要维持在一定水平上。场馆经理必须保证公共空间、停车设备、出入口和 ATM 机，人行通道、公交车站等地区拥有充足的照明且不要留下安全隐患。

5. 供热，通风和空气调节系统

供暖系统、通风设施和空调系统对场馆的活动都非常重要，并且能够对一些有害气体进行疏散。场馆经理必须非常了解这些系统的运行且能够对这样的危险情况进行预防。大多数供热，通风和空气调节系统都带有紧急开关能够预防有害物质的扩散。

除了以上提到的系统之外，其他的设备如体外除颤器，灭火器，对讲机等都用来保障人员的生命安全。其中一些设备可能需要外部的承包设备来运行。

便携式灭火器应该作为小型火苗的首要防范装置，并且应该有策略性地分布在整个人场馆之中。灭火器最大的改变就是现在使用了电脑监测系统追踪灭火器的位置和状态，并且保证它们放在能够方便拿到的地方。地方法规规定了场馆需要定期地检测灭火器的状态和数量。

每年有 350 000 人突发心肌梗死，当自动体外心脏去颤器在最初的 4~6 秒内被使用时，存活概率将大大提高。自动体外心脏去颤器是能够检查心率且能够治疗心肌梗死的设备。为了使其发生作用，它们必须有策略地布置在整个场馆中，而且场馆内的员工也一定要经过专业训练以便能够正确使用它们。

其他的通信设备被用于顾客与员工之间的沟通。扩音器英语小范围内的交流，除去手机和其他的私人通信设备，场馆内的私人沟通通常使用对讲机来交流。这些设备都能给场馆员工提供生命保障。

随着科技的发展，场馆经理能够有等多的选择为场馆、员工、参观者提供生命安全保障。及时了解这些新发展是场馆管理的职责之一。

第二节 活动安全与安保

各会展场馆承办不同类别的会展活动，每场活动都会给场馆带来不同的挑战。活动通常需要彩排来发现潜在的风险并且进行界定。潜在的威胁是各种各样的，有时很难被发现。在经理、场馆和安全部门之间的合作中，经理起着关键性作用，风险管理责任包括以下几个有效的管理措施：

- 安全措施证书的保险
- 完善的行政合同
- 安保管理计划
- 紧急情况处理计划
- 酒精管理
- 防火和安全计划
- 员工风险管理责任

当一场活动吸引到了大客流观众时，与此同时观众对于场馆付诸一定程度的信任。在所有的活动中，场馆管理的本质就是将观众的生命安全掌握在手中。不管观众是在参加小型的集会或是一场体育赛事，他们对于安全保护的需求都是一样的。场馆内的所有人的生命安全都需要场馆经理的保护措施。

能够迅速地处理紧急情况是对场馆管理的严格的要求，有可能的危险如下：

- 医疗紧急情况
- 防火报警
- 易爆物危险
- 设备失灵
- 断电
- 自然灾害 / 极端天气
- 违法犯罪行为
- 危险物质泄漏
- 恐怖袭击
- 通风系统污染
- 水源污染
- 食物污染
- 可疑包裹

场馆经理的目标是保证参观者的人身安全。要达成这个目标，场馆经理需要将安全安保问题考虑进每活动的计划中。

一、活动风险控制

场馆经理需要采取一种积极的态度去保证场馆中每个人的安全。具有前瞻性的方法必须提前考虑到场馆内的多种潜在意外，并设法阻止它们发生。场馆必须要有计划去应对这种情况的发生。无论场馆是否举办活动，风险控制都是必须的。

即便没有活动期间时候，风险控制也是非常重要的。不管是在展会前还是展会后，当参展者是否在场馆内。特别是在执行部门进行维护、装卸、清洁的时候。繁忙的会展氛围会是潜在的危险因素。

活动进行中的风险控制是指围绕活动展开的一些安保措施。此时的风险控制包括以下因素：

- 活动历史
- 活动时间及时长
- 预期参加活动的人员
- 活动参与者的人口统计数据
- 是否允许酒类销售
- 天气状况
- 活动生产要素

会展风险管理是通过一系列安全措施、出入检查、拥挤处理、紧急预案和培训等计划实施的。

二、活动安保计划

尽管多数场馆中都有安全措施，它们也逐渐变得公开明显和透明。现实情况是，仍然需要重复实地检查，强化安保措施包括以下内容：

（1）场馆周围环境保护，如护栏的安装和街道封锁。

（2）增加入场检查环节，包括使用金属探测器。

（3）更加谨慎的内部人员检查。

（4）提升内部人员和参展者的凭证。

（5）加强便衣安保人员人数。

（6）加强闭路电视监控的使用。

（7）强化空调系统，防止有害化学物质的危害。

一些场馆和展会也会使用一些复杂的软件程序或者顾问分析潜在的威胁。

三、场馆进入管理

场馆管理也包括对所有进入场馆的人和物品的控制。这同样也需要相应的实施方案。场馆进入控制需要设置在每个入口和能够接触到场馆重要财产的地方。包括一些包裹、装卸地、员工、媒体资料设备和入口。

如果漏洞被检测到，管理者必须马上做出相应措施，如准入控制、检查设备和其他方案来帮助保证场馆的安全，包括如下几点：

（1）将明显的标志放在入口处写明准入物品和规则。

（2）检查允许进入场馆的所有行李，包括客人、媒体、员工和供应商的行李。

（3）需要所有工作人员的管理层认证的通行证。

（4）要求所有工作人员佩戴适当的身份识别，包括场馆人员、媒体、承包商、参展商和供应商。

（5）不向活动无关人员发放活动准入凭证。

（6）只允许被授权的人员和客人在场馆内活动。

（7）在认为适当或需要时使用金属探测器搜索。

场馆访问管理的另重点是协调访客入口和出口。为了提高安全性和改善活动体验，管理层努力提供最有效的车辆和人员的流动。这些努力通常集中在停车场、场馆入口，机场和广场流动模式。可以使用不同类型的设备来帮助管理大客流的进入，包括旋转门、路障和门栏，所有这些设备可能需要为了安全出口或在紧急疏散中被移除。

虽然大多数场馆被设计成便于正确进入和出去，但管理层必须经常根据活动需求进行调整。因此，重要的是有经验的个人参与任何新的场馆或翻新项目的意愿。

四、大客流管理

每场活动都有其独特性：摇滚音乐会和百老汇音乐剧面向不同的听众，选择这个周末还是下个周末去观看体育比赛的观众也是不一样的，甚至一场活动里的每一批观众也是完全不一样的，因此人群管理的准备工作应该充分考虑观众的差异性。

一场激烈的足球比赛之后，狂热的球迷疯狂地冲向球场。如果一大群人决定要做同一件事，单靠现场的安保力量是很难阻止他们的。如果有观众在活动现场受了伤，主办方和场馆方的安保人员都需要承担一定责任。事实上很多大客流管理问题跟活动或者是场馆是几乎没什么特定联系的。一场混乱的发生，可能仅仅是现场的观众想要拥挤在一起。但是因为法律规定的责任关系，活动主办方当然不愿意在活动现场发生任何意外，所以一项缜密的大客流管理计划就显得尤为重要。

大客流管理计划旨在提供并维持现场观众文明有序的活动环境，是一项主动的、积极的、有组织的管理策略（Siehl，2013）。大客流管理是公共事件危机管理的一部分，是通过对已知因素以及潜在问题的分析制定的，最终目的是降低可能存在的危险因素（Siehl，2013）。大客流管理计划可以由主办方自行制定，也可以向专业管理人员寻求意见。

一项完善的大客流管理计划包含活动前、活动中、活动之后三个阶段。活动前包括招募、训练、分析和计划；活动中主要是有序地实施已制定的计划；活动后应该评估计划的有效性，并做出相应的调整（Siehl，2013）。

大客流控制是通过人为因素和物理因素来实现人群总体管控的一种措施。理想情况下，主办方应该是管理现场人群，而非是控制。大客流管理是为了给现场观众提供愉快的活动体验。所以人群控制一般应只在意外发生时使用，并通过人群控制解决意外，重新恢复良好的现场环境。如前文所述，当意外发生时，主办方应该记录下所有相关的信息并妥善保管。

对大客流管理的深入认知，能够帮助安保部门针对不同人群采取合适的管理方式。如果人群控制而非管理需要被频繁使用，则证明人群管理计划亟待调整。

1. 管理人员

大客流管理所需要的安保人数，是由活动本身可能带来的安保压力决定的。比如，一场交响音乐会所需要的安保力量，相比提供酒精饮料的活动就要少一些。贸易展览周末能够吸引大约 20 000 人参加，这样的活动大概需要在每出入口都设置一名安保领班、数名安保人员，并配备一支急救队伍。再比如，一场电子音乐会大约吸引 8 000 名听众，需要在每出入口设置一名制服警察、数名安保人员，并配备数支急救队伍，一大批志愿者。

大客流管理的负责人员应该分析每一场活动的具体情况，并建议合适的安保力量。应该充当相关安全管理公共部门和活动主办方之间的联络桥梁，并应该负责管理好招募的维稳志愿者（并与其签订协议）。和当地警署公安部门的密切合作对于建立妥善的人群管理方案来说是至关重要的，因为公安部门可以为人群管理方案的实施提供协助，并依赖其丰富的经验，在意外发生的时候，尽快采取有效的措施。

提前收集了解活动的背景和面向人群特点是有必要的。信息可以通过多渠道进行收集，如和其他会场安保负责人联络，通过和主办方公关部门合作获得活动的主要吸引点，或者是和举办过该项活动的场馆人员联系。另外，通过网络、社交媒体、活动网站主页等途径也可以获取一定信息。所有这些信息都能让安保负责人进一步完善其安保计划的准备工作。

2. 安保训练

当安保计划已经制订妥善，应该将安保计划的具体信息通知所有的计划执行人员，并训练他们掌握必需的安保技能。虽然制订安保计划的每一步骤都非常重要，只有当其能被准确执行时才能发挥其效能。另外，训练安保人员应该贯穿始终，而并非是临时抱佛脚的行为。

就像了解活动举办场馆的各项信息对活动的顺利举办至关重要，了解每一名安保人员的工作内容对确保活动现场的安全也是必要的。每一名现场安全的直接负责人，每一名负责紧急事件处理的工作人员，都应该接受紧急事件处理的相关训练，使其明白一旦遇到紧急安全事件，应该如何处理并及时上报。所有没有具体安保工作的人员也应该大致了解紧急事件的处理步骤（AVSS，2009）。

普通安保训练内容包括对紧急事件处理步骤的学习巩固，实施桌面演练，以及全面演习。深入训练一般一年一次，包括复修课程并进一步熟悉加强。计划训练课程之外，尤其是在活动前期准备的汇报，都是发现问题和相应地加强所需安保技能的绝佳机会（AVSS，2009）。

3. 场馆安保培训学院（IAVM）

会场安保培训学院是 2004 年由国际场馆经理人协会（IAVM）创办的，旨在为公共安保行业提供相应培训课程。会场安保培训学院（AVSS）主要负责教授并完善会场安保工作措施、方式和具体流程。他们在课程中提供如何保障顾客、雇员、销售商、运动员、表演者和物质财产的各种可实施方法，主要包括危机发现、危机管理的实施和完善、危机预警、经济存活能力的保存和经济复苏的促进。想要了解 IAVM 的更多信息，可登录网站 www.iavm.org。

【小结】

场馆管理工作需要承当各项责任，安全保障绝对是重中之重。安保一直是场馆管理人员的首要工作内容。国内外的恐怖事件更将安全保障提到了前所未有的高度。为了防止意外事件的发生，一项完善的安保计划是非必要的。它应该包括了会场危机管理，紧急事件预案，生命安全保障系统，物质资源危机管理，物质资源安保预案，场馆评估，人群管理和安保训练。

素质过硬的场馆管理团队应该对各种潜在的安保问题都有所准备。他们必须能够高效地应对各类情况，达到活动主办方、政府公安部门和当地人民的要求。所有活动的参与人员都希望有安全有序的环境，应该采取所有可行有效的手段来确保这一点。

【复习思考题】

1. 简述会展场馆安全管理的主要内容。
2. 根据章节内容制定一份足球比赛场馆管理的应急预案。
3. 简述会展场馆安保管理的具体内容。
4. 如何进行活动时场馆内的大客流管理？

附录A

×××场馆技术参数表及报价单

附表 A–1　×××场馆中心会场技术参数

	名称 Name	楼层 Level	面积·平方米 Area（m²）	尺寸（长×宽×高）Dimension（L×W×H）（Meters）	可接待人数 Capacity				
					座谈式 Seminar	剧院式 Theatre	讲座式 Class-room	宴会式 Banquet	酒会式 Cocktail
大会议厅 FUNCTION ROOMS	大会堂（红厅）Grand Hall	1F	2930	65×45×17.2	—	2600	2600	—	—
	上海厅（蓝厅）Shanghai Hall	4F	1890	44×43×14	530	880	600	—	—
	多功能厅（银厅）Multifunction Hall	1F	7200	135.9×53×14	—	6300	3900	—	—
	多功能厅 A、B Multifunction Hall A、B	1F	2385	53×45×14	—	1920	1200	—	—
	多功能厅 A+B Multifunction Hall A+B	1F	4770	90×53×14	—	3900	2460	—	—
	多功能厅 C、D Multifunction Hall C、D	1F	1215	45.9×26.5×14	—	960	600	—	—
	多功能厅 C+D Multifunction Hall C+D	1F	2430	53×45.9×14	—	1920	1200	—	—
中会议厅 MIDDLE MEETING ROOMS	430	4F	230	17×13×3.6	132	176	128	—	—

续表

	名称 Name	楼层 Level	面积·平方米 Area （m^2）	尺寸 （长×宽×高） Dimension （L×W×H） （Meters）	可接待人数 Capacity				
					座谈式 Seminar	剧院式 Theatre	讲座式 Class-room	宴会式 Banquet	酒会式 Cocktail
中会议厅 MIDDLE MEETING ROOMS	431	4F	230	17×13×3.6	132	176	128	—	—
	515	5F	290	17.3×17×3.6	132	160	120	—	—
	517	5F	230	17.3×13.5×3.6	132	176	128	—	—
	518	5F	230	17.3×13.5×3.6	132	176	128	—	—
	616	6F	290	17.3×17×3.6	174	220	160	—	—
	617	6F	290	17.3×17×3.6	174	220	160	—	—
	618	6F	290	17.3×17×3.6	174	220	160	—	—
	619	6F	290	17.3×17×3.6	174	220	160	—	—
	620	6F	290	17.3×17×3.6	174	220	160	—	—
小会议厅 SMALL MEETING ROOMS	201	2F	65	10×6.4×3.7	38	—	—	—	—
	202	2F	52	8.4×6.4×3.7	30	—	—	—	—
	203	2F	52	8.4×6.4×3.7	30	—	—	—	—
	205	2F	45	6.8×6.4×3.7	24	—	—	—	—
	402	4F	77	9×8.5×3.7	42	40	30	—	—
	403	4F	77	9×8.5×3.7	42	40	30	—	—
	405	4F	77	9×8.5×3.7	42	40	30	—	—
	403+405	4F	154	18×8.5×3.7	82	110	80	—	—
	406	4F	58	8.1×7.2×3.7	30	—	—	—	—
	407	4F	77	8.9×8.6×3.7	42	40	30	—	—
	408	4F	77	8.9×8.6×3.7	42	40	30	—	—
	407+408	4F	154	17.8×8.6×3.7	82	110	80	—	—
	409	4F	77	8.9×8.6×3.7	42	40	30	—	—
	410	4F	77	8.9×8.6×3.7	42	40	30	—	—
	411	4F	77	8.9×8.6×3.7	42	40	30	—	—
	412	4F	77	8.9×8.6×3.7	42	40	30	—	—
	411+412	4F	154	17.8×8.6×3.7	82	110	80	—	—

续表

	名称 Name	楼层 Level	面积·平方米 Area (m^2)	尺寸（长×宽×高）Dimension (L×W×H)(Meters)	可接待人数 Capacity				
					座谈式 Seminar	剧院式 Theatre	讲座式 Class-room	宴会式 Banquet	酒会式 Cocktail
小会议厅 SMALL MEETING ROOMS	413	4F	90	10×9×3.7	54	60	40	—	—
	415	4F	90	10×9×3.7	54	60	40	—	—
	413+415	4F	180	20×9×3.7	82	110	80	—	—
	416	4F	55	8.5×6.5×3.2	30	24	18	—	—
	417	4F	55	8.5×6.5×3.2	30	24	18	—	—
	416+417	4F	110	17×6.5×3.2	68	84	56	—	—
	418	4F	55	8.5×6.5×3.2	30	24	18	—	—
	419	4F	55	8.5×6.5×3.2	30	24	18	—	—
	418+419	4F	110	17×6.5×3.2	68	84	56	—	—
	420	4F	55	8.5×6.5×3.2	30	24	18	—	—
	421	4F	55	8.5×6.5×3.2	30	24	18	—	—
	420+421	4F	110	17×6.5×3.2	68	84	56	—	—
	422	4F	55	8.5×6.5×3.2	30	24	18	—	—
	423	4F	55	8.5×6.5×3.2	30	24	18	—	—
	422+423	4F	110	17×6.5×3.2	68	84	56	—	—
	425	4F	72	11×6.5×3.2	42	56	40	—	—
	426	4F	72	11×6.5×3.2	42	56	40	—	—
	427	4F	72	11×6.5×3.2	42	56	40	—	—
	428	4F	72	8.8×8.2×3.7	42	40	30	—	—
	429	4F	72	8.8×8.2×3.7	42	40	30	—	—
	501	5F	78	9.3×8.4×3.7	42	40	30	—	—
	502	5F	45	8.2×5.2×3.7	20	—	—	—	—
	503	5F	78	9.3×8.4×3.7	42	40	30	—	—
	505	5F	78	9.3×8.4×3.7	42	40	30	—	—
	503+505	5F	156	18.6×8.4×3.7	82	110	80	—	—
	506	5F	78	9.3×8.4×3.7	42	40	30	—	—

续表

	名称 Name	楼层 Level	面积·平方米 Area （m^2）	尺寸 （长×宽×高） Dimension （L×W×H） （Meters）	可接待人数 Capacity				
					座谈式 Seminar	剧院式 Theatre	讲座式 Class-room	宴会式 Banquet	酒会式 Cocktail
小会议厅 SMALL MEETING ROOMS	507	5F	78	9.3×8.4×3.7	42	40	30	—	—
	508	5F	78	9.3×8.4×3.7	42	40	30	—	—
	507+508	5F	156	18.6×8.4×3.7	82	110	80	—	—
	509	5F	78	9.3×8.4×3.7	42	40	30	—	—
	510	5F	78	9.3×8.4×3.7	42	40	30	—	—
	511	5F	78	9.3×8.4×3.7	42	40	30	—	—
	510+511	5F	156	18.6×8.4×3.7	82	110	80	—	—
	512	5F	72	8.8×8.2×3.7	42	40	30	—	—
	513	5F	72	8.8×8.2×3.7	42	40	30	—	—
	601	6F	78	9.3×8.4×3.7	42	40	30	—	—
	602	6F	45	8.2×5.2×3.7	20	—	—	—	—
	603	6F	78	9.3×8.4×3.7	42	40	30	—	—
	605	6F	78	9.3×8.4×3.7	42	40	30	—	—
	603+605	6F	156	18.6×8.4×3.7	82	110	80	—	—
	606	6F	78	9.3×8.4×3.7	42	40	30	—	—
	607	6F	78	9.3×8.4×3.7	42	40	30	—	—
	608	6F	78	9.3×8.4×3.7	42	40	30	—	—
	607+608	6F	156	18.6×8.4×3.7	82	110	80	—	—
	609	6F	78	9.3×8.4×3.7	42	40	30	—	—
	610	6F	78	9.3×8.4×3.7	42	40	30	—	—
	611	6F	78	9.3×8.4×3.7	42	40	30	—	—
	610+611	6F	156	18.6×8.4×3.7	82	110	80	—	—
	612	6F	58	8.2×7.3×3.7	30	—	—	—	—
	613	6F	72	8.8×8.2×3.7	42	40	30	—	—
	615	6F	72	8.8×8.2×3.7	42	40	30	—	—

续表

	名称 Name	楼层 Level	面积·平方米 Area (m^2)	尺寸 (长×宽×高) Dimension (L×W×H) (Meters)	可接待人数 Capacity				
					座谈式 Seminar	剧院式 Theatre	讲座式 Class-room	宴会式 Banquet	酒会式 Cocktail
VIP 会议厅 VIP MEETING ROOMS	701	7F	87	9×9.7×3.8	24	—	—	—	—
	703	7F	87	9×9.7×3.8	24	—	—	—	—
	705	7F	87	9×9.7×3.8	24	—	—	—	—
	703+705	7F	174	18×9.7×3.8	48	—	—	—	—
	706	7F	87	9×9.7×3.8	24	—	—	—	—
	707	7F	87	9×9.7×3.8	24	—	—	—	—
	708	7F	87	9×9.7×3.8	24	—	—	—	—
	707+708	7F	174	18×9.7×3.8	48	—	—	—	—
	709	7F	87	9×9.7×3.8	24	—	—	—	—
	710	7F	87	9×9.7×3.8	24	—	—	—	—
	711	7F	87	9×9.7×3.8	24	—	—	—	—
	710+711	7F	174	18×9.7×3.8	48	—	—	—	—
新闻发布厅 PRESS ROOM	新闻发布厅 Press Room	B1	120	14.5×8.4×4	—	80	50	—	—
贵宾厅 VIP ROOMS	101 聚贤厅 101 Juxian Hall	1F	76	8.8×8.6×3.2	18	—	—	—	—
	102 迎宾厅 102 Welcome Hall	1F	240	17×14.5×3.2	30	—	—	—	—
	103 萃英厅 103 Cuiying Hall	1F	76	8.8×8.6×3.2	18	—	—	—	—
	206 广益厅 206 Guangyi Hall	2F	92	10.8×8.5×3.2	14	—	—	—	—
	401 春申厅 401 Chunshen Hall	4F	120	14×8.5×3.6	14	—	—	—	—
	432 浦江厅 432 Pujiang Hall	4F	150	13.5×11×3.6	26	—	—	—	—

续表

	名称 Name	楼层 Level	面积·平方米 Area（m^2）	尺寸（长×宽×高）Dimension（L×W×H）（Meters）	可接待人数 Capacity				
					座谈式 Seminar	剧院式 Theatre	讲座式 Class-room	宴会式 Banquet	酒会式 Cocktail
贵宾厅 VIP ROOMS	520 菘泽厅 520 Songze Hall	5F	150	17×8.7×3.6	26	—	—	—	—
	621 云间厅 621 Yunjian Hall	6F	150	17×8.7×3.6	32	—	—	—	—
	702 贵宾厅 702 VIP Room	7F	45	9×5.2×4	10	—	—	—	—
	727 馨兰厅 727 Orchid Hall	7F	300	17.4×17×4.15	34	—	—	—	—
	728 雅竹厅 728 Bamboo Hall	7F	320	18×17.7×4.65	34	—	—	—	—
	729 韵菊厅 729 Chrysanthemum Hall	7F	320	18×17.7×4.65	34	—	—	—	—
	730 逸梅厅 730 Plum Hall	7F	320	18×17.7×4.65	34	—	—	—	—
	731 牡丹厅 731 Peony Hall	7F	240	18×13.5×4	—	—	—	—	—
	732 白玉兰厅 732 Magnolia Hall	7F	160	18×9×4.3	34	—	—	—	—
宴会厅及包间 BANQUET HALL & PRIVATE DINING ROOMS	宴会厅（金厅）Banquet Hall	5F	4520	88.5×51×8.5	—	3840	2400	1980	3960
	宴会厅 A+B、B+C Banquet Hall A+B、B+C	5F	2960	58×51×8.5	—	2560	1600	1320	2640
	宴会厅 A、C Banquet Hall A、C	5F	1530	30×51×8.5	—	1280	800	660	1320
	江景餐厅 River View Hall	7F	1350	71×19×4.2	—	—	—	510	1020
	712	7F	65	9×7.1×3.7	—	—	—	24	48

续表

	名称 Name	楼层 Level	面积·平方米 Area（m^2）	尺寸（长×宽×高）Dimension（L×W×H）（Meters）	可接待人数 Capacity				
					座谈式 Seminar	剧院式 Theatre	讲座式 Class-room	宴会式 Banquet	酒会式 Cocktail
宴会厅及包间 BANQUET HALL & PRIVATE DINING ROOMS	713	7F	65	9×7.1×3.7	—	—	—	24	48
	715	7F	65	9×7.1×3.7	—	—	—	24	48
	716	7F	65	9×7.1×3.7	—	—	—	24	48
	713+715+716	7F	195	27×7.1×3.7	—	—	—	72	144
	717	7F	65	9×7.1×3.7	—	—	—	24	48
	718	7F	55	11.9×5.4×3.3	—	—	—	24	48
	719	7F	25	4.6×5.5×3.3	—	—	—	12	24
	720	7F	25	4.6×5.5×3.3	—	—	—	12	24
	721	7F	25	4.6×5.5×3.3	—	—	—	12	24
	722	7F	25	4.6×5.5×3.3	—	—	—	12	24
	723	7F	25	4.6×5.5×3.3	—	—	—	12	24
	725	7F	25	4.6×5.5×3.3	—	—	—	12	24
	726	7F	27	4.6×5.8×3.3	—	—	—	12	24
公共活动场馆 PUBLIC EVENT VENUE	中央大厅（绿厅）Central Hall	1F	2700	54×50×35	—	1920	1200	—	2100
	东大厅 East Hall	1F	560	43×13×8.4	—	—	—	—	370
	南大厅 South Hall	1F	1010	133×7.6×8.4	—	—	—	—	460
	西大厅 West Hall	1F	950	52.8×18×14	—	—	—	—	700
	北大厅（东部）North Hall（East）	2F	1530	90×17×3.2	—	—	—	—	1170
	北大厅（西部）North Hall（West）	2F	3230	154×21×8	—	—	—	—	2664
	观景厅 View Hall	4F	1110	89×12.5×14	—	—	—	—	1200
	宴会休息厅（北部）Banquet Hall Foyer（North）	5F	1000	98×10.2×9	—	—	—	—	310

续表

	名称 Name	楼层 Level	面积·平方米 Area（m^2）	尺寸（长×宽×高）Dimension（L×W×H）（Meters）	可接待人数 Capacity				
					座谈式 Seminar	剧院式 Theatre	讲座式 Class-room	宴会式 Banquet	酒会式 Cocktail
公共活动场馆 PUBLIC EVENT VENUE	宴会休息厅（西部）Banquet Hall Foyer（West）	5F	1220	68×18×9	—	—	—	—	390
	临江露台 Terrance	5F	1350	150+9	—	—	—	—	800
	屋顶花园 A Roof Garden A	5F	5040	95×53	—	—	—	—	4450
	屋顶花园 B Roof Garden B	7F	1550	50×31	—	—	—	—	1200
	商场 Retail Outlet	B1	390	27×14.5×4.2	—	288	192	—	—

附表 A–2　×××场馆经营服务价目表——活动场馆租赁

	序号	楼层	可供数量	面积·平方米	可搭建展位	正式活动价格，搭建半价（元）	
						天（8小时）9~17点	天（12小时）8~20点
展厅	1	1	多功能厅（银厅）	7200	480	432000	648000
	2	1	多功能厅 A+B	4800	300	288000	432000
	3	1	多功能厅 C+D	2400	144	144000	216000
	4	1	多功能厅 A	2400	144	144000	216000
	5	1	多功能厅 B	2400	144	144000	216000
	6	1	多功能厅 C	1200	72	72000	108000
	7	1	多功能厅 D	1200	72	72000	108000
功能辅助区	1	1	北长廊	1000	50	60000	90000

续表

	序号	楼层	可供数量	面积·平方米	可搭建展位	正式活动价格，搭建半价（元）	
						天（8小时）9~17点	天（12小时）8~20点
室内场馆	1	1	中央大厅（绿厅）	2000（可用面积）		120000	180000
	2	1	候会厅	480		28800	43200
	3	1	东大厅	560		33600	50400
	4	1	西大厅	950		57000	85500
	5	2	北大厅（东）	1530		91800	137700
	6	2	北大厅（西）	3230		193800	290700
	7	4	观景厅	1110		66600	99900
	8	5	宴会休息厅（北）	1000		60000	90000
	9	5	宴会休息厅（西）	1220		73200	109800
室外场馆	1	G	西广场	1300		39000	58500
	2	G	南广场	3030		90900	136350
	3	G	东广场	1000		30000	45000
	4	5	临江露台	1350		81000	121500
	5	5	5F 江景平台	5000		300000	450000

	序号	楼层	可供数量	面积·平方米	可容纳数量			价格（元）	
					剧院式	讲座式	宴会式	天（8小时）	天（12小时）
宴会厅、餐厅及厨房	1	5	宴会厅（金厅）	4500	3840	2400	1980	540000	729000
	2	5	宴会厅（A+B）	3000	2560	1600	1320	360000	486000
	3	5	宴会厅（B+C）	3000	2560	1600	1320	360000	486000
	4	5	宴会厅A	1500	1280	800	660	180000	243000

续表

	序号	楼层	可供数量	面积·平方米	可容纳数量			价格（元）	
					剧院式	讲座式	宴会式	天（8小时）	天（12小时）
宴会厅、餐厅及厨房	5	5	宴会厅 C	1500	1280	800	660	180000	243000
	6	7	江景餐厅	1350	—	—	—	162000	218700
	7	4	4F 厨房区	460	—	—	—	55200	74520
	8	5	5F 厨房区	607	—	—	—	72840	98334
	9	7	7F 厨房区	500	—	—	—	60000	81000
	10	7	7F VIP 包间	65	—	—	—	7800	10530

备注

1. 超时时间以 4 小时为单位，不足 4 小时将按 4 小时计算。
2. 搭建、彩排、撤场按 50% 租金收取，不包含空调费。
3. 厨房区部分最小起租单位 8 小时，不足 8 小时按照 8 小时计算。

附表 A–3 ××× 场馆经营服务价目表——会议场馆租赁

	序号	可供数量	面积·平方米	可容纳数量			正式活动价格，搭建半价（元）	
				座谈式	剧院式	讲座式	天（8小时）9~17点	天（12小时）8~20点
大会议厅	1	大会堂（红厅）	2930	—	2600	—	351600	474660
	2	上海厅（蓝厅）	1890	530	880	600	226800	306180
中会议厅	1	4	230	132	176	600	226800	306180
	2	6	290	174	220	160	34800	46980
小会议厅	1	16	60	30	24	18	7200	9720
	2	36	80	42	40	30	9600	12960
	3	2	90	56	60	40	10800	14580
	4	4*	120	68	84	56	14400	19440
	5	9*	160	82	110	80	19200	25920
	6	1*	180	82	110	80	21600	29160
	*4–6 项会议厅由两间相同面积的小会议厅联通组成。							

续表

	序号	可供数量	面积·平方米	可容纳数量			正式活动价格，搭建半价（元）	
				座谈式	剧院式	讲座式	天（8小时）9~17点	天（12小时）8~20点
VIP会议厅	1	9	90	24	—	—	10800	14580
	2	3*	180	48	—	—	21600	29160
	*2项会议厅由两间相同面积的VIP会议厅联通组成。							
贵宾厅	1	702贵宾厅	45	10	—	—	5400	7290
	2	101聚贤厅	76	18	—	—	9120	12312
	3	102迎宾厅	240	30	—	—	28800	38880
	4	103翠英厅	76	18	—	—	9120	12312
	5	206广益厅	92	14	—	—	11040	14904
	6	401春申厅	120	14	—	—	14400	19440
	7	432浦江厅	150	26	—	—	18000	24300
	8	520崧泽厅	150	26	—	—	18000	24300
	9	621云间厅	150	26	—	—	18000	24300
	10	727馨兰厅	300	34	—	—	36000	48600
	11	728雅竹厅	320	34	—	—	38400	51840
	12	729韵菊厅	320	34	—	—	38400	51840
	13	730逸梅厅	320	34	—	—	38400	51840
	14	731牡丹厅	240	30	—	—	28800	38880
	15	732白玉兰厅	160	34	—	—	19200	25920
新闻发布厅	1	新闻发布厅	120	—	80	50	14400	19440

备注：

1. 超时时间以4小时为单位，不足4小时将按4小时计算。
2. 搭建、彩排、撤场按50%租金收取，不包含空调费。

附表 A-4　×××场馆经营服务价目表—音像及电源设备租赁

	序号	名称	技术参数参考值	品牌/型号	单位	价格（元/单位）
投影设备	1	投影仪配幕布（中会议厅）	投影仪：3000 流明 投影幕：2656×1494mm（120" 16：9）	投影仪：NEC NP4100W+ 投影幕：Grandview	套	3000/ 天
	2	投影仪配幕布 430、431 517、518	投影仪：14000 流明 投影幕：2656×1494mm（120" 16：9）	激光投影机 投影幕：Grandview	套	6000/ 天
	3	投影仪配幕布（小会议厅）	投影仪：3000 流明 投影幕：2346×1320mm（106" 16：9）	投影仪：NEC NP500W+ 投影幕：Grandview	套	3000/ 天
	4	背投配硬幕（515 中会议厅）	投影仪：6000 流明 玻璃基底硬幕：6500×1800mm	投影仪：Barco R6+ 投影幕：Stewart	套（三台投影仪+硬幕）	18000/ 天
	5	移动投影仪	12000 流明	Barco NW-12	台	9000/ 天
	6	移动投影幕	2656×1494mm（120" 16：9）	Grandview	块	1000/ 天
LED 显示屏	1	红厅舞台显示屏	6240×4080mm（25 ㎡，共 2 套）		套	40000/ 天
	2	红厅观众席显示屏	4560×2640mm（12 ㎡，共 2 套）		套	19200/ 天
	3	蓝厅显示屏	4600×2880mm（13 ㎡，共 2 套）		套	20800/ 天
	4	中央大厅显示屏	25000×15200mm（380 ㎡）		套	208000/8 小时 124800/4 小时及以内 74880/2 小时及以内
电源设备租赁类	1	单相插座	10A / 13A / 220V			160 / 期
	2	单相插座	15A / 220V			200 / 期
	3	三相空气开关箱	15A / 380V			650/ 期
	4	三相空气开关箱	30A / 380V			1000 / 期
	5	三相空气开关箱	60A / 380V			1600 / 期

续表

	序号	名称	技术参数参考值	品牌/型号	单位	价格（元/单位）
电源设备租赁类	6	三相空气开关箱	100A / 380V		2200 / 期	
	7	电源开关	150A / 380V		4000 / 期	
	8	电源开关	200A / 380V		5200 / 期	
	9	6 档开关箱	（20*6 / 220V）		60 / 期	
	10	220V/110V 变压器	220V / 110V		3000 / 期	
	11	高配电箱（红厅）	350A / 380V		3000 / 天	
同传	1	主系统	一种语言	Bosch	套	8500/ 天
	2	接收器及耳机		Bosch	套	50/ 天
	3	译员室液晶监视器	19"		台	300/ 天
	4	同传译员台话筒	DCN-MICL	Bosch	支	200/ 天

附表 A-5 ×××场馆经营服务价目表——厨房清洁费用

	序号	可供数量	金额（元）	备注
4 层厨房	1	中央饼房及中央点心间	2500	
	2	烧腊间及吹鹅间	900	
	3	冷餐间	450	
	总计		3850	
5 层厨房	1	洗碗间（二）	600	
	2	备餐间（二）	450	
	3	冷菜间及冷库	450	
	4	热厨房	4000	热厨房每增加一天使用需增加 550 元
	5	果汁间	600	
	6	碗碟仓库及洗碗间（一）	600	
	7	备餐间（一）及制冰间	600	
	总计		7300	

续表

	序号	可供数量	金额（元）	备注
7层厨房	1	点心间	600	
	2	酒水间	350	
	3	洗碗间	450	
	4	冷菜间	450	
	5	热厨房	3100	热厨房每增加一天使用需增加 550 元
	6	备餐间（一）	350	
	7	备餐间（二）	350	
	总计		5650	
其他	1	展厅	35 元 / 时 / 人	周一至周日
			70 元 / 时 / 人	国定假日
	2	地毯清洗	10 元 / 平方米	

备注：
1. 以上所有费用均为单次清洁费用。

附表 A–6　×××场馆经营服务价目表——各类服务

	序号	名称	单位		价格（元/每单位·期）	说明
展览、活动服务类	1	吊点租用	个		600	
	2	标摊搭建管理费	平方米		20	
	3	特装搭建管理费	平方米		40	
	4	空调费（冷 / 暖）	平方米 / 天		3.5	按使用面积计费
	5	加班费（17：00–22：00）	1000 平方米 / 时		5000	
	6	加班费（22：00–次日 8：00）	1000 平方米 / 时		10000	
	序号	名称	参考规格	位置	价格（元/每单位）	说明
灯光设备租赁类	1	中心外墙灯光	一般灯光	四周墙体	20000/ 每小时	
	2	中心外墙灯光	广告灯光	四周墙体	20000/ 每小时	

续表

类别		序号	名称	单位		价格（元/件.期）	说明
通信设备类		1	分机电话	台		400	
		2	市内直线电话	台		500	
		3	国内长话费	分钟		2	
		4	国际长话费	分钟		10	
		5	国内电话DDD	台		600	通讯费押金5000
		6	国际电话IDD	台		1500	通讯费押金10000
		序号	名称	参考规格	位置	价格（元/期）	说明
广告管理类	室外广告	1	室外广告旗（刀旗）		南广场沿绿化带	300元/根（发布）	
		2	室外广告阵地		四周广场	50元/㎡（发布）	
		3	旗杆	面/期	广场	1000元/面	
	室内广告	1	展厅内落地广告	≤ 5m²	展厅区域	350元/面（发布）	场馆方批准在指定区域发布
				> 5m²		70元/㎡（发布）	
		2	公共区域落地广告	≤ 5m²	公共区域	700元/面（发布）	
				> 5m²		140元/㎡（发布）	
		3	展厅内空中广告发布及悬挂	≤ 5m²	展厅空中	1400元/面（发布）	主办非广告性挂幅，只按吊点收费
				> 5m²		280元/㎡（发布）	
		4	公共区域空中广告发布及悬挂	≤ 5m²	公共区域空中	2800元/面（发布）	
				> 5m²		560元/㎡（发布）	
		序号	名称	单位		价格（元/每单位.期）	说明
代收代付类		1	电费	千瓦时		2	以实际使用情况计费
		2	水费	立方米		6	
		3	天然气费	立方米		10	
		序号	名称	规格	位置	价格（元/辆/次）	说明
停车服务类		1	停车费	中/小型车	地面或地下车库	10	
				大型车	地面车库	20	
		序号	名称	规格		价格（元）	说明
安保服务类		1	安保服务费			60元/每人/每小时	

附录 B

大型群众性活动安全管理相关规定与文件

大型群众性活动安全管理条例

［国务院令第 505 号］

第一章　总则

第一条　为了加强对大型群众性活动的安全管理，保护公民生命和财产安全，维护社会治安秩序和公共安全，制定本条例。

第二条　本条例所称大型群众性活动，是指法人或者其他组织面向社会公众举办的每场次预计参加人数达到 1 000 人以上的下列活动：

（一）体育比赛活动；

（二）演唱会、音乐会等文艺演出活动；

（三）展览、展销等活动；

（四）游园、灯会、庙会、花会、焰火晚会等活动；

（五）人才招聘会、现场开奖的彩票销售等活动。

影剧院、音乐厅、公园、娱乐场所等在其日常业务范围内举办的活动，不适用本条例的规定。

第三条　大型群众性活动的安全管理应当遵循安全第一、预防为主的方针，坚持承办者负责、政府监管的原则。

第四条　县级以上人民政府公安机关负责大型群众性活动的安全管理工作。

县级以上人民政府其他有关主管部门按照各自的职责，负责大型群众性活动的有关安全工作。

第二章　安全责任

第五条　大型群众性活动的承办者（以下简称承办者）对其承办活动的安全负责，承办者的主要负责人为大型群众性活动的安全责任人。

第六条　举办大型群众性活动，承办者应当制订大型群众性活动安全工作方案。

大型群众性活动安全工作方案包括下列内容：

（一）活动的时间、地点、内容及组织方式；

（二）安全工作人员的数量、任务分配和识别标志；

（三）活动场所消防安全措施；

（四）活动场所可容纳的人员数量以及活动预计参加人数；

（五）治安缓冲区域的设定及其标识；

（六）入场人员的票证查验和安全检查措施；

（七）车辆停放、疏导措施；

（八）现场秩序维护、人员疏导措施；

（九）应急救援预案。

第七条　承办者具体负责下列安全事项：

（一）落实大型群众性活动安全工作方案和安全责任制度，明确安全措施、安全工作人员岗位职责，开展大型群众性活动安全宣传教育；

（二）保障临时搭建的设施、建筑物的安全，消除安全隐患；

（三）按照负责许可的公安机关的要求，配备必要的安全检查设备，对参加大型群众性活动的人员进行安全检查，对拒不接受安全检查的，承办者有权拒绝其进入；

（四）按照核准的活动场所容纳人员数量、划定的区域发放或者出售门票；

（五）落实医疗救护、灭火、应急疏散等应急救援措施并组织演练；

（六）对妨碍大型群众性活动安全的行为及时予以制止，发现违法犯罪行为及时向公安机关报告；

（七）配备与大型群众性活动安全工作需要相适应的专业保安人员以及其他安全工作人员；

（八）为大型群众性活动的安全工作提供必要的保障。

第八条　大型群众性活动的场所管理者具体负责下列安全事项：

（一）保障活动场所、设施符合国家安全标准和安全规定；

（二）保障疏散通道、安全出口、消防车通道、应急广播、应急照明、疏散指示标志符合法律、法规、技术标准的规定；

（三）保障监控设备和消防设施、器材配置齐全、完好有效；

（四）提供必要的停车场馆，并维护安全秩序。

第九条　参加大型群众性活动的人员应当遵守下列规定：

（一）遵守法律、法规和社会公德，不得妨碍社会治安、影响社会秩序；

（二）遵守大型群众性活动场所治安、消防等管理制度，接受安全检查，不得携带爆炸性、易燃性、放射性、毒害性、腐蚀性等危险物质或者非法携带枪支、弹药、管制器具；

（三）服从安全管理，不得展示侮辱性标语、条幅等物品，不得围攻裁判员、运动员或者其他工作人员，不得投掷杂物。

第十条　公安机关应当履行下列职责：

（一）审核承办者提交的大型群众性活动申请材料，实施安全许可；

（二）制订大型群众性活动安全监督方案和突发活动处置预案；

（三）指导对安全工作人员的教育培训；

（四）在大型群众性活动举办前，对活动场所组织安全检查，发现安全隐患及时责令改正；

（五）在大型群众性活动举办过程中，对安全工作的落实情况实施监督检查，发现安全隐患及时责令改正；

（六）依法查处大型群众性活动中的违法犯罪行为，处置危害公共安全的突发活动。

第三章　安全管理

第十一条　公安机关对大型群众性活动实行安全许可制度。《营业性演出管理条例》对演出活动的安全管理另有规定的，从其规定。

举办大型群众性活动应当符合下列条件：

（一）承办者是依照法定程序成立的法人或者其他组织；

（二）大型群众性活动的内容不得违反宪法、法律、法规的规定，不得违反社会公德；

（三）具有符合本条例规定的安全工作方案，安全责任明确、措施有效；

（四）活动场所、设施符合安全要求。

第十二条　大型群众性活动的预计参加人数在 1 000 人以上 5 000 人以下的，由活动所在地县级人民政府公安机关实施安全许可；预计参加人数在 5 000 人以上的，由活动所在地设区的市级人民政府公安机关或者直辖市人民政府公安机关实施安全许可；跨省、自治区、直辖市举办大型群众性活动的，由国务院公安部门实施安全许可。

第十三条　承办者应当在活动举办日的 20 日前提出安全许可申请，申请时，应当提交下列材料：

（一）承办者合法成立的证明以及安全责任人的身份证明；

（二）大型群众性活动方案及其说明，2 个或者 2 个以上承办者共同承办大型群众性活动的，还应当提交联合承办的协议；

（三）大型群众性活动安全工作方案；

（四）活动场所管理者同意提供活动场所的证明。

依照法律、行政法规的规定，有关主管部门对大型群众性活动的承办者有资质、资格要求的，还应当提交有关资质、资格证明。

第十四条　公安机关收到申请材料应当依法做出受理或者不予受理的决定。对受理的申请，应当自受理之日起 7 日内进行审查，对活动场所进行查验，对符合安全条件的，做出许可的决定；对不符合安全条件的，做出不予许可的决定，并书面说明理由。

第十五条　对经安全许可的大型群众性活动，承办者不得擅自变更活动的时间、地点、内容或者扩大大型群众性活动的举办规模。

承办者变更大型群众性活动时间的，应当在原定举办活动时间之前向做出许可决定的公安机关申请变更，经公安机关同意方可变更。

承办者变更大型群众性活动地点、内容以及扩大大型群众性活动举办规模的，应当依照本条例的规定重新申请安全许可。

承办者取消举办大型群众性活动的，应当在原定举办活动时间之前书面告知做出安全许可决定的公安机关，并交回公安机关颁发的准予举办大型群众性活动的安全许可证件。

第十六条　对经安全许可的大型群众性活动，公安机关根据安全需要组织相应警力，维持活动现场周边的治安、交通秩序，预防和处置突发治安活动，查处违法犯罪活动。

第十七条　在大型群众性活动现场负责执行安全管理任务的公安机关工作人员，凭值勤证件进入大型群众性活动现场，依法履行安全管理职责。

公安机关和其他有关主管部门及其工作人员不得向承办者索取门票。

第十八条　承办者发现进入活动场所的人员达到核准数量时，应当立即停止验票；发现持有划定区域以外的门票或者持假票的人员，应当拒绝其入场并向活动现场的公安机关工作人员报告。

第十九条　在大型群众性活动举办过程中发生公共安全事故、治安案件的，安全责任人应当立即启动应急救援预案，并立即报告公安机关。

第四章　法律责任

第二十条　承办者擅自变更大型群众性活动的时间、地点、内容或者擅自扩大大型群众性活动的举办规模的，由公安机关处 1 万元以上 5 万元以下罚款；有违法所得的，没收违法所得。

未经公安机关安全许可的大型群众性活动由公安机关予以取缔，对承办者处 10 万元以上 30 万元以下罚款。

第二十一条　承办者或者大型群众性活动场所管理者违反本条例规定致使发生重大伤亡事故、治安案件或者造成其他严重后果构成犯罪的，依法追究刑事责任；尚不构成犯罪的，对安全责任人和其他直接责任人员依法给予处分、治安管理处罚，对单位处 1 万元以上 5 万元以下罚款。

第二十二条　在大型群众性活动举办过程中发生公共安全事故，安全责任人不立即启动应急救援预案或者不立即向公安机关报告的，由公安机关对安全责任人和其他直接责任人员处 5 000 元以上 5 万元以下罚款。

第二十三条　参加大型群众性活动的人员有违反本条例第九条规定行为的，由公安机关给予批评教育；有危害社会治安秩序、威胁公共安全行为的，公安机关可以将其强行带离现场，依法给予治安管理处罚；构成犯罪的，依法追究刑事责任。

第二十四条　有关主管部门的工作人员和直接负责的主管人员在履行大型群众性活动安全管理职责中，有滥用职权、玩忽职守、徇私舞弊行为的，依法给予处分；构成犯罪的，依法追究刑事责任。

第五章　附则

第二十五条　县级以上各级人民政府、国务院部门直接举办的大型群众性活动的安全保卫工作，由举办活动的人民政府、国务院部门负责，不实行安全许可制度，但应当按照本条例的有关规定，责成或者会同有关公安机关制订更加严格的安全保卫工作方案，并组织实施。

第二十六条　本条例自 2007 年 10 月 1 日起施行。

上海市公共场所人群聚集安全管理办法

（2015 年 5 月 15 日上海市人民政府令第 29 号公布）

第一章　总则

第一条　目的和依据

为了加强对公共场所人群聚集活动的安全管理，保护公众生命和财产安全，维护社会秩序和公共安全，根据《中华人民共和国突发活动应对法》（以下简称《突发活动应对法》）、《大型群众性活动安全管理条例》（以下简称《条例》）等法律、法规，结合本市实际，制定本办法。

第二条　适用范围

本市行政区域内人群聚集公共场所和人群聚集活动的安全管理，适用本办法。

在公共场所集会、游行、示威的，按照《中华人民共和国集会游行示威法》等法律、法规执行。

第三条　定义

本办法所称人群聚集公共场所，是指下列场所：

（一）景区（点）、公园、轨道交通站点、机场航站楼、客运车站、客运码头、展览场馆、体育场馆、文化娱乐场所、商场、集贸市场；

（二）医院、学校、宗教活动场所；

（三）人群经常聚集的广场、道路等其他公共场所。

本办法所称人群聚集活动，是指下列活动：

（一）按照《条例》规定，法人或者其他组织面向社会公众举办的每场次预计参加人数 1 000 人以上的大型群众性活动；

（二）法人或者其他组织面向社会公众举办的每场次预计参加人数不足 1 000 人的小型群众性活动；

（三）人群自发聚集达到一定密度的其他群众性活动。

第四条　政府职责

市和区（县）人民政府应当按照“分级管理、属地为主”的原则，加强对人群聚集公共场所和人群聚集活动的领导，组织、督促相关部门依法履行安全管理职责。

市和区（县）公安部门负责本行政区域内大型群众性活动的安全管理工作，按照职责对人群聚集活动进行应急处置。

安全生产监管、建设、交通、商务、旅游、卫生计生、教育、文广影视、体育、民政、民族宗教、绿化市容、质量技监、食品药品监管等相关部门，按照各自职责负责与人群聚集相关的安全管理工作。

第五条　信息沟通

市和区（县）人民政府及其相关部门应当加强信息沟通和资源共享，预防、控制和消除与人群聚集相关的安全风险。

第六条　宣传教育

市和区（县）人民政府及其相关部门、乡（镇）人民政府、街道办事处应当组织开展相关宣传活动，普及与人群聚集相关的安全知识。

教育部门应当指导、督促各级各类学校把与人群聚集相关的安全知识纳入教学内容，培养学生的安全意识，提高自救能力。

电视、广播、报纸、互联网站等新闻媒体应当广泛普及与人群聚集相关的紧急避险、自救互救等安全知识，营造公共安全社会氛围，提升全民安全素质。

第七条　市民参与

市民应当遵守公共秩序，提高安全防范意识，注意安全提示信息，有序参与人群聚集活动；发现人群聚集公共场所、人群聚集活动存在安全隐患的，及时向公安部门或者其他相关部门报告。

第二章　人群聚集公共场所的日常安全管理

第八条　单位的安全责任

人群聚集公共场所的经营、管理单位应当履行下列责任：

（一）设置应急广播、应急照明等应急救援设施和安全提示设施，并定期维修保养，确保其正常运行；

（二）设置必要的监控设施，对场所内人员流动、聚集情况进行监测；

（三）显著标明安全撤离的通道、路线，并保证安全通道、出口的畅通；

（四）经常性巡查场所，采取相应的安全防范措施；

（五）制定应急预案，并结合实际情况开展应急演练。

第九条　日常监测

区（县）人民政府应当将人群经常聚集的广场、道路等公共场所纳入监测网络，确定监测点，明确监测项目，组织公安、建设、交通等部门设置必要的监控设施，配备专门人员进行监测。

第十条　安全提示

区（县）人民政府应当在人群经常聚集的广场、道路等公共场所，设立电子显示屏和高音喇叭等安全提示设施，发布预警信息和其他提示信息。

第十一条　风险评估和隐患排查

市人民政府应当组织相关部门进行城市公共安全风险评估，指导、督促区（县）人民政府排查人群聚集公共场所的安全隐患，落实整改措施。

区（县）人民政府应当组织相关部门排查人群聚集公共场所的安全隐患，督促人群聚集公共场所的经营、管理单位落实安全责任。

第十二条　场所管理的其他规定

《中华人民共和国消防法》《公共文化体育设施条例》《娱乐场所管理条例》《宗教事务条例》《上海市公园管理条例》《上海市轨道交通管理条例》等其他法律、法规对人群聚集公共场所的安全管理另有规定的，从其规定。

第三章　人群聚集活动的应急管理

第十三条　单位评估风险

人群聚集公共场所内举办群众性活动的，人群聚集公共场所的经营、管理单位应当预测人数、评估风险，采取相应的安全防范措施，根据需要配备安保人员，制定突发活动应急预案。

属于大型群众性活动的，按照《条例》和本办法第四章的规定执行。

第十四条　单位报告

人群聚集公共场所的经营、管理单位发现人群聚集可能发生突发活动或者已经发生突发活动的，应当立即启动应急预案，并及时向公安部门或者其他相关部门报告。

第十五条　重要时段的预防性风险评估

重要节假日和重大活动举办前，区（县）人民政府应当组织公安、安全生产监管、建设、交通、商务、旅游、卫生计生、教育、文广影视、体育、绿化市容、民政、民族宗教等相关部门通过多种途径收集信息，对人群聚集公共场所和人群聚集活动进行风险评估，并根据风险程度和工作需要制定专门应急预案。

第十六条　重要时段的现场监测

重要节假日和重大活动期间，区（县）人民政府应当根据风险程度和工作需要，扩大监测区域、增加监测人员，通过多种技术手段加强现场监测。

第十七条　突发活动的预防性处置和预警

公安部门接到报告或者监测发现人群聚集可能发生突发活动的，应当立即研判风险，及时采取预防性处置措施；对需要发布预警的，应当立即报告本级人民政府。

安全生产监管、建设、交通、商务、旅游、卫生计生、教育、文广影视、体育、绿化市容、民政、民族宗教等相关部门接到报告或者监测发现人群聚集可能发生突发活动的，应当立即研判风险，及时采取预防性处置措施，同时通报同级公安部门；对需要发布预警的，应当立即报告本级人民政府。

市或者区（县）人民政府接到报告后，应当按照规定的权限和程序发布预警信息。

第十八条　预警信息的发布

市或者区（县）人民政府发布预警信息，可以根据实际情况采取广播、电视、报纸、互联网、通信工具、宣传车、警报器、电子显示屏、高音喇叭等方式。

广播、电视、报纸等新闻媒体和互联网信息服务单位、电信运营企业、公共场所电子显示屏管理单位等应当配合做好预警信息的发布工作。

第十九条　突发活动的应急处置

公安、安全生产监管、建设、交通、商务、旅游、卫生计生、教育、文广影视、体育、绿化市容、民政、民族宗教等相关部门接到报告或者监测发现人群聚集活动已经发生突发活动的，应当立即按照应急预案开展先期处置，同时报告本级人民政府。

市或者区（县）人民政府接到报告后，应当组织相关部门按照突发活动应急联动的有关规定进行处置。

第二十条　参与者的义务

人群聚集活动参与者应当注意应急避险，听从现场工作人员的引导和指挥，配合相关部门开展突发活动的应急处置。

第二十一条　专业人员的参与

鼓励具有医疗救护、避险逃生等专业技术的人员参与对人群聚集活动突发活动应急处置的现场救援。

第四章　大型群众性活动的安全许可管理

第二十二条　大型群众性活动的安全许可

公安部门依据《条例》的相关规定，对大型群众性活动实施安全许可。

大型群众性活动的预计参加人数在 1 000 人以上 5 000 人以下的，由活动所在地的区（县）公安部门实施安全许可；预计参加人数在 5 000 人以上的，由市公安局实施安全许可；跨区（县）举办的大型群众性活动，由市公安局实施安全许可。

第二十三条　大型群众性活动的安全责任主体

大型群众性活动的承办者（以下简称承办者）对其承办活动的安全负责，承办者的主要负责人为大型群众性活动的安全责任人。

前款所称承办者，是指负责筹备、举办大型群众性活动并申请安全许可的法人或者其他组织。

第二十四条　申请许可前的准备

承办者申请安全许可前，应当完成下列准备工作：

（一）制定安全工作方案，明确安全措施、安全工作人员岗位职责；

（二）确定具备相应安全条件的活动场所；

（三）根据大型群众性活动安全需要，聘请具有相应资质的保安和消防服务机构，配备安全工作人员。

承办者应当与场所经营、管理单位及其他参与大型群众性活动的单位签订安全协议，明确各自安全责任。

第二十五条　安全工作方案

大型群众性活动的安全工作方案包括下列内容：

（一）活动的时间、地点、内容及组织方式；

（二）安全工作人员的数量、任务分配和识别标志；

（三）活动场所的建筑结构和消防安全措施；

（四）活动场所的地理环境、面积、可容纳的人数以及活动预计参加人数；

（五）治安缓冲区域的设定及其标识，以及应急疏散通道、应急广播、应急照明、消防设施和无障碍设施的设置及其标识；

（六）票证管理方案、入场人员的票证查验和安全检查措施；

（七）车辆停放、疏导措施；

（八）现场秩序维护、人员疏导措施；

（九）应急预案。

第二十六条　受理

承办者应当在活动举办日的 20 日前提出安全许可申请。公安部门收到申请后，应当当场或者在 3 日内做出受理或者不予受理的决定。不予受理的，应当书面说明理由。

第二十七条　便民告知

依据相关法律、法规、规章规定，举办大型群众性活动还需要办理营业性演出审批、展览项目审查、焰火燃放许可、特种设备使用登记、临时占用城市道路许可、食品经营许可等相关手续的，承办者应当依法及时办理，公安部门应当提供告知、指导服务。

第二十八条　审查

对受理的大型群众性活动申请，公安部门应当自受理之日起 7 日内进行审查，对活动场所、设施进行现场查验，评估活动安全风险，核定活动参加人数，做出许可或者不予许可的决定。

大型群众性活动情况复杂、影响重大，公安部门不能在7日内做出安全许可决定的，经本级公安部门负责人批准，可以延长7日，并以书面形式告知承办者。

同一承办者申请在本年度内举办相同地点、相同内容的多场次大型群众性活动的，公安部门可以一次性许可。

第二十九条　取得许可后的责任

承办者取得安全许可后，应当履行下列责任：

（一）按照安全许可的时间、地点、内容和规模，严格落实安全工作方案；

（二）按照核定的活动参加人数、划定的区域，发放或者出售门票；

（三）组织应急演练；

（四）接受公安部门及其他相关部门的指导和监督，消除安全隐患。

承办者不得以委托、转包、分包等形式，将已经取得安全许可的大型群众性活动转由他人承办。

第三十条　临时搭建的要求

需要在大型群众性活动现场搭建临时设施的，承办者应当委托具有相应资质的单位进行设计、施工，使用符合国家和本市相关安全标准的材料、设备。

对于规模较大、存在较大安全风险的临时设施，承办者应当组织建设单位进行验收，并聘请专业机构开展检验、检测。

第三十一条　征求意见与抄告

公安部门在做出安全许可决定前，应当根据大型群众性活动的安全管理需要，征求建设、交通、商务、质量技监、文广影视、食品药品监管等相关部门的意见；做出安全许可决定后，应当及时抄告相关部门，按照各自职责实施监督管理。

第三十二条　现场检查

对有下列情形之一的大型群众性活动，公安、安全生产监管、建设、交通、质量技监、文广影视、食品药品监管等相关部门应当按照各自职责，在大型群众性活动举办前以及活动期间进行现场检查；发现安全隐患的，及时责令改正：

（一）活动现场搭建大规模临时设施的；

（二）活动现场安装、使用特种设备的；

（三）活动现场使用烟花爆竹等易燃易爆物品的；

（四）活动现场制售食品或者提供餐饮服务的；

（五）活动可能对交通秩序、社会公共秩序造成较大影响的。

第三十三条　许可的撤销

对有下列情形之一的大型群众性活动，公安部门应当撤销安全许可：

（一）承办者以欺骗、贿赂等不正当手段取得安全许可的；

（二）承办者取得安全许可后未落实安全工作方案，活动存在安全隐患且经责令改正仍无法消除的；

（三）承办者将已经取得安全许可的大型群众性活动转由他人承办的。

第三十四条　许可的变更、撤回

做出安全许可决定所依据的客观情况发生重大变化的，为了公共利益的需要，公安部门可以变更或者撤回安全许可。

公安部门变更或者撤回安全许可的，应当及时告知承办者；造成承办者财产损失的，应当依法给予补偿。

第三十五条　公告

公安部门做出撤销、变更或者撤回安全许可的，应当通过政府网站等形式，及时向社会公告。

大型群众性活动变更、取消的，承办者应当通过广播、电视、报纸、互联网等方式予以公告，并及时向已经购票或者预约的活动参加人员做好解释说明、赔偿损失等工作。

第三十六条　现场处置

大型群众性活动举办期间，发生危及公共安全的突发活动的，承办者应当立即启动应急预案，并报告公安部门。公安部门应当立即采取相应处置措施，维护现场秩序；对没有消除安全风险的活动，应当责令承办者立即停止活动。

第三十七条　政府及其部门直接举办的大型群众性活动

以市和区（县）人民政府名义举办的大型群众性活动，不实行安全许可制度，由举办活动的人民政府按照《条例》和本办法的相关规定，责成或者会同公安部门制定更加严格的安全保卫工作方案，并组织落实。

以市和区（县）人民政府部门、乡（镇）人民政府或者街道办事处名义举办的大型群众性活动，承办者应当按照《条例》和本办法的相关规定向公安部门申请安全许可，履行安全管理职责，落实安全工作措施。

第五章　法律责任

第三十八条　行政处分

区（县）人民政府及其相关部门违反本办法第九条、第十条、第十一条第二款规定，有下列情形之一的，由其上级行政机关责令改正；拒不改正或者造成严重后果的，由其上级行政机关或者监察机关对直接负责的主管人员和其他直接责任人员依法给予行政处分：

（一）未按照规定设置必要的监控设施的；

（二）未按照规定设置安全提示设施的；

（三）未按照规定进行安全隐患排查，未督促落实安全责任的。

第三十九条　擅自转让的法律责任

承办者违反本办法第二十九条第二款规定，将已经取得安全许可的大型群众性活动转由他人承办的，由公安部门对承办者处10万元以上20万元以下罚款；造成严重后果的，处20万元以上30万元以下罚款。

第六章　附则

第四十条　施行日期

本办法自2015年7月1日起施行。

临时性群众性活动安全管理承诺书样本

临时群众性活动安全管理承诺书（场馆方）

上海市公安局××分局：

由__________________________________（公司或其他单位名称）主办/承办的（活动名称），将于____年____月____日至____年____月____日在____________（活动举办地）举行。为确保活动安全顺利举办，作为本次活动场馆的安全负责人，本人特承诺责任如下：

一、本人已了解、熟悉《大型群众性活动安全管理条例》、《上海市公共场所人群聚集安全管理办法》、《中华人民共和国消防法》、《中华人民共和国治安管理处罚法》、《上海市特种行业和公共场所治安管理条例》等法律、法规，明确相关法律含义及责任，场馆方将严格按照相关规定认真贯彻执行。

二、本人是该活动场馆方的第一安全负责人，并将落实以下安全事项：

（一）保障活动场所、设施符合国家安全标准和安全规定。

（二）保障疏散通道、安全出口、消防车通道、应急广播、应急照明、疏散指示标志符合法律、法规、技术标准的规定；设置应急广播、应急照明等应急救援设施和安全提示设施，并定期维修保养，确保其正常运行。

（三）保障监控设备和消防设施、器材配置齐全、完好有效；设置必要的监控设施，对场所内人员流动、聚集情况进行监测。

（四）显著标明安全撤离的通道、路线，并保证安全通道、出口的畅通。

（五）经常性巡查场所，采取相应的安全防范措施。

（六）制定应急预案，并结合实际情况开展应急演练。

（七）提供必要的停车场馆，并维护安全秩序。

（八）与承办者等相关单位签订安全协议，明确各自安全责任。

（九）公安机关等职能部门要求落实的其他事项。

三、本人承诺，在该活动未被公安机关审核通过之前，场馆方将不予承办方开展搭建及相关活动。

四、本承诺书由本人亲笔签署。

安全负责人签字 ______________

（单位公章）

年　月　日

临时群众性活动安全管理承诺书（承办单位）

上海市公安局 ×× 分局：

由本人 ________（身份证：________）担任 ________（职务）的 ____________________________（公司或其他单位名称）将于 ______ 年 ______ 月 ______ 日至 ______ 年 ______ 月 ______ 日在 ________________（活动举办地），主办 / 承办 ________________________（活动名称）大型群众性活动。为确保活动安全顺利举办，作为本次活动的安全负责人，本人特承诺责任如下：

一、本人已了解、熟悉《大型群众性活动安全管理条例》《上海市公共场所人群聚集安全管理办法》《中华人民共和国消防法》《中华人民共和国治安管理处罚法》《上海市特种行业和公共场所治安管理条例》等法律、法规，明确了“谁举办、谁负责”的法律含义及相关责任，本人及本单位将严格按照各相关法律、法规的规定认真贯彻执行。

二、本人是该活动的第一安全负责人，本人及单位将建立、健全大型活动的安全制度，严格落实各项安全措施，确保活动的安全有序。如发生安全事故，本人承诺承担相应的法律责任。

三、本公司承诺，所有申报材料均真实有效；现场所有活动均应在申报材料中真实体现；所有现场布局、展位设置、设施布置均应与申报的搭建和设计等图纸一致；本公司承诺，根据申报的布局图纸和内容进行现场布置，发生的各类后果由本公司承担。若活动中出现与申报材料不符或未在申报材料中体现的项目和内容，本公司将立即予以禁止，并将承担由此产生的各类后果和相应的法律责任。

四、本公司承诺，在活动未被公安机关审核通过之前，不得进行现场搭建及向社会做出活动宣传、票务售卖等以各种形式组织活动参与者等相关的行为。

五、票务和证件：

本公司承诺，该活动共举行 ______ 日，每日 ______ 场次。每场次活动参加人数上限为 ______ 人，每日活动参加人数上限为 ______ 人，该项活动参加总人数上限为

______ 人（含票务、嘉宾、媒体、演员、工作人员和其他所有参加活动的人）。

（一）本公司承诺，此次活动进行票务（销售 / 免费发放）。申报的销售（含赠送）或免费发放的票务每场次上限为 ______ 张，每日上限为 ______ 张，该项活动发放票务总数上限为 ______ 张。

本公司将委托以下票务公司进行出票（多家票务公司的逐一填写）：

1.________________________（公司或单位名称），将进行票务（销售 / 免费发放）。每场次上限为 ______ 张；每日上限为 ______ 张；总数上限为 ______ 张。其中，线上销售总数 ______ 张，线下销售总数 ______ 张；线上免费发放总数 ______ 张，线下免费发放总数 ______ 张。通票总数 ______ 张。

2.________________________（公司或单位名称），将进行票务（销售 / 免费发放）。每场次上限为 ______ 张；每日上限为 ______ 张；总数上限为 ______ 张。其中，线上销售总数 ______ 张，线下销售总数 ______ 张；线上免费发放总数 ______ 张，线下免费发放总数 ______ 张。通票总数 ______ 张。

3.________________________（公司或单位名称），将进行票务（销售 / 免费发放）。每场次上限为 ______ 张；每日上限为 ______ 张；总数上限为 ______ 张。其中，线上销售总数 ______ 张，线下销售总数 ______ 张；线上免费发放总数 ______ 张，线下免费发放总数 ______ 张。通票总数 ______ 张。

本公司承诺，除上述所列票务公司外，本公司将不再委托其他任何公司、机构和个人进行票务销售和发放。且因票务销售或免费发放总数超过申报总数而导致任何风险或后果的，本公司将承诺承担相应的全部法律责任。

（二）本公司承诺，本次活动申报发放证件总数上限为 ______ 张，其中：

______（类型）______ 张；______（类型）______ 张；

______（类型）______ 张；______（类型）______ 张；

______（类型）______ 张；______（类型）______ 张。

其他通行标志（如手环等）：______（名称）；______ 件；

本公司承诺，除上述所述证件外，本公司将不再有其他任何证件（或通行标志等）发放，本公司将对上述证件严格管理，严禁证件外流和发生无关人员使用工作证件的情况。因证件发放总数超过申报总数而导致任何风险或后果的，本公司将承担相应的全部法律责任。

六、邀请嘉宾：

本公司承诺，本次活动将（邀请 / 不邀请）明星到场参加。

参加活动的明星共 __________ 人，分别为：

__________（姓名、国籍）；__________（姓名、国籍）；

__________（姓名、国籍）；__________（姓名、国籍）；

__________（姓名、国籍）；__________（姓名、国籍）；

七、本公司承诺，活动现场不得有下列情况：

（一）反对宪法确定的基本原则的；

（二）危害国家统一、主权和领土完整，危害国家安全，或者损害国家荣誉和利益的；

（三）煽动民族仇恨、民族歧视，侵害民族风俗习惯，伤害民族感情，破坏民族，违反宗教政策的；

（四）扰乱社会秩序，破坏社会稳定的；

（五）危害社会公德或者民族优秀文化传统的；

（六）宣扬淫秽、色情、邪教、迷信或者渲染暴力的；

（七）侮辱或者诽谤他人，侵害他人合法权益的；

（八）表演方式恐怖、残忍，摧残演员身心健康的；

（九）利用人体缺陷或者以展示人体变异等方式招徕观众的；

（十）法律、行政法规禁止的其他情形。

八、本承诺书由本人亲笔签署。

安全负责人签字 ______________

（单位公章）

年　　月　　日

临时群众性活动安全管理承诺书（票务公司）

上海市公安局 ×× 分局：

由本人 ________（身份证：______________）担任 ________（职务）的 ____________________________（公司或其他单位名称），将对 ______ 年 ______ 月 ______ 日至 ______ 年 ______ 月 ______ 日在 ______________________（活动举办地）举行的 ______________________（活动名称）大型群众性活动进行票务（销售 / 免费发放）。

该活动共举行 ______ 日，每日 ______ 场次。每场次上限为 ______ 张；每日上限为 ______ 张；总数上限为 ______ 张。其中，线上销售总数 ______ 张，线下销售总数 ______ 张；线上免费发放总数 ______ 张，线下免费发放总数 ______ 张。通票总数 ______ 张。

本公司承诺，对该活动票务销售或免费发放总数不超过 ______ 张。若因本公司销售或免费发放总数超过上述票务总数而导致的任何风险和后果的，本公司将承诺承担相应的全部法律责任。

本承诺书由本人亲笔签署。

承诺人签字 ____________

（单位公章）

年　月　日

附录 C

国际会展行业协会名录

[1] ASAE American Society of Association Executives www.asaenet.org

[2] APPA The Association of Higher Education Facilities Officers www.appa.org

[3] ACOM Association for Convention Operations Management www.acomoline.org

[4] AIPC International Association of Congress Centres www.aipc.org

[5] ACCED–I Association of Collegiate Conference and Event Directors Intl. acced–i.org

[6] ALSD Association of Luxury Suite Directors www.alsd.com

[7] APAP Association of Performign Arts Presenters www.apap365.org

[8] ABRACCEF Brazilian Association of Conference Centers www.abraccef.org.br

[9] CEIR Center for Exhibition Industry Research www.ceir.org

[10] CIC Convention Industry Council www.conventionindustry.org

[11] CMA Country Music Association www.cmaworld.com

[12] ESTA Entertianment Services and Technology Association www.esta.org

[13] EAA European Areans Association www.eaaoffice.org

[14] EWC European Association of Event Centers www.evvc.org

[15] ESMA European Stadium Managers Association www.esca.org

[16] IAEE International Association for Exposition Management www.iaee.org

[17] IAAPA International Association of Amusement Parks & Attractions www.iaapa.org

[18] IAVM International Association of Venue Managers www.iavm.org

[19] IACC International Association of Conference Centers www.iacconline.org

[20] IACVB International Association of Convention & Visitor Bureaus www.iacvb.org

[21] IAFE International Association of Fairs & Expositions www.fairsandexpos.com

[22] IAPCO International Association of Professional Congress Organizers www.iapco.org

[23] ICMA International City/County Management Association www.icma.org

[24] ICCA International Congress & Convention Assoication www.iccaworld.com

[25] IEDC International Economic Development Council www.iedconline.org

[26] IFMA International Facility Management Association www.ifma.org

[27] ISPA International Society for the Performing Arts

[28] ISES Interntional Special Events Society www.ises.com

[29] INTX International Ticketing Association www.intix.org

[30] IATSE International Alliance of Theatrical Stage Employee & Moving Picture Technicians of the US and Canada www.iatse.net

[31] MPI Meeting Professionals International www.mpiweb.org

[32] AMPROFEC Mexican Association of Professionals in Fairs, Exhibitions & Conventions www.armprofec.org

[33] NAA National Arenas Association www.nationalareanassociation.com

[34] NACA National Association for Campus Activities www.naca.org

[35] NAAC National Association of Accessiblity Consultants www.naacoline.org

[36] NACDA National Association of Conllegiate Directiors of Athletes www.naccda.com

[37] NAC National Association of Concessionaires www.nacoline.org

[38] NACS National Association of Consumer Shows www.publicshows.com

[39] NAIA National Association of Intercollegiate Athletics www.naia.org

[40] NAPAMA National Association of Performing Arts Managers & Agents www.napama.org

[41] NIBA National Basketball Association www.nba.com

[42] NCBMP National Coalition of Black Meeting Planners www.ncbmp.com

[43] NCAA National Cellegiate Athletic Association www.ncaa.org

[44] NFPA National Fire Protection Association www.nfpa.org

[45] PCMA Professional Convention Management Association www.pcma.org

[46] RCMA Religious Conference Management Association www.rcmaweb.org

[47] SGMP Society of Government Meeting Planners www.sgmp.org

[48] SE Sport England www.sportengland.org

[49] SMA Stadium Managers Association www.stadiummanagers.org

[50] UFI Union des Foires Internaionales www.ufi.org

[51] VIMA Venue Management Association www.vma.org.au

参考文献

[1] Aaker，D.A.（1991）Managing brand equity，New York：Free Press.

[2] Alderson，and S Shapiro（eds）Theory in Marketing，Pp.51-67.Homewood.

[3] Bauer，TG and Lam，L（2003）.The Greening of convention Venues，Proceedings of 2003 Convention Expo Summit，Hong Kong，Polytechnic University.

[4] BEAC（2010）Delivering Innovation，Knoeledge and Performance：The Role of Business Events，North Sydney：Business Events Council of Australia.

[5] Beck，B.（2001）.Build it and the crowds will come.Encino，CA：Cherbo Publishing Group.

[6] Berthon，P.L.Pitt and C.Campbell（2008）' Ad ilb：when customers create the ad'，California Management Review，50（4）：6-30.

[7] http：//www.bestcities.net/

[8] Birmingham，AL：Professional Convention Management Association.

[9] Boleat，M.（2003）Managing Trade Associations，Trade Association Fortum.

[10] Boone，L.E. and D.L. Kurtz（1998）Contemporary Marketing Wired，Oak Brook：Dryden press.

[11] Bowdin，G. J. Allen，W. O'Toole，R. Harris and I. McDonnell（2011）Events Management，Oxford：Elsevier.

[12] Breslauer，B. and T. Smith（2009）Social Media Trends around the World，The global Web Index（GWI），Chicago：ESOMAR Research，Online Research.

[13] Brisbane Marketing（2011）Annual Report 2010-2011，Brisbane：Brisbane Marketing.

[14] Burke，J. and B. Resnick（2000）Marketing and Selling the Travel Product，Independence：Delmar Thomson Learning.

[15] Caldwell，S.（2012）Four basic types of trade show objectives，Praxis Events，published online at http：//praxisevents.com/four-basic-types-of-trade-show-objectives/（accessed 30 July 2015）.

[16] Cameron，R.（2015）'How far have we really come?' Conference & Meetings World，78：16.

[17] Canberra CB（2010）, How to run a site inspection for Canberra Convention Bureau Familiarisations available from http：//www/canberraconvention.com.au

[18] Canning，L.（2004）'Relationship marketing：dialogue and networks in the e–commerce era'，European Journal of Marketing，38（8）：1031–2.

[19] CIC and HSMAI（2013）Getting up to Speed. Event Bandwidth，Convention Industry Council and Hospitality Sales and Marketing Association International.

[20] CIC（2005）The 2004 Economic Impact Study，Convention Industry Council.

[21] CIC（2014）2012 Economic Significance Study，Convention Industry Council.

[22] Cone（2007）The 2006 Millennial Cause Study：The Millennial Generation：Pro–social and Empowered to Change the World，Cone Inc.

[23] Constantinides，E. and S. J. Fountain（2008）'Web 2.0：Conceptual foundations and marketing issue'，Journal of Direct，Data and Digital Marketing Practive，9：231–244.

[24] David Brudney & Associates：Site Inspections–New Generation of Hospitality Sales Professionals.

[25] Davidson R（2011）Web 2.0 as a marketing tool for conference centres. International Journal of Event and Festival Management，2（2），117–138.

[26] Davidson，R. and A. Hyde（2014）Winning Meetings and Events for your Venue，Oxford：Goodfellow Publishers.

[27] Davidson，R. and B. Cope（2003）Business Travel：conference，incentive travel，exhibitions，corporate hospitality and corporate travel，Upper Saddle：FT Prentice Hall/Pearson Education.

[28] Davidson，R. and M. Keup（2014）The use of Web 2.0 as a marketing tool by European convention bureaux，Scandinavian Journal of Hospitality and Tourism，14（3）：234–54.

[29] DNH（1996）Tourism：Competing with the Best–People Working in Tourism and Hospitality，Department of National Heritage（now Department for Culture，Media and Sport）.

[30] Dobler–Jerabek，Reate（2012）The 2012 Venue Trend Survey，presentation to the 51st ICCA Congress available at www.slideshare.NET/ICCAWORLD/se103–renate–doblerjerabek.

[31] Donaghy，G.（2015）"Building a culture"，Conference & Meetings World，79：29–30.

[32] Duffy C and McEuan M B（2010）The Future of Meetings：The Case for Face–to–face，Cornell University School of Hotel Administration.

[33] Dwyer, L.（2002）'Economic contribution of convention tourism: conceptual and empirical issues', in K. Weber and K. Chon（eds.）, Convention Tourism: International Research and industry Perspectives, Binghamton: The Haworth Hospitality Press, pp.21–36.

[34] Fifield, P.（1998）Marketing Strategy, Oxford: Butterworth–Heinemann.

[35] Fisher, J.（2014）'Why fam trips need the kiss of life', Meetings & Incentive Travel Magazine, September.

[36] Ford, R.C and W.C. Peeper（2007）'The past as prologue: Predicting the future of the convention and visitor bureau industry on the basis of its history', Tourism Management, 28（4）: 1104–14.

[37] Friedman, DD（1990）Price Theory: An Intermediate Text, south–western.

[38] Gaida, H.（2015）. Scripts of Management of Venue and Event Destination, Germany.

[39] Garofani, I.（2012）BECA redefining and refocusing, published online at www.conworld.net/index（www. conworld.net now trades as www.GMIPortal.com）.

[40] Gartrell, R.B.（1994）Destination Marketing for Convention and Visitor Bureaux, Dubuque: Kendall Hunt Publishing.

[41] Gehrisch, M.（2004）Emerging Meeting & Business Travel Trends for 2004, Washington, DC: DMAI.

[42] Getz, D. and Page S. J..（2016）. Event Studies: Theory, research and policy for planned events, Routledge, 3rd New edition.

[43] Gopalakrishna, S. and G. L. Lilien（2012）Trade shows in the business marketing communications mix, in G. L. Lilien and R. Grewal（eds.）, Handbook on Business–To–Business Marketing, Cheltenham: Edward Elgar Publishing, pp.226–45.

[44] Grass Roots（2011）Creating and using unusual venues, Grass Roots Meeting Industry Report.

[45] Harrill, R.（2005）Fundamentals of Destination Management and Marketing, Educational institute of the American Hotel and Motel Association.

[46] Harvard Business Review Blog Network: How to Succeed at Key Account.

[47] Hatch, S（2013）Unraveling the Mysteries of Event Planner pricing MeetingsNet, February 12.

[48] Hendrie, J.R.（2005）'The value of membership: what makes a good trade association?' DMO World e–newsletter, September.

[49] Holcomb, B.（1999）Marketing cities for tourism, in D.R. Judd and S.S. Fainstein（des.）, The Tourist City, Newhaven: Yale University Press, pp.54–70.

[50] Holden, R K and Burton M R (2008) Pricing with Confidence: 10 ways to stop leaving money on the table, John Wiley & Sons, Hoboken, NJ.

[51] Holloway, J.C. (2004) Marketing for Tourism, Upper Saddle River: Prentice Hall.

[52] Hotel Booking Agents Association: Money for Nothing. Get your cheques for free? Payment models in the meetings market.

[53] hotels

[54] How to run a site inspection foer familiarization trip groups, Canberra Convention Bureau

[55] Hoyer, K.G. and P. Noess (2001) Conference tourism: a problem for the environment, as well as for research? Journal of Sustainable Tourism, 9, 6.

[56] http: //blogs.hbr.or%/2012/07/how-to-succeed-at-key-account/

[57] http: //meetingsnet.com/site-selectionrfps/great-moments-site-inspections

[58] http: //www.iccaworld.com/evps/evresults.cfm?classid=2

[59] http: //www.marketingdonut.co.uk/marketing/exhibitions-and-events/exhibiing/the-green-gude-to-exhibiting

[60] http: //www.trade-show-guide.com/articles/exhibitingguide.html

[61] http: //www.ufi.org/Public/Default.aspx?Clef_SITESMAPS=157

[62] IACC (2012) Thought Lender Summit 2012: Designing Meeting Experiences for Tomorrow, International Association of Conference Centres.

[63] IACC (2012) A Guide to Social Media, International Association of Conference Centres.

[64] IACC (2013) Generational Preferences in Meeting Location Selection, International Association of Conference Centres.

[65] ICCA (2012) Venue Trends Survey, International Congress and Convention Association.

[66] ICCA (2012) A Guide to Social Media Southam: International Association of Conference Centres.

[67] ICCA (2013) A Modern History of International Association Meetings 1963-2012, International Congress and Convention Association.

[68] ICCA (2014) International Meeting Statistics for 2013, International Congress and Convention Association.

[69] International Congress and Convention Association (ICCA): Working with Convention Bureaux.

[70] International Congress and Convention Association (ICCA): Guide to

meetings industry exhibitions.

[71] JMIC (2008) Understanding the value of the meeting industry, Brussels: Joint Meetings Industry Council.

[72] Jones, C. and D. James (2005) The tourism statellite account (TSA) : a vision, challenge and reality, Tourism, 123, Quarter 2.

[73] Kaplan, A. M. and M. Heanlein (2010) Users of the world, unitel The challenges and opportunities of social media, Business Horizons, 53 (1) : 59–68.

[74] Kennedy, G. B. Dalgarno, K. Gray, T. Judd, J. Waycoot, S. J. Bennett, K. A. Maton, K. Krause, A. Bishop, R. Chang and A. Churchwood (2007) The Net Generation are not big users of Web 2.0 technologies: preliminary findings, in R. Atkinson, C. McBeath, S. Song and C. Cheers (eds.), Annual Conference of the Australasian Society for Computers in Learning in Tertiary Education, Singapore: Nanyang Technology University, pp.517–525.

[75] Kopytoff V G (2010) WIFI Overload at High–tech Meetings, Net York Times, December 28.

[76] Kotler, P.J. Bowen and J. Makens (2003) Marketing for Hospitality and Tourism, Upper Saddle River: Prentice Hall.

[77] Koutoulas, D. (2005) . Benchmark Survey of Convention & Visitors Bureaux, Koutoulas Consulting.

[78] Lawson, F. (2000) Congress, Convention and Exhibition Facilities: Planning, Design and Management, New York: Architectural Press.

[79] Leventhal, B. (2015) All models are wrong but some are useful: the use of predictive analytics in direct marketing, Quality Technology and Quantitative Management, 12 (1) : 93–104.

[80] Lewicki RJ and Hiam A (2006) Mastering Busines Negotiation–a working guide to making deals and resolving conflict, Jossey–Bass, San Francisco, CA.

[81] Li, C. and J. Bernoff (2008) Groundswell: Winning in a World Transformed by Social Technologies, Boston: Harvard Business Press.

[82] Lilien, G.L. and R.Grewal (2012) Handbook of Business–to–Business Marketing, Cheltenham: Edward Elgar.

[83] Lyon, M. (2004) . Familiarisation Trips–How to Maxmise Your Return on Investment, Newquay: Write Style Communications.

[84] Mackay, A.and J. Wilmshurst (2012) . Fundamentals and Practice of Marketing, London: Routledge.

[85] Managers for Success, in Ramsborg G C, Miller B, Breiter D, Reed B J,

and Rushing A（ed），Comprehensive Strategies for Meetings，Conventions and Events，Professional Meeting Management，Professional Convention Management Association，pp 161-178，5th edition，Kendall/Hunt Publishing Company.

[86] Maritz（2012）The Future of Meeting Venues White Paper. Maritz Research.

[87] Mathoney K. and Lee A. etc..（2015）Public Assembly Venue Management：Sports，Entertainment，Meeting，and Convention Venues，Brown Books Publishing Group.

[88] McDonald，M.and I. Dunbar（2004）Market Segmentation：How To Do It，How To Profit From It，Oxford：Elsevier Butterworth-Heinemann.

[89] McInnes，W.（1964）A Conceptual Approach to Marketing，in R. Cox，W.

[90] MeetingsNet：Great Moments in Site Inspections.

[91] Michaelidou，N. N. T. Siamagka and G. Christodoulides（2011）Usage，barriers and measurement of social media marketing：an exploratory investigation of small and medium B2B brands，Industrial Marketing Management，40（7）：1153-1159.

[92] Middleton，V.（2001）. Marketing in Travel and Tourism，Oxford：Butterworth-Heinemann.

[93] Mohammmed R（2005）The Art of Pricing：How to find the hidden profits to grow your business，Crown Publishing Group，NY.

[94] Morrison，A.M.（2013）. Marketing and Managing Tourism Destinations，London：Routledge.

[95] Motameni，R. and R. Nordstrom（2014）'Correlating the social media functionalities to marketing goals and strategies'，Journal of Marketing Management，2（3&4）：27-48.

[96] MPI（2013）Future of Meetings report，Meeting Professionals International.

[97] Mulligan D（2012）Hospitality Marketing blog for Cvent，1-2-3 Easy Steps Towards a Great Social Strategy.

[98] Nagle，TT，Hogan J E，Zale，J（2011）The Strategy and Tactics of Pricing，Prentice Hall，N.

[99] O'Reilly，T.（2005）. 'What is web 2.0：design patters and business models for the next generation of software'，Communications&Strategies，1：17.

[100] Pike，S.（2014）Destinations Marketing Organisations，Oxford：Elsevier.

[101] Pike，S.and S. Page（2013）'Destinations marketing organisations and destinations marketing：a narrative analysis of the literature，' Tourism Management，41：1-26.

[102] Polivka，E. G.（Ed）.（1996）. Professional meeting manangement（3rd ed.）.

[103] Publishing Co，Cincinnati，OHI.

[104] Raiffa H (1982) The Art and Science of Negotiation, Harvard University Press.

[105] Rogers, T. (2003) Conferences and Conventions: A Global Industry, Oxford: Elsevier Butterworth-Heinemann.

[106] Rogers, T. (2013) Conferences and Conventions: A Global Industry, 3rd edn, London: Routledge.

[107] Saunders, M. (2005) 'Down to Experience', Exhibiting, April.

[108] Segar, A. (2009). Conferences That Work: Creating Events That People Love, www.conferencesthatwork.com.

[109] Shaw, E H. (2013) "The Quest for a General Theory of the Marketing system" in Proceedings of Conference on Historical Analysis and Research in Marketing (CHARM), Vol 16.

[110] Skyline Trade Show Tips.

[111] Smith, G.V. (1990) 'The growth of conference and incentives ', in M. Quest (ed.), Horwath Book of Tourism, London: Macmillan.

[112] Spiller, J. (2002) 'History of convention tourism', in K. Weber and K. Chon (eds.), Convention Tourism: International Research and Industry Perspectives, Binghamton: The Haworth Hospitality Press, pp.3–20.

[113] Step-by-Step Exhibiting Guide.

[114] Stevens, R.E, D.L. Loudon, B. Wren and P. Mansifield (1998) Marketing Planning Guide, srd edn, London: Routledge.

[115] The Green Guide to Exhibiting.

[116] The PCO newsletter (2015) Freshwater: International Association of Professional Congress Organisers, Issue No.71, q1.

[117] UFI (The Global Association of the Exhibition Industry) Successful Exhibit Marketing by Bob Dallmeyer.

[118] Vallee P (2008), Convention and Visitors Bureaus: Partnering with Meeting.

[119] Van Boven L and Thompson L (2003) A look into the mind of the negotiator: mental models in negotiation in Group Process Intergroup Relations 6 (4): 387–404.

[120] Vining S (2011) The Future of the Meetings Industry: Why Certain Conference Innovators Are Winning, The National Conference Center.

[121] Wadhwani, A. (2015) Big conventions can draw sex trafficking, The Tennessean, 12 April.

[122] Walters, J. (2005) Member care, in R. Harrill (ed.) Fundamentals of Destination Management and Marketing, Washington, DC: IACVB, pp.299–44.

［123］Weber，K. and K. Chon（eds.）（2002）Convention Tourism：International Research and Industry Perspectives，Binghamton：The Haworth Hospitality Press.

［124］World Bank（2013）Doing Business 2013：Smarter Regulations for Small and Medium-Size Enterprises，Washington，DC：World Bank Group.

［125］Write Style Communication Ltd：Fam Trips，Site Visits Site Inspections Handbook and Checklist.

［126］WTO（2004）Survey od Destination Management Organizations Report，Madrid：World Tourism Organization.

［127］中国国际贸易促进委员会 . 2017 中国展览经济发展报告［R］. 北京，2018.

［128］许懋彦 . 德国大型会展中心建筑设计专题考察［J］. 建筑师，2004.

［129］周振宇 . 当代会展建筑发展趋势［M］. 北京：中国建筑工业出版社，2008.

项目策划：段向民
责任编辑：孙妍峰
责任印制：谢　雨
封面设计：姚鸿飞

图书在版编目（CIP）数据

会展场馆运营与管理 / 丁烨主编. -- 北京 : 中国旅游出版社, 2019.1（2023.11 重印）

普通高等教育会展经济与管理专业“十三五”应用型规划教材

ISBN 978-7-5032-6183-1

Ⅰ. ①会… Ⅱ. ①丁… Ⅲ. ①展览会－经营管理－高等学校－教材 Ⅳ. ① G245

中国版本图书馆 CIP 数据核字 (2019) 第 004928 号

书　　名：会展场馆运营与管理

作　　者：丁烨主编
出版发行：中国旅游出版社
（北京静安东里6号　邮编：100028）
http://www.cttp.net.cn　E-mail:cttp@mct.gov.cn
营销中心电话：010-57377103，010-57377106
读者服务部电话：010-57377107
排　　版：北京旅教文化传播有限公司
经　　销：全国各地新华书店
印　　刷：北京明恒达印务有限公司
版　　次：2019年1月第1版　2023年11月第2次印刷
开　　本：787毫米×1092毫米　1/16
印　　张：19.25
字　　数：382千
定　　价：49.80元
ISBN　978-7-5032-6183-1